多元文化的交融

——辽代历史与文化研究

尤李 著

中国社会科学出版社

图书在版编目(CIP)数据

多元文化的交融:辽代历史与文化研究/尤李著.—北京:中国社会科学
出版社,2013.4
ISBN 978 - 7 - 5161 - 2394 - 2

Ⅰ.①多… Ⅱ.①尤… Ⅲ.①中国历史—研究—辽代②文化史—研究—
中国—辽代 Ⅳ.①K246.1

中国版本图书馆 CIP 数据核字(2013)第 067379 号

出 版 人	赵剑英	
选题策划	李炳青	
责任编辑	郭　鹏	
责任校对	王雪梅	
责任印制	戴　宽	

出　　版	中国社会科学出版社	
社　　址	北京鼓楼西大街甲 158 号(邮编 100720)	
网　　址	http://www.csspw.cn	
	中文域名:中国社科网　　010 - 64070619	
发 行 部	010 - 84083685	
门 市 部	010 - 84029450	
经　　销	新华书店及其他书店	

印　　刷	北京君升印刷有限公司	
装　　订	廊坊市广阳区广增装订厂	
版　　次	2013 年 4 月第 1 版	
印　　次	2013 年 4 月第 1 次印刷	

开　　本	710 × 1000　1/16	
印　　张	18	
插　　页	2	
字　　数	302 千字	
定　　价	46.00 元	

凡购买中国社会科学出版社图书,如有质量问题请与本社联系调换
电话:010 - 64009791

目　　录

第一编　宗教与社会

第二编　文献与历史

第三编　学术史

第四编　札记

序

刘浦江

　　尤李博士自 2003 年进入北京大学，从我研习辽金史。后又跟随王小甫教授攻读隋唐史博士学位。老实说，她的专业基础并不理想，但却自有其过人之处。尤为难得的是，她具有超乎常人的意志力，在我的学生中，若论用功程度，至今无能出其右者。在今天这样一种极为浮躁的社会环境下，如尤李这般有定力的年轻学者毕竟并不多见。

　　收在这部论文集中的 20 篇作品，汇集了尤李近十年来研习辽金史的主要成果，其中以有关辽代佛教的研究为主。如竺沙雅章所说，在 10—12 世纪的东亚佛教文化圈中，辽朝无疑是居于中心地位的。与之同时的宋代，虽堪称佛教社会影响最广泛的时代，以至被佛教社会史研究者视为中国佛教的又一个兴盛期，但若从佛教思想史的角度来看，宋代佛学与辽代佛学是不可相提并论的。然而长期以来，无论是在中国佛教史研究中，还是在辽史研究中，辽代佛教都没有引起人们的足够重视。

　　很早以来我就有一种感觉，若从辽金史的角度着眼，唐宋变革的轨迹恐怕并非像我们以往所想象得那么平直。记得在若干年前的一次学术讨论会上，我曾从这个角度对陆扬教授提出的"隋唐时代究竟终结于何时"的问题进行过回应。无论是从社会经济史还是思想文化史的角度来考虑，辽对唐的继承显然要多于断裂。因此，我们习惯上将宋辽金视为同一个时代，似乎只具有时间维度上的合理性，若以社会变革的尺度来划分，辽朝理应属于隋唐时代而不应属于宋金时代。辽朝佛教即是一个很明显的例子。饶有意味的是，中国佛教在唐宋之间所发生的那种革命性变革，并未见之于同时代的辽朝，辽朝佛教在很大程度上继承了唐代佛教的传统，信仰虔诚而功利淡薄，学术化色彩浓厚而世俗化特征不强，与同时的五代、北宋以及后来的南宋和金朝形成了鲜明的对比。若将辽代佛教置于唐宋变革的历史大背景下进行重新审视，必将改变我们对于辽朝历史的某些固有认识。

基于上述考虑，我建议尤李关注辽代佛教在中国佛教史上的特殊地位，并以《守望传统：辽代佛教的历史走向》作为硕士论文选题，这是她涉足辽代佛教的最初机缘。后来她的专业领域拓展至隋唐，遂以《唐代幽州地区的佛教与社会》作为博士论文选题方向，这为她提供了一个新的契机，促使她进一步将关注的重点转向辽朝对唐代佛教传统的继承。收入本书的《论辽代密教的来源》、《房山石经本〈佛顶尊胜陀罗尼经〉及相关问题考论》、《论唐幽州佛俗对辽代佛教的影响》等文，皆反映了她的这一学术取向。

当然，作者的某些学术观点似亦不无可商之处，譬如《〈焚椒录〉及其史料价值考释》一文对该书真伪的判断就值得斟酌。《焚椒录》一书始见于明代后期，题辽王鼎撰，历来信从者居多。清初姚际恒始疑其伪，其后周春、张金镛、李文田、王仁俊、罗振玉等人也都对此书的真伪提出过质疑，但今人大抵皆视此书为信史，尤李也认为《焚椒录》的真实性毋庸置疑。不过在我看来，这一结论未免有点草率，《焚椒录》的真伪恐怕仍是一个值得认真探讨的问题。

无论如何，作为一位刚过而立之年的年轻学者，能够有机会将论文结集出版，总是一件值得高兴的事情。尤李索序于我，义不容辞，聊作数语，是以为序。

2012 年 10 月 22 日于京西大有庄

第

一

编

宗教与社会

论辽代密教的来源

契丹人建立的辽朝是北京城市史和华北地区佛教发展史上的重要阶段。辽代的佛教深受唐幽州（并入契丹版图后成为辽朝的南京道，俗称燕京，即今北京、天津、河北北部）佛教之影响，这对契丹和辽朝的汉化进程产生了重要作用。在辽朝社会，密教最为盛行。辽代密教的渊源迄今还没有得到十分圆满的解释。中日很多学者通过分析辽代高僧的著作，指出辽代密教在上层知识体系和哲学表达中继承了唐密[①]。但是，中原汉地流行的"杂密"对辽朝社会的影响也非常大，超越地域和阶层。契丹建国前后，跟北方、西方的交流也很频繁。本文将进一步挖掘"杂密"和西方的密教对辽代社会的影响及其特色，这有利于深入理解古代北京的佛教与社会、契丹人的汉化和辽朝在中西交通史上的重要地位。

刘淑芬先生关照到《佛顶尊胜陀罗尼经》中说尊胜陀罗尼是塔、《佛说造塔功德经》及《法华经·见宝塔品》与塔有关、好些经幢内埋藏舍利、很多石刻材料直称经幢为塔、经幢的建筑结构和塔类似的现象，力图证明经幢的性质是法舍利塔[②]。她关注到许多"舍利经幢"的例证[③]，但未进一步将《尊胜经》和《妙法莲华经》（简称《法华经》）的交融点出。其实，从经典依据来看，尊胜经幢或无垢净光塔内藏舍利跟《法华经》宣称的佛舍利信仰有关；塔幢互通，实际上是"杂密"的典型经典《无垢净光大陀罗尼经》和《佛顶尊胜陀罗尼经》在实践中与《法华经》合流的结果。这在唐代已现端倪，被辽朝所继承，并得到淋

---

① 参见尤李《辽代佛教研究评述》，《中国史研究动态》2009年第2期，第12—13页。此文已经收入本书。

② 刘淑芬：《经幢的形制、性质和来源——经幢研究之二》，《中央研究院历史语言研究所集刊》第68本第3分，1997年，第698—708页。

③ 刘淑芬：《墓幢——经幢研究之三》，《中央研究院历史语言研究所集刊》第74本第4分，2003年，第687—691页。

漓尽致的发展。

一 《无垢净光大陀罗尼经》与《法华经》的交融

《无垢净光大陀罗尼经》在唐初被翻译,大约在契丹李尽忠、孙万荣叛乱之时被粟特僧人法藏传播到幽州。安史之乱时,史思明依据这一经典在幽州城东南角的悯忠寺(今北京法源寺)造无垢净光塔一所,相应地命张不矜撰写了《悯忠寺宝塔颂》。从《宝塔颂》的内容来看,张不矜依据的《无垢净光大陀罗尼经》是精英整理的全本①。在辽代的实际运用中,人们往往只取其中的一部分内容,甚至根据具体情况发挥出偏离本经的内容。

(一) 庆州释迦佛舍利塔

在辽朝,《无垢净光大陀罗尼经》与《法华经》交融的最典型例子就是庆州(今内蒙古巴林右旗)释迦佛舍利塔(即庆州白塔)。本文先分析这一个案,然后再结合其他例证探讨辽朝社会《无垢净光大陀罗尼经》与《法华经》融合的情况。

日本的古松崇志先生注意到了庆州释迦佛舍利塔建造的经典依据《无垢净光大陀罗尼经》,并将塔中的文物与此经的内容相结合,作了细致分析②。但是,对于塔中所藏的《妙法莲华经》,他只是说这可能是因为念诵此经能来世成佛和往生极乐世界③。他没有对《法华经》作进一步的分析。他认为:庆州白塔埋藏舍利,是契丹帝室信仰舍利的实例④。其实,这座佛塔中藏有舍利跟《法华经》直接相关。

白塔内藏《妙法莲华经》,依据就是其中的舍利信仰。据《妙法莲华经》卷六《药王菩萨本事品第二十三》载,药王燃身供养佛,于是佛嘱

---

① 尤李:《〈悯忠寺宝塔颂〉考释——兼论安禄山、史思明宗教信仰的多样性》,《文史》2009年第4辑,第110—117页。

② [日]古松崇志:《庆州白塔创建之谜——11世纪契丹皇太后奉纳之佛教文物》,载《辽文化——辽宁省调查报告书》,京都大学学院文学研究科2006年版,第151—158页。

③ [日]古松崇志:《辽庆州白塔创建之谜——从考古、石刻资料所见的辽代佛教史研究》,北京大学历史系学术讲座,2009年9月4日。

④ [日]古松崇志:《庆州白塔创建之谜——11世纪契丹皇太后奉纳之佛教文物》,载《辽文化——辽宁省调查报告书》,京都大学学院文学研究科2006年版,第141页。

附道：自己灭度后所有舍利交给药王菩萨，"当今流布，广设供养。应起若干千塔"。佛涅槃后，以火烧之，"火灭已后，收取舍利，作八万四千宝瓶，以起八万四千塔"。①《妙法莲华经》卷四《见宝塔品第十一》曰："此宝塔从地涌出。又于其中发是音声。尔时佛告大乐说菩萨：'此宝塔中有如来全身……欲供养我全身者，应起一大塔……今多宝如来塔，闻说《法华经》，故从地涌出。'赞言'善哉！善哉！'"②与经典对应，庆州释迦佛舍利塔内置小字雕版印经《妙法莲华经》一卷。包裹佛经的白绢袱上有墨书"《法华经》一部，全身舍利在此塔中"③。

辽代的庆州白塔内藏《法华经》，实源于唐代社会的传统。在唐代，舍利或舍利塔一直跟《妙法莲华经》紧密联系在一起。

《酉阳杂俎》曰：长安宣阳坊静域寺"万菩萨堂内有宝塔，以小金铜塔数百饰之。大历中，将作刘监有子，合手出胎，七岁念《法华经》。及卒焚之，得舍利数十粒，分藏于金铜塔中"。④长安崇仁坊资圣寺"团塔院北堂有铁观音，高三丈余……塔中藏千部《法华经》"⑤。

唐朝皇室供养法门寺舍利，就有僧人念诵《法华经》。僧人元慧"咸通中，随送佛中指骨舍利，往凤翔重真寺。炼左拇指，口诵《法华经》，其指不逾月复生如故"⑥。日本僧人圆仁开成五年（840）五月，到五台山大花严寺巡礼时，见到"西国僧贞观中"带来的辟支佛骨。西国僧同时带来的"兼有梵箧《法花经》⑦，又佛舍利，置之于琉璃瓶里。金字《法花》、小字《法花》精妙极也"⑧。可见，《法华经》跟舍利信仰是联系在一起的。

① ［日］高楠顺次郎等编：《大正新修大藏经》（以下简称《大正藏》）第9册，大正一切经刊行会1925年版，第53页。
② 同上书，第32页。
③ 中国历史博物馆、内蒙古自治区文化厅编辑：《契丹王朝——内蒙古辽代文物精华》，中国藏学出版社2002年版，第324—325页。
④ （唐）段成式：《酉阳杂俎·续集》卷6《寺塔记下》，方南生点校，中华书局1981年版，第258—259页。
⑤ 同上书，第261页。
⑥ （宋）赞宁：《宋高僧传》卷23《唐吴郡嘉兴法空王寺元慧传》，范祥雍点校，中华书局1987年版，第589页。
⑦ 在佛教中，"华"常作"花"。
⑧ ［日］圆仁：《入唐求法巡礼行记校注》卷3，白化文、李鼎霞、许德楠校注，周一良审阅，花山文艺出版社2007年版，第277页。

在佛教中，还有僧人勤念《法华经》，产生感应，因而获得舍利的故事。

唐开成五年七月二十六日，圆仁到达太原石门寺。"寺中有一僧，长念《法花经》，已多年。近日感得舍利见，倾城人尽来供养。僧俗满寺，不知其数。得舍利之初源者：念经僧于夜房中坐念经，有三道光明来照满房，晖明而遍照寺。寻光来处：从寺西当岩底出来。每夜照室及寺院。其僧数日之后寻光到岩所，掘地深一丈余，得三瓶佛舍利：青琉璃瓶里有七粒舍利，白琉璃瓶中有五粒舍利，金瓶之中有三粒舍利。擎来安置佛殿中供养。太原城及诸村贵贱男女及府官上下尽来顶［礼］供养。皆云是和上持《法花经》不可思议力所感得也。从城至山，来往人满路稠密。观礼奇之。"①

后晋时期，有僧人景超念诵《法华经》修行，身体内生出舍利。释景超"惟诵《法华》，鞠为恒务。九江之人且多景仰。尝礼《华严经》一字拜之，计已二遍，乃烧一指，为灯供养，庆礼经周矣。次礼《法华经》，同前。身肤内隐隐出舍利，磊落圆莹。或有求者，坐席行地，拾之无筭"②。

五代时期，伊洛之间的僧人洪真"师授《法华经》，随文生解，铠甲精进，伏其恚忿。或沾檀施，回面舍旃，诵《法华经》约一万部，诣朝门表乞焚全躯，供养佛塔"③。他请求燃身供养佛塔，应该跟《法华经》中的药王燃身典故直接相关④。

也有动物念诵佛经，死后火葬获得舍利的传说。韦皋任剑南节度使，"甚崇释氏，恒持数珠诵佛名。所养鹦鹉，教令念经。及死，焚之，有舍

---

① ［日］圆仁：《入唐求法巡礼行记校注》卷3，白化文、李鼎霞、许德楠校注，周一良审阅，花山文艺出版社2007年版，第318页。

② （宋）赞宁：《宋高僧传》卷23《晋江州庐山香积庵景超传》，范祥雍点校，中华书局1987年版，第594—595页。

③ （宋）赞宁：《宋高僧传》卷23《汉洛京广爱寺洪真传》，范祥雍点校，中华书局1987年版，第597页。

④ 对烧身供养的研究，见 John Kieschnick, *The Eminent Monk - Buddhist Ideals in Medieval Chinese Hagiography*, Honolulu: University of Hawaii Press, 1997, pp. 35 – 50; Huaiyu Chen, "Relics and Monasteries in Buddhist Monasticism", *The Revival of Buddhism Monasticism*, New York: Peter Lang Publishing, 2007, pp. 69 – 70。

利焉"①。唐代上层社会饲养鹦鹉，并教之念诵佛经，是一种风尚。

唐长安的众多寺塔并不只是用作供养，可能还兼有道场和现代意义上的博物馆及图书馆的部分功能。长安一些寺院的宝塔中藏《法华经》，这一信仰出自《法华经》的《见宝塔品》和《法师品》。长安的缁素有大量的诵读、抄写和供养《法华经》的需求，因此多宝塔中可能也藏有大量供僧俗使用的文本②。至于辽庆州白塔中埋藏《法华经》③，笔者认为这是纪念性的埋葬，作为象征符号，并没有图书馆的功能。

庆州释迦佛舍利塔中，有陀罗尼咒金板，长方形，单面横书5行，双勾镌刻梵文陀罗尼咒77字，左侧竖刻汉文"相轮樘中陀罗尼咒"8字。辽代称其为金法舍利。还有陀罗尼咒银板，长方形，单面竖刻汉字12行103字，所载内容为《无垢净光大陀罗尼经》中的这段文字："善男子应当如法书写此咒九十九本，于相轮樘四周安置。又写此咒及功能法，于樘中心密覆安处。如是作已。则为建立九万九千相轮樘已，亦为安置九万九千佛舍利已，亦为已造九万九千佛舍利塔。亦为已造九万九千八大宝塔，亦为已造九万九千菩提场塔"。④白塔中所藏的多种多样的陀罗尼经卷，是契丹时代陀罗尼信仰流行的重要资料⑤。

《法华经》中本来也包含陀罗尼品，与陀罗尼信仰有关联。据《妙法莲华经》卷七《陀罗尼品第二十六》载，药王菩萨念陀罗尼咒以守护佛，亦以陀罗尼神咒拥护持《法华经》者⑥。

庆州白塔所藏经卷中，有"一切如来心秘密全身舍利《宝箧印陀罗尼经》云：'佛告金刚菩萨、一切如来未来、现在及已般涅盘者，全身舍

①　（宋）赞宁：《宋高僧传》卷19《唐西域亡名传》，范祥雍点校，中华书局1987年版，第481页。

②　王翔：《贝叶与写经——唐代长安的寺院图书馆》，载荣新江主编《唐研究》第15卷，北京大学出版社2009年版，第495—496页。

③　辽庆州释迦佛舍利塔所藏的《妙法莲华经》图片，参见中国历史博物馆、内蒙古自治区文化厅辑：《契丹王朝——内蒙古辽代文物精华》，中国藏学出版社2002年版，第322—343页。

④　中国历史博物馆、内蒙古自治区文化厅编辑：《契丹王朝——内蒙古辽代文物精华》，中国藏学出版社2002年版，第322—323页。

⑤　[日]古松崇志：《庆州白塔创建之谜——11世纪契丹皇太后奉纳之佛教文物》，载《辽文化——辽宁省调查报告书》，京都大学学院文学研究科2006年版，第150页。

⑥　[日]高楠顺次郎等编：《大正藏》第9册，大正一切经刊行会1925年版，第58—59页。

利皆在宝箧印陀罗尼中，是诸如来所有三身亦在其中，即说陀罗尼.'"①
这说明舍利信仰与陀罗尼信仰交融。

白塔中既藏有《法华经》，又藏有《无垢净光大陀罗尼经》，充分说
明造塔的依据是两个：《法华经》和《无垢净光大陀罗尼经》。庆州白塔
既可被视为多宝塔，又可被看成密教无垢净光塔。

美国的夏南悉（Nancy Shatzman Steinhardt）先生从艺术考古的角度分
析辽代的八角形塔，指出：通过塔这样一个中介物，贯彻了辽人从多种文
化学来的佛教图像学。塔作为永久性的纪念物，是契丹皇权的一种象征。
通过塔身和塔上的雕刻，契丹统治者可以将自己比作佛教之神②。其实，
直接从白塔中佛教经典的表述，也可以看出契丹统治者借佛塔神化自己的
意图。

庆州释迦佛舍利塔中所藏经卷尾题文有"《妙法莲华经》卷第五"的
字样，公布的经卷还有《法华经》的一部分内容③。其中一部分内容与
《法华经》卷五《安乐行品第十四》的一部分几乎完全相同："复如是以
禅定、智慧力得法。国土王于三界而诸魔王不肯顺伏如来。贤圣、诸将与
之共战。其有功者心亦欢喜。于四众中为说诸经，令其心悦，赐以禅定、
解脱、无漏根力、诸法之财。又复赐予涅槃之城。言得灭度、引导其心，
令皆欢喜。而不为说是《法华经》，文殊师利如转轮王，见诸兵众有大功
者，心甚欢喜。以此难信之珠，久在髻中，不妄与人，而今与之如来，亦
复如是。于三界中为大法王，以法教化一切众生。见贤圣军与五阴魔、烦
恼魔、死魔共战。有大功勋，灭三毒、出三界、破魔网。"④只是释迦佛舍
利塔所藏的经卷中，"智慧"作"智惠"，内容只到"见贤圣军与五阴魔
烦恼魔死魔共战有"为止。

上引白塔所藏《法华经》卷子中转轮圣王的表述，值得进一步分析。
贵霜王朝的丘就却王创立了佛教转轮王的政治传统来神话自己。转轮王即
世界大王，体现佛教治国的理念：转轮王用兵或兵器降伏天下，用佛法教

① 中国历史博物馆、内蒙古自治区文化厅编辑：《契丹王朝——内蒙古辽代文物精华》，中国藏学出版社2002年版，第328页。
② Nancy Shatzman Steinhardt, *Liao Architecture*, Honolulu: University of Hawaii Press, 1997, p. 398.
③ 中国历史博物馆、内蒙古自治区文化厅编辑：《契丹王朝——内蒙古辽代文物精华》，中国藏学出版社2002年版，第338—339页。
④ ［日］高楠顺次郎等编：《大正藏》第9册，大正一切经刊行会1925年版，第39页。

化民众①。转轮王观念东传入中国后，由于传统政治思想与大乘佛教的影响，逐渐转变成"转轮王即佛"的模式。隋文帝和武则天充分利用这一佛教资源以证明自己统治的神圣性和合法性②。契丹皇室在庆州释迦佛舍利塔中所藏的《法华经》卷子中恰好包含转轮王的内容，说明契丹统治者也仿效中原汉地的皇帝，利用佛教转轮王的思想资源来证明自己的正统性和合法性。佛教思想成为辽统治者权力正当性的来源。从这一层面来讲，契丹皇室修建释迦佛舍利塔就不仅仅是"追寻一己之福"③，还关涉到王朝统治的神圣性和合法性。契丹统治者正是通过渲染神圣性，来证明自己的合法性。

关于"难信之珠，久在髻中，不妄与人"的情况，《法华经》卷五《安乐行品第十四》有具体阐释："文殊师利，譬如强力转轮圣王，欲以威势降伏诸国，而诸小王不顺其命。时转轮王，起种种兵而往讨伐。王见兵众战有功者，即大欢喜，随功赏赐。或与田宅、聚落、城邑，或与衣服严身之具。或与种种珍宝、金银、琉璃、车磲、马脑、珊瑚、虎珀、象、马车乘，奴婢、人民。唯髻中明珠不以与之。所以者何？独王顶上有此一珠，若以与之，王诸眷属必大惊怪。"④

在辽朝社会，密教陀罗尼影响强大，庆州白塔的文字和布置在叙述结构和象征符号上体现了塔幢合流。

（二）蓟县盘山甘泉寺无垢净光舍利塔

撰于辽圣宗统和二十三年（1005）的《盘山甘泉寺新创净光佛塔记》位于天津蓟县盘山甘泉寺，正书，碑阴刊刻功德主智诠等题名⑤。《佛塔记》曰："今乃岁值安康，人皆丰足。重空门者雾集，慕释典者云屯。欲构良因，特于胜地。"⑥信徒在丰收之年云集，特选形胜之地建塔。

---

① 古正美：《贵霜佛教政治传统与大乘佛教》，允晨文化实业股份有限公司1993年版，第53—87、96—119页。
② 康乐：《转轮王观念与中国中古的佛教政治》，《中央研究院历史语言研究所集刊》第67本第1分，1996年，第109—143页。
③ 这是借用蒲慕州先生的提法，见蒲慕州《追寻一己之福——中国古代的信仰世界》，上海古籍出版社2007年版。
④ ［日］高楠顺次郎等编：《大正藏》第9册，大正一切经刊行会1925年版，第38页。
⑤ 向南辑：《辽代石刻文编》，河北教育出版社1995年版，第119页。
⑥ 同上。

《佛塔记》又称："伏遇我承天皇太后，恩沾万汇，德被两朝。致率土以虞□，实含灵而有赖。况我昭圣皇帝，垂衣而御宇宙，握镜以统黔黎。乃见迩肃之远安，是致涂歌之里咏。我大元帅梁国大王，机宣虎帐，力赞龙图。遐方畏威，生民怀惠。况州主司徒，牧民廉洁，作国忠贞。早扬去兽之谣，复著还珠之美。本县侍御，才高吐凤，词逸怀蛟。此时屈带于铜章，异日已达于金阙。"①这是歌颂契丹临朝称制的承天太后及当朝皇帝辽圣宗。向南先生已经考证出大元帅梁国大王是景宗的次子、圣宗的弟弟耶律隆庆，他于统和二十一年（1003）在定州（今河北定州市）与宋作战②。《佛塔记》然后颂扬本州县地方官的德政。这一段记录的排序体现了辽朝的官僚等级。在辽朝佛教石刻材料中，皇太后置于皇帝之前是惯例。

《无垢净光大陀罗尼经》中含有护国思想："于彼国土，若有诸恶先相现时，其塔即便于神变出大光焰，令彼诸恶不祥之事无不殄灭。若复于彼有恶心众生，或是怨雠及怨伴侣并诸劫盗、寇贼等类欲坏此国，其塔亦便出大火光。即于其处现诸兵仗，恶贼见已自然退散。常有一切诸天善神守护其国。"③这是说无垢净光塔威力巨大，能变出大火焰、大火光消灭诸恶、寇盗，保护国家。上段所引《盘山甘泉寺新创净光佛塔记》的表述是对《无垢净光大陀罗尼经》护国思想的具体阐发，体现了宗教与皇权的统一。

《佛塔记》题名曰："维那蓟州司马张彦琼等，兴国军节度巡官李玉，道心坚固，胜事修崇。于渔阳之封，在甘泉之寺，创无垢净光佛舍利塔也。非因旧址，特立新规。事既办于众心，功乃成于不日。"④"邑众同修上善，并刊芳名。统和二十三年岁次乙巳十月丙子朔二日丁丑记。"⑤有学者认为：在辽代，起塔藏舍利很普遍，无垢净光舍利塔之名频频出现，影响及朝鲜、日本，修建特定的塔来藏舍利似乎是东北亚地区的传统⑥。其

---

① 向南辑：《辽代石刻文编》，河北教育出版社1995年版，第119页。

② 同上书，第120页，注释1。

③ ［日］高楠顺次郎等编：《大正藏》第19册，大正一切经刊行会1928年版，第718—719页。

④ 向南辑：《辽代石刻文编》，河北教育出版社1995年版，第119页。

⑤ 同上书，第119—120页。

⑥ Hsueh-man Shen, "Realizing the Buddha's *Dharma* Body during the *Mofa* Period: A Study of Liao Buddhist Relic Deposits", *Artibus Asiae*, Vol. 61, No. 2, 2001, pp. 295—296.

实，从盘山甘泉寺所创之塔称"无垢净光舍利塔"来看，无垢净光陀罗尼信仰与《法华经》舍利信仰已然合流。

本文前面已经提及碑阴刻有功德主智诠等题名，智诠应是僧人。兴国军为辽上京道龙化州（今内蒙古奈曼旗西北八仙筒附近）的军号，"契丹始祖奇首可汗居此，称龙庭。太祖于此建东楼"①。"兴国军节度巡官李玉"显然来自上京道。这是僧人、上京道官员、蓟州（今天津蓟县）地方官和邑人共建的无垢净光塔，放置在公共空间甘泉寺的"胜地"，肯定能广徕信徒瞻仰、膜拜。

甘泉寺的无垢净光塔"上侵圆盖，视日月以相连；下镇方隅，得天龙之拥护。瞻礼者罪灭，敬仰者福生"②。天龙护塔是根据《无垢净光大陀罗尼经》中的这段表述："是时除盖障菩萨、执金刚主、四王帝释、梵天王、那罗延天、摩醯首罗及天龙八部等，咸礼佛足，同声白言：'我等已蒙世尊加护，授此咒法及造塔法，咸皆守卫、住持、读诵、书写、供养。为护一切诸众生故，于后时分令彼众生悉得闻知，不堕地狱及诸恶趣。我等为报如来大恩，咸共守护，令广流通。尊重恭敬，如佛无异。不令此法而有坏灭。'"③ 至于灭罪、福生，《无垢净光大陀罗尼经》有具体阐述：书写此咒本置于塔中供养，能永离恶道、消除一切众病及烦恼，灭一切罪，满足一切愿望，能得广大善根福德之聚④。另外，辽代的《张楚壁等造幢记》也有龙神护持经幢的记录："龙神四遶以护持。"⑤

（三）顺义净光舍利塔

1963 年，在北京顺义县出土了一座辽代净光舍利塔，塔基为圆形，夯土。塔基中央 1.2 米深处，即为舍利函。函用长勾纹砖砌成，长 2.7 米，宽 2.65 米，高 2.4 米。出土银盒 5 件，其中两件压制花纹，有凤纹和花蒂纹，内皆盛葫芦形器，装有佛舍利子⑥。"净光舍利塔"之名体现出建造此塔既依据了《无垢净光大陀罗尼经》，又根据了《法华经》宣扬

① （元）脱脱等：《辽史》卷37《地理志一》，中华书局 1974 年标点本，第 447 页。
② 向南辑：《辽代石刻文编》，河北教育出版社 1995 年版，第 119 页。
③ ［日］高楠顺次郎等编：《大正藏》第 19 册，大正一切经刊行会 1928 年版，第 721 页。
④ 同上书，第 718—720 页。
⑤ 向南辑：《辽代石刻文编》，河北教育出版社 1995 年版，第 694—695 页。
⑥ 北京市文物工作队：《顺义县辽净光舍利塔基清理简报》，《文物》1964 年第 8 期，第 49—50 页。

的舍利信仰。

净光舍利塔基中放置石经幢一个，通高 1.09 米，幢身分为 5 节，底座为八角形，分为两层，上雕莲瓣图案，顶部如八角亭状，上置莲瓣圆盘，再上为宝顶。经幢前靠南侧安放一长方形佛塔题名石刻①。经幢造于辽圣宗开泰二年（1013），其上的题记曰："定光佛舍利五尊，单佛舍利十尊，螺髻舍利四尊……顺州管内都细讲《法华》上主沙门惠贞……邑人曹贞……施舍利银盒……维开泰二年岁次癸丑四月壬戌朔二十二日未丙时葬。顺州勾官李玄锡书。"② 在施舍利银盒葬舍利时，有专门讲《法华经》的僧人参与，跟《法华经》中的佛舍利信仰直接相关。这段题记富含"舍利"和《法华经》，而且镂刻在经幢之上，足见《法华经》与《无垢净光大陀罗尼经》的互融。

石志两面雕有建塔经过和布施人姓名："施塔地主李贵，妻相氏，同施地主人李遇……"其后的题名有僧尼、汉人俗信徒③。参与造塔、葬舍利活动的有僧人、邑会成员、顺州（今北京顺义区）地方官。"顺州管内都细讲《法华》上主"疑是僧官。

（四）朝阳东塔

在辽宁朝阳东塔的塔基中，出土辽圣宗开泰六年（1017）七月十五日再建的经幢，其上刊刻《无垢净光大陀罗尼经》④，额题《无垢净光大陀罗尼法舍利经记》⑤。从名称来看，显系无垢净光陀罗尼信仰与《法华经》舍利信仰的合流。

后面的造幢记和题名有"楚国长公主施财。建、霸、宜、白川、锦等州制置使、金紫崇禄大夫、检校太尉、守左千牛卫上将军、知彰武军节度使事韩绍基施财。塔主讲经谈论副贡大德沙门悬镜书。同辩（办）塔事讲经律论持大长教长坐阿阇梨惠素。都维那持诵同修塔事沙门惠旻"，"左林牙、平卢军节度使、检校太尉、左金吾卫上将军、驸马都尉萧绍

---

① 北京市文物工作队：《顺义县辽净光舍利塔基清理简报》，《文物》1964 年第 8 期，第 49 页。

② 同上书，第 50 页。

③ 同上书，第 64 页。

④ 张洪波、林象贤：《朝阳三塔考》，《北方文物》1992 年第 2 期，第 48 页。

⑤ 向南辑：《辽代石刻文编》，河北教育出版社 1995 年版，第 149 页。

宗，梁国公主，齐国妃，三小娘子"①。这表明圣宗时期，在契丹贵族、汉官和一些高僧当中，已经存在陀罗尼和舍利信仰合一的观念。他们选择七月十五日盂兰盆节建塔。

（五）云州慈云寺舍利塔

辽圣宗开泰八年（1019）《慈云寺舍利塔记》原在辽西京道云州天成县（今山西大同东北之天镇县）慈云寺内。慈云寺旧名法华禅寺，建于唐代。石柱高约 81.6 厘米，共 4 面，宽约 21.5 厘米，记文 5 行，每行 25 至 26 字不等，正书②。碑文曰："《云州天成县创建无垢净光法舍利塔记》。讲经比丘和照□□□。粤惟释氏之教，例分为八。"③这是引用释迦涅槃后，"八王分舍利"的典故④。从塔名和这段表述，说明这座塔跟舍利信仰有关。碑文又云："陀罗尼之藏，名□其七。"⑤陀罗尼藏本是"五藏"（即经藏、律藏、论藏、慧藏和陀罗尼藏）之一，不知此碑为何称"名□其七"，或是笔误。

《舍利塔记》又曰："今《无垢净光陀罗尼经》者，自大唐天册金轮皇帝万岁元年，天竺三藏□□罗国沙门□声译布中夏焉。其或依言禀奉□□修崇，抛五趣之纶二，□六天之快乐。"⑥唐代高僧智升编撰的《开元释教录》说翻译《无垢净光大陀罗尼经》的弥陀山是"睹货逻"（即"吐火罗"）人⑦。《大正藏》所收《无垢净光大陀罗尼经》却题弥陀山为天竺三藏⑧。《慈云寺舍利塔记》说此经由"天竺三藏□□罗国沙门"翻译，则综合了两种说法。《塔记》云："憩其塔影，传其塔名"，⑨也是根据《无垢净光大陀罗尼经》所说"逗塔影"能免于六道轮回之苦，消除

---

① 向南辑：《辽代石刻文编》，河北教育出版社 1995 年版，第 149 页。
② 同上书，第 157 页。
③ 同上。
④ 《大般涅槃经》卷下，［日］高楠顺次郎等编：《大正藏》第 1 册，大正一切经刊行会 1924 年版，第 207 页。
⑤ 向南辑：《辽代石刻文编》，河北教育出版社 1995 年版，第 157 页。
⑥ 同上。
⑦ 《开元释教录》卷 9，［日］高楠顺次郎等编：《大正藏》第 55 册，大正一切经刊行会 1928 年版，第 566 页。
⑧ ［日］高楠顺次郎等编：《大正藏》第 19 册，大正一切经刊行会 1928 年版，第 717 页。
⑨ 向南辑：《辽代石刻文编》，河北教育出版社 1995 年版，第 158 页。

一切罪①。据碑文，造塔明显是依据《法华经》的舍利信仰和《无垢净光大陀罗尼经》的内容。

《舍利塔记》记录了建塔之缘由："有功德主沙门□□，蓟门人也。识□高远，行解淹通。杖锡而来，住持于此。遇前宰公文林郎、试大理评事、□天成县令、武骑尉刘□□，官于兹邑也。德树芳以荫人，学也清而鉴物。乃从异日，实启愿心。□谓诸英□□圣王恩在人伦，数若不竖于胜幢，即建于灵塔。"②这段文字的意思是来自辽朝南京道的僧人和当地地方官天成县令共同倡导建塔。在辽西京道云州地区，有燕地僧人主持修造的无垢净光舍利塔，可能采用了南京道地区（原唐幽州地区）的造塔工艺、技术。

参与造塔的还有"诸维那等"、"推郎匠"③，即寺院的僧官和工匠。塔的装饰采用"贞珉"，"彩笔结来银□布嵬峨□□□，映红日之□□□，耸凌空□□□。□清风之韵□几乎?"④

（六）沈州无垢净光舍利塔

在沈州（今辽宁沈阳市老城区）无垢净光舍利塔地宫中，有券顶封口砖阴面朱笔楷书封顶砖铭，部分字迹脱落，现可辨者75字，系信奉佛教的善男信女及塔院主僧题名⑤。在塔的腹宫内，有木函1件，长方形，长45厘米，宽28.6厘米，高27.5厘米，梳齿形榫铆交合。内盛舍利子、七珍、经卷、供香、药材等物。木函外用黄绫、丝带包裹，上墨书梵文。内装三个黄绫包，其中有两个包有黄釉瓷罐，罐内各装一白釉净瓶，净瓶内藏有舍利子⑥。

舍利塔地宫内的石函顶面刻有如下文字："维南瞻部州、大契丹国、辽东沈州西北丰稔村东，重熙十三年（1044）岁次甲申四月大壬辰朔冀生十五叶，藏□□佛舍利一千五百四十一课（颗）讫。军衙巡官张宁，

---

① ［日］高楠顺次郎等编：《大正藏》第19册，大正一切经刊行会1928年版，第718—720页。
② 向南辑：《辽代石刻文编》，河北教育出版社1995年版，第157页。
③ 同上书，第158页。
④ 同上。
⑤ 沈阳市文物管理办公室、沈阳市文物考古工作队：《沈阳塔湾无垢净光舍利塔塔宫清理报告》，《辽海文物学刊》1986年第2期，第35页。
⑥ 同上书，第42页。

故父张延进，妻杨氏，男匠人继从镌造此记。故昭军左衙康继□，妻田氏，母魏氏，男□□，妻刘氏，男□家奴，□生奴。昭德军节度使、沈岩等州管内观察处置等使、崇禄大夫、检校太师、使持节沈州诸军事、行岩州事、兼御史大夫、上柱国、漆水郡开国侯、食邑一千五百户、实封一百五十户耶律庶几。昭德军节度副使、银青崇禄大夫、检校左散骑常侍、兼殿中侍御史、云骑尉李克永。观察判官、承奉郎、试大理评事、云骑尉贾金。"①

石函前面又载："邑人李弘遂等百余人，见武家庄东垻上，地维爽凯，平坦如镜，以此众邑人请到前僧政沙门云秀为功德主，转请到僧法直为塔院主，共同发愿造无垢净光舍利佛塔一所。如有信心，请挂芳号。管内僧副政沙门德凝，讲《上生经》沙门智玄，僧惠奥，当院僧普润，僧道辛，僧慪邻，讲《上生经》沙门云净，僧崇直，僧道伦，僧藏俊，僧道言。都维那李弘遂，副维那节度推官王簬从。"②

上引材料显示：参与这次葬舍利、建无垢净光塔活动的有汉官、平民、僧人、僧官和契丹贵族，说明这一信仰是超越阶层和族群的。耶律庶几封"漆水郡开国侯"，应出自契丹皇族。据《耶律庶几墓志》，他出自"大横帐"③，即"横帐三父房"，指辽开国皇帝阿保机及其两个伯父和诸弟的后裔，是阿保机成为契丹部落联盟首领后，耶律氏家族内具有世选可汗资格者的大致范围④。"重熙十一年八月日，耶律庶几任沈州。重熙十三年四月日，任兴中府。"⑤那么，他参与沈州建造无垢净光塔的活动，应在辽兴宗重熙十一年至十三年（1042—1044）这段任期内。这座塔的地宫封顶砖具有辽砖的特点，铭文称"塔院主僧法直为父母题名"，石函上刻有"请到僧法直为塔院主"，葬"佛舍利一千五百四十六颗"⑥。这说明藏舍利起塔的过程，有僧人法直参与，还可能起了指导作用。

向南先生已经根据"冀生十五叶"，考出沈州无垢净光塔建于重熙十

①　向南辑：《辽代石刻文编》，河北教育出版社 1995 年版，第 237 页。
②　同上书，第 238 页。
③　同上书，第 294 页。
④　刘浦江：《辽朝"横帐"考》，原载《北大史学》第 8 辑，北京大学出版社 2001 年版，此据刘浦江《松漠之间——辽金契丹女真史研究》，中华书局 2008 年版，第 53—72 页。
⑤　《耶律庶几墓志》，向南辑：《辽代石刻文编》，河北教育出版社 1995 年版，第 295 页。
⑥　沈阳市文物管理办公室、沈阳市文物考古工作队：《沈阳塔湾无垢净光舍利塔塔宫清理报告》，《辽海文物学刊》1986 年第 2 期，第 51 页。

三年（1044）四月十五日①。建塔藏佛舍利，是根据《法华经》中的舍利信仰。石函前面云众邑人请到僧人，共同发愿选择爽垲之地造"无垢净光舍利塔"一所，表明也同时按照《无垢净光大陀罗尼经》建塔。

函身前面刻有"奉为太后、皇帝、皇后、太后万岁，诸王、公主千秋，文武百僚恒居禄位，州尊太师福寿延长，雨顺风调，国泰人安，万民乐业"②。"太后"两次出现，当是笔误。这段愿文先为钦哀皇太后、辽兴宗和仁懿皇后祈福，接着是皇室的诸王和公主，然后是文武百官，再是"州尊太师"。由此可见撰记者心目中的等级秩序。这一发愿包括国家的经济和民生，带有浓郁的政治色彩。这也跟本文前面所论《无垢净光大陀罗尼经》的护国思想暗合。

重熙十四年（1045）的《沈州卓望山无垢净光塔石棺记》在1953年被发现于沈阳城南50里之陈相屯塔山上。石棺用滑石凿刻而成，身高22.6厘米。棺盖为平顶四周斜坡形，长43.5厘米，前宽35.2厘米，后宽25.5厘米。棺盖内外及棺身外部均刻有文字。除记文外皆是人名③。

《无垢净光塔石棺记》曰："南瞻部州、大契丹国、辽东沈州南卓望山上造无垢净光塔一所。奉为太后、仁圣昭孝皇帝、皇后、亲王、公主万岁千秋，文武百僚恒居禄位。维重熙十四年岁次乙酉癸丑朔十月一日丁时葬佛舍利讫。头陀僧去仙。"④建"无垢净光塔"来藏舍利，系依据《无垢净光大陀罗尼经》的说法和《法华经》宣扬的舍利信仰。这一愿文奉为的对象还是按等级顺序排列：钦哀皇太后、辽兴宗、仁懿皇后，接着是皇室诸王、公主，然后是文武百官。

按《辽史·地理志》载，"沈州，昭德军，中，节度。……统州一、县二：乐郊县。太祖俘蓟州三河民，建三河县。后更名。灵源县。太祖俘蓟州吏民，建渔阳县，后更名"⑤。蓟州三河县即今河北三河市。蓟州本治渔阳县，即今天津蓟县。这说明沈州为原唐幽州地域的汉俘及其后代的集中居住地。修建沈州无垢净光塔可能就是依靠这批汉人，他们采用了原来唐幽州地域的造塔工艺。

---

① 向南辑：《辽代石刻文编》，河北教育出版社1995年版，第238页注释1。
② 同上书，第237—238页。
③ 同上书，第239页。
④ 同上。
⑤ （元）脱脱等：《辽史》卷38《地理志二》，中华书局1974年标点本，第466页。

（七）　玉田东上生院无垢净光舍利塔

辽道宗寿昌二年（1096）《蓟州玉田县东上生院无垢净光舍利塔铭》曰：玉田县（今河北玉田县）"古城东关，有上生院，自统和元年（983）肇建。至统和三十年（1012），有游方僧至，所获无垢净光佛舍利一百粒，因窣堵坡（波）藏之。泊于咸雍间，地震所坏，及二十余载，未岁复修。昨于大安岁，有当院诵《法华经》沙门省孝，佛宇有缘，僧行无过，暗伤灵兆久摧，欲谋再建……既而模材命匠，始务经营"[①]。窣堵波又作"率都婆"，为梵文的音译，意译为"浮图"或"塔"。在辽圣宗统和年间，游方僧先起塔藏"无垢净光佛舍利一百粒"。从《塔铭》径称"无垢净光佛舍利"可以看出：《无垢净光大陀罗尼经》与《法华经》舍利信仰互融的观念已经深入人心。后来，在辽道宗大安年间，谙熟《法华经》的沙门省孝具体指导和负责修复被地震破坏的无垢净光舍利塔。因为《法华经》中的《药王菩萨本事品》和《见宝塔品》（见本文前面讨论庆州白塔时所引）对起塔藏舍利有具体规定，所以省孝是合适的人选。

（八）　燕京永安寺释迦舍利塔

据辽道宗寿昌三年（1097）《燕京永安寺释迦舍利塔碑记》，塔"内有舍利戒珠二十粒，香泥小塔二千，无垢净光等陀罗尼经五部，水晶为轴。大辽寿昌二年三月十五日，显密圆通法师道殿之所造也"[②]。舍利塔内藏舍利，同时藏"无垢净光等陀罗尼经五部"，说明同时受《法华经》和《无垢净光大陀罗尼经》之影响。而且此塔为辽朝著名的佛学大师道殿所造。道殿的著作"遥承唐密，融合华严之说"[③]，但并不排除他也精通《法华经》或杂密经典。这一例证说明：在佛教实践中，《法华经》和《无垢净光大陀罗尼》两部经典的交融也影响到学问僧。

综上所论，目前发现的辽代无垢净光舍利塔，要么位于长城以南的汉地（如盘山甘泉寺无垢净光舍利塔、顺义净光舍利塔、云州慈云寺舍利

---

① 向南辑：《辽代石刻文编》，河北教育出版社 1995 年版，第 468—469 页。

② 同上书，第 475 页。

③ 吕建福：《宋辽时期无上瑜珈密教的流传》，载吕建福《中国密教史》第 5 章，中国社会科学出版社 1995 年版，第 472—489 页。

塔、玉田东上生院无垢净光舍利塔、燕京永安寺释迦舍利塔）。即便某些无垢净光舍利塔位于长城附近或长城以北（如庆州释迦佛舍利塔、朝阳东塔、沈州无垢净光塔），这些地域也都是燕地汉俘及其后代的聚居区，可能很多燕民参与了塔的修造。这充分说明了唐幽州对辽代佛教艺术的影响。

二 《佛顶尊胜陀罗尼经》和《法华经》的合流

在唐代，密教佛顶尊胜陀罗尼信仰与舍利信仰交融已现端倪。如唐宣宗大中八年（854）《侯刺史等经幢题名》的幢上，除了刊刻《佛顶尊胜陀罗尼经并序》之外，又镌刻《妙法莲华经》的一部分[①]，体现了佛顶尊胜信仰与《法华经》中的舍利塔信仰合流。在辽朝社会，这两部经典的融合在实践中非常普遍。

（一）僧俗信徒所建塔幢

1. 房山北郑村辽塔中的石幢

北郑村辽塔中的幢石 1977 年出土于北京房山县城西南 40 里之北郑村辽塔内。据平面图，北郑村辽塔的石函埋藏在地宫中，地宫之上立石幢[②]。法舍利塔文字砖长 36.5 厘米，宽 18 厘米，厚 3.3 厘米，红色，表面涂一层铅粉，砖正面塑塔形图案，塔身上刻四句《法华经》文："诸法因缘生，我说是因缘，因缘尽故灭，我作如是说。"[③]石塔内有石卧佛一件，为释迦牟尼涅槃像。在长方形石座上，释迦遗体侧卧其上，两目微闭，十分安详。石座为 34.2 厘米乘以 18 厘米乘以 4.3 厘米，佛高 31 厘米[④]。本文前面所引《法华经·药王菩萨本事品》就有佛涅槃、荼毗后产生舍利并起塔供养的内容。

这座辽塔中有石幢一件，造于辽穆宗应历五年（956）。幢由盖顶、

---

① （清）陆增祥：《八琼室金石补正》卷 48，载新文丰公司编《石刻史料新编》，新文丰出版公司 1977 年版，第 1 辑第 7 册，第 4769 页。

② 齐心、刘精义：《北京市房山县北郑村辽塔清理记》，《考古》1980 年第 2 期，第 148 页，图二。

③ 同上书，第 150 页。

④ 同上书，第 156 页。

幢身、基座三部分组成。平面作八角形，座高 27.5 厘米，幢身高 1.64 米，顶高 1.21 米，通高 3.125 米。下部为八面覆莲基座，幢身八面都刻有楷书汉字经文《佛顶尊胜陀罗尼经序并真言》及《北郑院邑人起建陀罗尼幢记》等题记。幢顶由以下几部分组成：垂幔纹宝盖，长方八角形，八玻瓦顶形檐，卷云纹托，象征清净的莲花头顶①。

《北郑院邑人起建陀罗尼幢记》曰："应历五年岁次乙卯肆月己亥朔八日丙午巳时建陀罗尼幢"，题名有官员、僧人，还有 参与建幢的邑人："青白军使、兼西山巡都指挥使、银青崇禄大夫、检校尚书右仆射、御史大夫、上柱国陈返贞。郎君李五、菩萨留……卢龙军随使押衙、兼衙前兵马使、充营田使刘彦钦……北衙栗园庄官王思晓、妻都氏。北衙栗园庄官许行福、妻张氏，男重霸。前摄顺州长史郑彦周、母王氏、妻李氏、男马五、马六、忙儿。"僧人有"石经寺主讲经论大德谦讽、都维那院主僧惠信、门人僧审纹、门人僧审因"。另外还有一连串男性、女性邑人的题名。书经人中有"乡贡学究韩承规"②。

这一经幢被置于北郑村辽塔的塔身中，原来矗立在地宫的盖板上③。《佛顶尊胜陀罗尼经》云："佛告天帝：'若人能书写此陀罗尼，安高幢上，或安高山，或安楼上，乃至安置窣堵波中，天帝，若有苾刍、苾刍尼、优婆塞、优婆夷、族姓男、族姓女，于幢等上或见或与相近，其影映身，或风吹陀罗尼上幢等上尘落在身上，天帝，彼诸众生所有罪业，应堕恶道、地狱、畜生、阎罗王界、饿鬼界、阿修罗身恶道之苦，皆悉不受，亦不为罪垢染污。'"④北郑村邑人合建的陀罗尼经幢，系按照《佛顶尊胜陀罗尼经》的规定，建在塔内地宫之上，形制高大，能达到感化信徒之效。

还有五代长兴三年（932）所制陶幢一件，位于这座辽塔的塔身。此幢由夹砂红陶烧造，基座、幢身、幢顶三部分组成。平面为圆形，座高 31 厘米，顶高 60 厘米，通高 1.875 米，径 62 厘米。基座由周身塑水波纹

---

① 齐心、刘精义：《北京市房山县北郑村辽塔清理记》，《考古》1980 年第 2 期，第 150、152 页。

② 向南辑：《辽代石刻文编》，河北教育出版社 1995 年版，第 11—12 页。

③ 齐心、刘精义：《北京市房山县北郑村辽塔清理记》，《考古》1980 年第 2 期，第 150—152 页。

④ 佛陀波利译：《佛顶尊胜陀罗尼经》，［日］高楠顺次郎等编：《大正藏》第 19 册，大正一切经刊行会 1928 年版，第 351 页。

的覆盆和塑弦纹的钵形器组成。幢身阴刻楷书汉字经文四种：《佛顶尊胜陀罗尼神咒》、《高王观世音经》一卷、《续命经》一卷、《烧香真言》。幢文首刻"长兴三年五月十五日造尊胜陀罗尼幢，奉为皇帝万岁□□法界一切有情同占此福。功德主弟子刘儒"。幢顶部分为屋顶，正面辟一门，泥塑门楣和瓦当形门簪，四面塑带背光的菩萨六尊，上缘塑卷叶花纹一周，顶出檐施瓦垅并泥塑兽瓦头，顶端为十二瓣莲瓣组成的方形平座，座上刹柱已残①。

2. 朝阳北塔

辽宁朝阳北塔出土的石函形制简单：门板下部镂刻假门，门板外面题写"塔下勾当邑人等"和"当寺塔下同勾当僧人等"，并记录施钱数额。北塔天宫后部正中置木胎银棺，棺内装舍利金塔。"七宝"装饰而成的宝盖罩在银棺四周。北塔内有金舍利塔1件，金片制成，方形单层檐式，高11厘米，重269克。其基座三层，为平台式。座上置单层八瓣金莲座，上承方形塔身。塔身四角刻出圆形倚柱，每面刻坐佛1尊，头戴宝冠，手结契印，结跏趺坐于莲座之上，佛像两侧饰祥云。塔檐单层，四角攒尖式顶，顶上安刹，由莲座、宝珠组成，脊上和檐下装饰珍珠串穿的流苏，多已残缺。北塔内还有金盖玛瑙舍利罐1件，罐内盛舍利两粒，置金塔内。另有鎏金银塔，第三节塔身刻写梵文"六字真言"。还有木胎银棺1件，东侧银片线刻释迦牟尼涅槃像：释尊头南足北，头枕右手，侧卧"七宝"床上，床侧天人异众皆作哀恸之相，并有娑罗树和狮、象各一，右上方置锡杖、钵盂。床脚站立护法天王一，双手执箭，脚踏夜叉②。北塔的布置和装饰，显然是依据本文前面所引《法华经·药王菩萨本事品》：佛涅槃后，对之进行火葬，产生舍利，将舍利装入宝瓶，然后起塔供养。北塔中的鎏金银塔塔身又刻写梵文"六字真言"，即陀罗尼咒语。

《都提点重修塔事》题记刻写于石函东面石板"三身佛"左侧，5行，楷书，下半部剥蚀无存，所记皆是主持修塔的朝廷命官：

　　　都提点重修塔事、义成军节度、滑濮等州观□□

---

① 齐心、刘精义：《北京市房山县北郑村辽塔清理记》，《考古》1980年第2期，第152页。

② 朝阳北塔考古勘察队：《辽宁朝阳北塔天宫地宫清理简报》，《文物》1992年第7期，第3—7页。

事行滑州刺史、判彰武军节度、霸州管内观察处置等□
同提点上京管内僧录宣□
彰武军节度副使、银青崇禄大 [夫] □
霸州观察判官、承务郎。□

《塔下勾当邑人僧人》题记刊刻于石函门板外面。其上半部题写："塔下勾当邑人等"，31 行，楷书，记载邑社众人、勾当、施金人姓名，共 46 人，并记有施钱数额等。题记的下半部记载："当寺塔下同勾当僧人等"，共 29 人，都是参与重修塔寺活动的本寺和尚①。很明显，参与建塔的有官僚、僧官、僧人和民间邑会。

至于上引《都提点重修塔事》所记"都提点重修塔事、义成军节度"，实表明由义成军节度任"都提点"，即重修塔的总指挥。在唐代，义成军节度使"治滑州，管滑、郑、濮三州"②。这三州其实都不在辽境，所以此人是遥领。

《重修塔事》提及"行滑州刺史、判彰武军节度、霸州管内观察处置等"。滑州不在辽境，担任此职之人也系遥领，"判彰武军节度、霸州管内观察处置"才是实职。彰武军是霸州（今辽宁朝阳市）的军号③。这名官员与"彰武军节度副使、银青崇禄大夫"、"霸州观察判官、承务郎"均属于霸州地方官。

《重修塔事》中出现"同提点上京管内僧录"，说明上京道地区的僧官也同时指导和负责重修北塔的工程。当时霸州已经隶属于圣宗时新设立的中京道，但仍然有上京道的僧官监临此工程。北塔出土的石函函盖上面刻一方塔，塔身刻写《般若波罗蜜多心经》，汉文，楷书，末尾题"都提点前上京管内僧录宣演大师、赐紫沙门蕴矬记"④。《都提点重修塔事》题记中的"同提点上京管内僧录宣"，可能跟石函函盖方塔上的题名"都提点前上京管内僧录宣演大师"是同一人。石函函盖上的方塔后出，那时，

① 朝阳北塔考古勘察队：《辽宁朝阳北塔天宫地宫清理简报》，《文物》1992 年第 7 期，第 15 页。
② （后晋）刘昫等：《旧唐书》卷 38《地理志一》，中华书局 1975 年标点本，第 1389 页。
③ （元）脱脱等：《辽史》卷 39《地理志三》，中华书局 1974 年标点本，第 486 页。
④ 朝阳北塔考古勘察队：《辽宁朝阳北塔天宫地宫清理简报》，《文物》1992 年第 7 期，第 23 页。

宣演可能已经从上京管内僧录卸任，但因修塔之事尚未完成，请他继续负责。

据《辽史·地理志》，"兴中府，本霸州彰武军，节度……太祖平奚及俘燕民，将建城，命韩知方择其处。乃完葺柳城，号霸州彰武军，节度。统和中，制置建、霸、宜、锦、白川等五州。寻落制置，隶积庆宫。后属兴圣宫。重熙十年（1041）升兴中府……统州二、县四"，其中兴中县是"太祖掠汉民居此，建霸城县。重熙中置府，更名"①。《塔下勾当邑人僧人》题记所载录的邑社众人、勾当、施金人姓名，参与重修塔寺活动的"当寺塔下同勾当僧人等"，多半是霸州当地人。

北塔的石匣物帐与题名志石，立于石函门板外侧，长方形，高 1.26 米，长 0.85 米，宽 0.16 米，一面刻字，楷书，另一面无字。志石的末尾写有"大契丹国重熙十二年（1043）四月八日午时再葬。像法更有八年入末法，故置斯记"。志石下半部刻写参与这次修塔活动的部分人名及职位，共 39 人，多为州或县的下级官吏，还有修塔工匠头目②。由此可见，霸州当地地方官、工匠参与了这项工程。在辽代，末法来临的年代是辽兴宗重熙二十一年（1052），因此重熙十二年（1043）还处于像法时代，距离末法还有 8 年，正所谓"像法更有八年入末法"。

北塔的再葬舍利题记砖立在石函门外的砖墙上，记载了再葬舍利的时间和修塔工匠的姓名及住址，说辽代称此塔为"延昌寺塔"③。修塔工匠题名砖、石有 3 块，其中 1 块长条形砖准确记载重熙年间重修此塔共用"砖五十六万二千四百七十三□（块）"，可以想见维修规模之大④。另有《砌匠作头》题名砖，呈方形，长、宽 24 厘米，厚 8.2 厘米，四面刻字，刻写砌匠作头、当寺僧人及居士姓名，末尾题"霸州都孔目官杨克从重熙十三年四月八日记"⑤。杨克从应是霸州管理文书档案的吏员的头目。由这样的人物亲自过问和记录修塔的具体人员，可见当地官方对此事的重视。

---

① （元）脱脱等：《辽史》卷 39《地理志三》，中华书局 1974 年标点本，第 486 页。
② 朝阳北塔考古勘察队：《辽宁朝阳北塔天宫地宫清理简报》，《文物》1992 年第 7 期，第 15—16 页。
③ 同上书，第 17 页。
④ 同上。
⑤ 同上书，第 23 页。

霸州为燕地汉民及其后裔聚居之地。由此可以推断，参与修造北塔工程的当地僧俗信徒，很可能传承了原唐幽州地域的技术和工艺。

《第三度重修》题记砖为辽代沟纹青砖，长 57 厘米，宽 30 厘米，厚 7.5 厘米，一面阴刻楷书"霸州邑众诸官，同共齐心结缘，第三度重修。所有宝安法师奉随（隋）文帝敕葬舍利，未获请后知委"。这说明隋代已经在此建塔①。仁寿元年（601）六月，隋文帝向全国分舍利、建塔②。由此可知北塔始建于隋，本为埋藏舍利之用。

北塔地宫中有一所高 5.26 米的石经幢，砂岩雕制，八角形，基座和顶部缺失，但形体高大，雕刻精美③。这也是依照《尊胜经》的规定，置经幢于窣堵波中。这座经幢的第二节幢座雕刻"过去七佛图"，第三节幢座刻有"八大灵塔、七佛名"图④，从塔身浮雕和密教法器、供养具等来看，延昌寺北塔属密宗寺院⑤。本是埋藏舍利的北塔，却又埋入了经幢，可见《法华经》与佛顶尊胜信仰的交融。

这所石经幢第四节幢身的最后题写："司司轩辕亨勘梵书东班小底张日新书。大契丹国重熙十三年（1044）岁次甲申四月壬辰朔八日己亥午时再葬讫。像法更有七年入末法。石匠作头刘继克镌，孟承裔镌。"阴刻楷书⑥。重熙十三年之后，离末法重熙二十一年还有 7 年。至于"石匠作头刘继克镌，孟承裔镌"，从姓名来看，二人是汉人，而且很可能就是霸州当地的汉人。

3. 涿州新城县衣锦乡佛顶尊胜陀罗尼幢

辽道宗咸雍八年（1072），南京道涿州新城县（今河北新城县）衣锦乡的佛教徒刘清等人建立一所佛顶尊胜陀罗尼幢，内藏舍利。《特建葬舍利幢记》曰："奉为皇太后、天佑皇帝、懿德皇后特建佛顶尊胜陀罗尼

---

① 朝阳北塔考古勘察队：《辽宁朝阳北塔天宫地宫清理简报》，《文物》1992 年第 7 期，第 23 页。

② （宋）王钦若等编：《册府元龟》卷 51《帝王部·崇释氏一》，中华书局 1960 年影印本，第 574 页。

③ 朝阳北塔考古勘察队：《辽宁朝阳北塔天宫地宫清理简报》，《文物》1992 年第 7 期，第 21—23 页。

④ 同上书，第 21—22 页。

⑤ 同上书，第 1—28 页。

⑥ 同上书，第 22 页。

幢。涿州范阳乡贡进士段温恭撰。"①后面一连串题名，包括燕京名僧、邑众，均是汉人。"皇太后"指道宗的母亲、兴宗仁懿皇后，她"崇大雄之妙教，通先哲之灵章，精穷法要，雅识朝纲，建宝塔而创精蓝百千处"②。"天佑皇帝"即辽道宗。这位皇帝跟懿德皇后萧观音均有很高的汉文化修养，都是虔诚的佛教徒，他们推行了很多崇佛的措施。所以南京道地区的汉人佛教徒在佛寺这样的公共空间为积极护法的帝后建经幢祈愿，可以说是自然而然的事。这也可以看出契丹统治者的崇佛政策达到了收服汉人之心的作用，从侧面反映出汉人对契丹统治的认同。

《幢记》开头云："夫以觉皇示灭于双林，遗骨争持于八国。洎捧甀坛，咸兴窣堵。以至一丈六尺之金容，具瞻顿失；八万四千之宝级，相望而成。"③这是引用释迦在双林树下涅槃后，"八王分舍利"并各自起塔供养的典故④。这段文字又引用了优填王铸金作佛像，阿育王造八万四千塔供养佛的故事。

这是刘清与邑众共同造尊胜经幢藏舍利。《特建葬舍利幢记》称："若起塔则止藏其舍利，功德惟一。建幢则兼铭其秘奥，利益颇多。况尘扬影覆，恶脱福增，岂不谓最胜者欤？"⑤起塔藏舍利，系根据《法华经》中的舍利信仰。建经幢，以达到尘沾影覆之效，则是根据佛顶尊胜信仰。"建尊胜幢葬□如来首于当村精舍内，前堂东南隅营其钜址……屹尔耸擎天之势……或瞻礼者永出迷津，或旋遶者当登彼岸。"⑥此尊胜幢形制高大，矗立在"当村精舍"内，即位于公共空间，能感化信徒。《幢记》还叙述了信徒绕塔礼拜之功效，显然也认定这一经幢具有舍利塔的功能。

按刘淑芬的观点，9世纪中，已经出现僧人遗骨埋在幢下，成为"下藏舍利、上建经幢"的墓幢。11世纪才正式出现"舍利经幢"这个名

---

① 向南辑：《辽代石刻文编》，河北教育出版社1995年版，第350页。
② 《兴宗仁懿皇后哀册》，向南辑：《辽代石刻文编》，河北教育出版社1995年版，第376页。
③ 向南辑：《辽代石刻文编》，河北教育出版社1995年版，第350页。
④ 《大般涅槃经》卷下，[日]高楠顺次郎等编：《大正藏》第1册，大正一切经刊行会1924年版，第207页。
⑤ 向南辑：《辽代石刻文编》，河北教育出版社1995年版，第351页。
⑥ 同上。

词①。辽代涿州新城县《特建葬舍利幢记》，从实质来讲，已经是"下藏舍利，上建经幢"了。刘淑芬对这一《特建葬舍利幢记》分析到：造幢记明确说起塔不如建幢功能多，这是僧人选择建立舍利经幢的缘由②。其实，这一现象最本质还是体现密教陀罗尼信仰与《法华经》舍利信仰的交融。

柯嘉豪（John Kieschnick）先生认为：从隋文帝分舍利开始，舍利崇拜就融入了中国的政治。帝王、高官通过分舍利的运动，提升自己的权威，名寺的僧人、地方望族也做同样的努力把他们和神圣的佛物联系起来③。柯先生侧重于分析精英层面的供奉舍利与政治功能的整合。其实，在辽道宗时期，南京道涿州新城县衣锦乡的汉族佛教徒建立经幢藏舍利，还公开表达自己的政治倾向，也体现了佛教的神圣性与政治功能的整合。所以，下层民众在这一方面也不是完全没有行动。涿州新城县衣锦乡的民众建立舍利经幢的主要落脚点是为契丹统治者唱赞歌、祈祷、许愿。这样，《法华经》的本义被赋予另外的意义，而《佛顶尊胜陀罗尼经》原有的内容和含义几乎被抽空了。精英创造、改造、提升、宣传某种文化（其来源可能就是大众的俗文化），大众也不是完全被动地接受，而是根据自己的立场、兴趣和需求，对精英传布的文化进行"肢解"或"误读"。这就是文化"输出者"和"输入者"之间的互动关系。

（二）高僧的塔幢

辽代高僧的塔幢中，体现《法华经》与《佛顶尊胜陀罗尼经》合流更为明显。

1. 香山澄赞上人塔记

辽圣宗开泰九年（1020）《澄赞上人塔记》出于北京香山，镂字八，文曰："头陀遗身"，"舍利舌塔"，分在两隅。中镂造像花纹、陀罗尼经文，下为塔记④。

---

① 刘淑芬：《墓幢——经幢研究之三》，《中央研究院历史语言研究所集刊》第74本第4分，2003年，第687页。

② 同上书，第688—689页。

③ John Kieschnick, "Sacred Power", *The Impact of Buddhism on Chinese Material Culture*, Princeton and Oxford: Princeton University Press, 2003, pp. 42—44.

④ 向南辑：《辽代石刻文编》，河北教育出版社1995年版，第165页。

《燃身头陀赞公舍利塔记》曰："右街表白花严院讲经论沙门慧鉴述……仰惟燃身头陀澄赞上人者，命世乘时，随机控物。生而混迹，愚智莫分。殁而逾神，灵感非一。至若旃檀蓺上，珠五色之云容；舍利光中，涣如莲之舌相。"①称澄赞上人为"燃身头陀"，即指他燃身供养佛，出自《妙法莲华经》卷六《药王菩萨本事品第二十三》所载药王菩萨燃身供养佛的典故。本文前面讨论庆州白塔已经引用过。头陀，即苦行。信徒烧身供养佛的举动，在《高僧传》中常见，这是佛教徒往生净土、舍身造福他人的重要方式②。

《赞公舍利塔记》所云"至若旃檀蓺上，珠五色之云容；舍利光中，涣如莲之舌相"，系描述赞公烧身供佛的场景。其中"舍利光中，涣如莲之舌相"，对应于塔上所雕刻的文字"舍利舌塔"。这种表述出自《妙法莲华经》卷六《随喜功德品第十八》："有经名《法华》可共往听。即受其教，乃至须臾间闻。是人功德转身，得与陀罗尼菩萨共生一处。利根智慧，百千万世终不瘖哑。口气不臭，舌常无病。口亦无病，齿不垢黑，不黄不疎。亦不缺落……无有一切不可喜相。唇舌牙齿悉皆严好。"③

早在南北朝时期，就有高僧持诵《法华经》而唇舌不坏的记录。北齐武帝时，"东山人握土见一物，状如两唇。其中舌鲜红赤色。以事奏闻。帝问道俗。沙门法尚曰：'此持《法华》者亡相不坏也。诵满千遍，其验征矣。'乃集持《法华》者围绕诵经。才发声，其唇舌一时鼓动。见者毛竖。以事奏闻，诏石函缄之"④。

在唐代社会，高僧或俗信徒诵持《法华经》而舌头不坏的观念也十分流行。

据《宣室志》载，"唐贞观中，有王顺山悟真寺僧，夜如蓝溪。忽闻有诵《法华经》者。其声纤远。时星月回临，四望数十里，阒然无睹。其僧惨然有惧。及至寺，且白其事于群僧。明夕，俱于蓝溪听之，乃闻经声自地中发，于是以标表其所。明日穷表下，得一颅骨，在积壤中，其骨

---

① 向南辑：《辽代石刻文编》，河北教育出版社1995年版，第165页。

② John Kieschnick, "Asceticism", *The Eminent Monk Buddist Ideals in Medieval Chinese Hagiography*, Honolulu：University of Hawaii Press, 1997, pp.35—50.

③ ［日］高楠顺次郎等编：《大正藏》第9册，大正一切经刊行会1925年版，第47页。

④ （宋）李昉等编：《太平广记》卷109《沙门法尚》条，中华书局1961年版，第742页。此条出自《高僧传》。

槁然，独唇吻与舌，鲜而且润，遂持归寺，乃以石函置于千佛殿西轩下。自是每夕，常有诵《法华经》声在石函中。长安士女，观者千数。后新罗僧客于寺，仅岁余，一日寺僧尽下山，独新罗僧在，遂窃石函而去。寺僧迹其往，已归海东矣。时开元末年也"①。

《法苑珠林》载："贞观之初，荆州有比丘尼姊妹，同诵《法华》，深厌形器，俱欲舍身。节约衣食，钦崇苦行，服诸香油，渐断粒食。后顿绝味，唯食香蜜。精力所被，神志鲜爽。周告道俗，克日烧身。以贞观三年（629）二月八日，于荆州大街置二高座，乃以蜡布缠身至顶，唯出面目。众聚如山，歌赞云会。诵《法华经》，至药王烧处。其姊先以火拄妹顶讫，妹又以火拄姊顶。清夜两炬，一时同曜。焰下至眼，声相转鸣。渐下鼻口，方乃歇灭。恰至明晨，合座洞举，一时火化，骸骨摧朽，唯二舌俱存。举众欣嗟，为起高塔。"②

因此，《赞公舍利塔记》对澄赞上人燃身时所现"舌相"的描述，实源自唐人持诵《法华经》和舍利的观念。澄赞上人塔中镂刻陀罗尼经文，又体现了密教信仰。

《澄赞上人塔记》又称："粤有在京辽西坊内信士张从信者，早奉慈悲，狎为兰室。闻捐身命，造以香山，躬施毫珠，拟充路赆。"③俗信徒张从信居住在南京城（今北京市）辽西坊，他听说赞公燃身，特地施财供奉。

赞公火化后，僧人"琼素寻归竹户，见在香区。惊喜交集，发毛遍竖。因陈斋会，荷此灵通"④。这是琼素为赞公火化后产生的灵异现象，专门设立斋会。琼素"遇见张公，得言圣迹。公亲蒙瑞应，难喻欣怡。特出玉帛，削成石塔。中安舍利，外镂总持"⑤。张从信听说赞公燃身的灵迹，又施玉帛为赞公起塔。塔中放置舍利，外部雕刻总持（即陀罗尼）。这也显示了舍利信仰和密教陀罗尼信仰的融合。陀罗尼咒语刊刻在塔的外部，供人瞻礼、诵读，能达到宣教和感化信徒之功。

---

① （宋）李昉等编：《太平广记》卷109《悟真寺僧》条，中华书局1961年版，第747页。此条出自《宣室志》。

② （唐）释道世：《法苑珠林校注》卷96《舍身篇》，周叔迦、苏晋仁校注，中华书局2003年版，第2781页。

③ 向南辑：《辽代石刻文编》，河北教育出版社1995年版，第165页。

④ 同上。

⑤ 同上。

《澄赞上人塔记》又云："所主功德，乃用庄严。六种姻亲，并益三坚之福；七生父母，咸增六度之因。凡居随喜之间，尽用解脱之分。"①随喜，谓见他人行善，随之心生欢喜。这段文字意在表明塔的施主张从信的功德广大，遍及自己的家人。

《澄赞上人塔记》的最后为施主的题名："建造塔施主张从信，同施刘氏。祖父银青崇禄大夫、检校国子祭酒、使持节昌州诸军事、昌州刺史、兼监察御史、武骑尉元□，母庞氏。长男吴越长生汤药都监辅翼，次男奴歌，次男栲栳，次男和尚奴，次男善孙，女祭哥，女药师女，长男新妇周氏。"②显然，张从信的众多家人都参与了为澄赞上人造塔的活动。从张从信的祖父、长男的官职，及前面所引他资助澄赞上人燃身之法事、施财帛助建赞公塔来看，张家当属于南京道的汉族上层，而张从信本人笃信佛教。他的次男名"和尚奴"，一女叫"药师女"，说明从信本人或他的子女信佛。

2. 平谷罗汉院八大灵塔记

辽兴宗重熙十三年（1044），《罗汉院八大灵塔记》在今北京平谷县三泉寺内建立，记文并额正书③。碑文曰："《罗汉院八大灵塔记》。□德郎、□□□直府、守□州录事参军、骑都尉、监知□张轮翼撰。金枝联七叶之荣，宝位禅千龄之运。谨按内典云，初地修一无数劫，受华报果，为自在身，今我皇帝是也。"④

七叶指佛经第一结集会场七叶窟，即因窟前有此大七叶树而得名。自在身指诸佛。依据十住诸佛于诸神通、自心、灭尽、圣如意、寿命五事中得自在，故称自在身，又特作阿弥陀佛之别名。从下文看，这是把当朝皇帝兴宗比作阿弥陀佛（即无量寿佛）的化身。

然后《塔记》具体歌颂兴宗的文治武功："恒怀宵旰，肯构灵祠。系玉毫尊，恢八万四千定慧之力；继金轮职，威尘数万类束手而降。威加海表既如彼，恢张佛刹又若此。文武贤辅各代天行化，运掌上之奇兵；辅国济民，利域中之邦本。夫如是，黔首知力，白足荷恩。契经以尘合沙界，

① 向南辑：《辽代石刻文编》，河北教育出版社1995年版，第165—166页。
② 同上书，第166页。
③ 同上书，第233页。
④ 同上。

堪为如来法器也。"①持金轮宝之转轮圣王，称为金轮王，亦略称金轮。无量寿佛有八万四千相。这段文字将兴宗说成是继承金轮王之职。转轮圣王与世俗政治的密切关系，本文前面在分析庆州白塔时已经讨论过。

关于灵塔的选址，《八大灵塔记》称："地有胜境，贤圣棲神，即罗汉院者矣。控异俗一字之镇，枕蓟壤两川之心。沃土宜禾，居民则逸。壮千里侯甸之风，观万仞崆峒之气。以谓招提旧制，像运仍全。"②显然，八大灵塔的地理位置非常优越，居于形胜之地。

《八大灵塔记》又曰："沙门首座诵《法华经》绍凝，行超俗表，道冠权门……坤旺之方，涌窣堵凌云之势。"③这又是依据《妙法莲华经》卷四《见宝塔品第十一》中的这段表述："此宝塔从地踊出。又于其中发是音声。尔时佛告大乐说：'菩萨，此宝塔中有如来全身……欲供养我全身者，应起一大塔……今多宝如来塔，闻说《法华经》，故从地踊出。'赞言'善哉！善哉！'"④

《八大灵塔记》又云："法清与天水赵文遂于开泰大师处，请到遗留佛舍利数十尊，用七宝石函，葬塔基下。乃纠首陈寿、邑证□澄等，教化有缘，市肆村落，各赍润已（己），同办利他。"⑤这是指众人共同藏舍利于石制的函中，并葬于塔下。八大灵塔建在公共的寺院内，当然能教化众人。

《八大灵塔记》又载："礼此塔者……尘沾出地狱之门，影覆入菩提之室。"⑥"尘沾影覆"之破地狱、成菩提的功效，明显是取自《佛顶尊胜陀罗尼经》。这一例证说明：在时人心目中，藏舍利的塔也相当于尊胜经幢。

3. 奉为没故和尚特建陀罗尼塔记

辽道宗清宁六年（1060）建立的《奉为没故和尚特建陀罗尼塔记》，出土地点不详。和尚迁化后，"积薪焚□燦其舌乃不灰矣。□师可升□□思法乳之恩，每忆托□之德，遂建佛顶尊胜陀罗尼经塔，用资法识，伏愿

---

① 向南辑：《辽代石刻文编》，河北教育出版社 1995 年版，第 233 页。
② 同上。
③ 同上。
④ ［日］高楠顺次郎等编：《大正藏》第 9 册，大正一切经刊行会 1925 年版，第 32 页。
⑤ 向南辑：《辽代石刻文编》，河北教育出版社 1995 年版，第 234 页。
⑥ 同上。

永世胜因功德。累生罪障,随影覆已消除;宿□怨魂,逐尘沾而登彼岸"①。如本文前面所论,"舌乃不灰"正是诵持《法华经》的威力。高僧荼毗后多有舍利产生。信徒为没故和尚所起之塔称"佛顶尊胜陀罗尼经塔",藏没故的舍利,还有《尊胜经》所宣扬的灭罪、尘沾影覆之效。

4. 房山沙门可训造幢记

辽道宗清宁七年(1061),《沙门可训造幢记》在今北京房山被建立,八面刻,先经后记,正书②。可训的师父亡故后,"舌乃不灰。门人可训辈,时今□诚之恩,以建斯塔矣。清宁七年三月五日"③。"舌乃不灰"系诵持《法华经》的威力。《造幢记》又称可训造塔为"造幢",说明在时人心目中,可训为师父所建之塔,即被视为尊胜经幢。

5. 固安广宣法师塔幢记

辽道宗大安七年(1091)四月十一日,今河北固安县僧人广宣法师迁化,他的门徒建立经幢以埋藏其遗骨,经幢八面刻,六面刻陀罗尼经,另外两面所刻塔记云:"刊贞珉以为塔,上镌秘语。"④这是内藏高僧的舍利(《法华经》的影响),外刻密教陀罗尼咒语。既然题名为"广宣法师塔幢记",表明此塔同时又被视为尊胜经幢(《佛顶尊胜陀罗尼经》的影响)。

6. 安次传戒法师法性石塔

辽天祚帝乾统四年(1104),河北安次县大五龙村所建的传戒法师法性墓塔,八面刻,先经后记,是法性的弟子"乃命匠卜地于当寺旧茔内,建立石塔一座,中藏灵骨,上列诸杂陀罗尼,功德资荐"⑤。这也是塔内藏高僧的舍利,外部刻诸陀罗尼。

7. 安次宝胜寺僧玄照坟塔记

乾统七年(1107),宝胜寺僧玄照的坟塔在今河北安次县建立,八面刻,先经后记,经正梵间书,记正书⑥。《宝胜寺僧玄照坟塔记》曰:"将

---

① 向南辑:《辽代石刻文编》,河北教育出版社1995年版,第298页。
② 同上书,第304页。
③ 同上。
④ 《广宣法师塔幢记》,向南辑:《辽代石刻文编》,河北教育出版社1995年版,第435页。
⑤ 《安次县正觉寺传戒法师法性塔记》,向南辑:《辽代石刻文编》,河北教育出版社1995年版,第542—543页。
⑥ 《宝胜寺僧玄照坟塔记》,向南辑:《辽代石刻文编》,河北教育出版社1995年版,第561页。

期升莲花之台，不意报双林之兆。良由急于善道，积成今疾。"①《塔记》对玄照的示灭的写法系模仿释迦涅槃的场景。据《大般涅槃经》，释迦正是在娑罗树（即双林树）下涅槃②。那么，这就可以称玄照之坟塔中埋藏的是舍利，体现《法华经》的影响。《塔记》又称"遂命哲匠，俄琢贞珉。特建石塔一所，上刻粹容，旁刊密印。所愿承此影覆尘沾之塔，转超圣位"③，显示了密教的理念。塔上刊刻密印，又被称为"影覆尘沾之塔"，说明这也是尊胜经幢。玄照之塔安放在寺内，显然是供信徒瞻仰。

8. 朝阳灵感寺释迦佛舍利塔

辽天祚帝天庆六年（1116），《灵感寺释迦佛舍利塔碑铭》在兴中府（今辽宁朝阳市）建立。碑铭先叙述佛法东来，塔庙之兴，又引用八王分舍利的故事④。辽圣宗太平九年（1029），出家的柳城（今辽宁朝阳市）梁氏兄弟守奇、道邻得"舍利二粒，玉彩晶灿，不可正视，人争传戴之。由此乃舍衣盂，特兴塔像"。两兄弟向官吏、贵戚、豪族化得一大笔资金，募工造成舍利塔⑤。《灵感寺释迦佛舍利塔碑铭》铭文曰：感得舍利后，梁氏兄弟"以清净心，置琉璃器。藏此塔中，以福万世"⑥。舍利装入琉璃器皿中，然后放于塔中。这明显是根据《法华经》来起塔置舍利。《碑铭》这样描述舍利塔的功能："我所贵踊出三界，而为解脱之场也。"⑦ 这是因为佛涅槃即意味得到解脱，超出三界。

灵感寺释迦佛舍利塔"有千岁灯，以然于内。有百炼镜，以悬于外。亦岂徒然哉？我所贵遍照十方，而破黑暗之狱也"⑧。塔内燃灯供养，外部悬挂镜子，具有破地狱的功能。这分明是佛顶尊胜陀罗尼经幢的功效。碑文又曰："故一尘所沾，一影所覆，其利乐信不虚矣！"⑨尘沾影覆也是尊胜

---

① 《宝胜寺僧玄照坟塔记》，向南辑：《辽代石刻文编》，河北教育出版社1995年版，第561页。

② 《大般涅槃经》卷下，《大正藏》第1册，［日］高楠顺次郎等编：大正一切经刊行会1924年版，第203—205页。

③ 《宝胜寺僧玄照坟塔记》，向南辑：《辽代石刻文编》，河北教育出版社1995年版，第561页。

④ 向南辑：《辽代石刻文编》，河北教育出版社1995年版，第661页。

⑤ 同上书，第662页。

⑥ 同上书，第663页。

⑦ 同上书，第662页。

⑧ 同上。

⑨ 同上。

经幢的功能。这是《法华经》舍利信仰与尊胜陀罗尼信仰交融的又一例证。

兴中府在古代一直是农耕文化与游牧文化交汇之地。梁氏兄弟出自柳城，即属于这一地区。在唐代，营州（今辽宁朝阳市）又称为柳城郡。从梁氏兄弟之姓名来看，是汉人。他们兄弟俩在造塔过程中起到组织和指导作用。这座舍利塔位于兴中府，本文前面分析朝阳北塔之时已经论及：兴中府是太祖平定奚和俘虏燕地之汉民而建。所以建造灵感寺释迦佛舍利塔，可能也多半由太祖俘虏的燕民的后代完成，他们可能采用了唐幽州地域的工艺。

9. 朝阳惠能建陀罗尼幢记

《惠能建陀罗尼幢记》出土于今辽宁朝阳县口北营子附近，八面刻，正书①。此陀罗尼幢蕴涵多元的佛教思想，但最主要还是体现了《法华经》信仰与佛顶尊胜信仰的交融。

《幢记》曰："佛顶尊胜陀罗尼幢塔。奉为龙头山燃身僧惠能建立。"②惠能燃身，取自《妙法莲华经》卷六《药王菩萨本事品第二十三》所载药王燃身供养佛的典故。

《幢记》又云："世尊宣娇尸迦为善柱天能灭七返傍生路，希总持秘法藏，能发圆明广大心。我今具足是，凡赞叹诵持萨婆，若愿我心眼常开，□所有功德施群生、十方列土。"③善柱天实指善住天子。总持秘法藏，即陀罗尼法。这段文字是根据《尊胜经》中佛为善住天子说佛顶尊胜陀罗尼法的故事：诵持此陀罗尼之后，善住天子免除七返恶道之身（猪、狗、野干、猕猴、蟒蛇、乌鹫等身），此法还能拯救一切众生④。

《幢记》又曰："弥陀佛窃闻大雄无上演说。西方佛号弥陀，国名安养，过十万亿佛土，则立净方。阔广无边，香花严饰。其无量寿佛者加夫月殿，手如五大须弥，目如四大海水，周回一国，尽布黄金，远转花都，如铺碎锦。赞曰：玉楼银阁自然成，乐器空中不鼓鸣。共赞甚深三宝德，花无雕（凋）变色长荣。"⑤弥陀佛为阿弥陀佛的简称，无量寿佛也是阿弥

①　向南辑：《辽代石刻文编》，河北教育出版社1995年版，第696页。
②　同上。
③　同上。
④　佛陀波利译：《佛顶尊胜陀罗尼经》，[日]高楠顺次郎等编：《大正藏》第19册，大正一切经刊行会1928年版，第350—351页。
⑤　向南辑：《辽代石刻文编》，河北教育出版社1995年版，第696页。

陀佛。《幢记》极力描述净土世界富丽堂皇的盛况，实为歌颂惠能燃身供佛的行为，暗示他已经往生西方极乐世界。这段表述对应于《尊胜经》中关于往生净土、成佛的内容。佛言："若人能须臾读诵此陀罗尼者……诸佛刹土及诸天宫，一切菩萨所住之门，无有障碍，随意趣人。""若人能日日诵此陀罗尼二十一遍，应消一切世间广大供养，舍身往生极乐世界。若常诵念得大涅槃，复增寿命，受胜快乐。舍此身已即得往生种种微妙诸佛刹土。常与诸佛俱会一处。一切如来恒为演说微妙之义，一切世尊即受其记。身光照曜一切刹土。"①

概括起来，《惠能建陀罗尼幢记》着重讲述善住天子从佛授尊胜陀罗尼法及尊胜陀罗尼成佛的功能，而略去《尊胜经》关于破地狱、现世利益的内容。

《幢记》的题名有："临海军节度副使夫人宋氏，比丘尼行□，院主西□□罗□继祖大师门人僧怀论。"②临海军在中京道，为锦州（今辽宁锦州市）的军号，辽太祖以汉俘建州，隶属于太祖的斡鲁朵——弘义宫③。"临海军节度副使"负责管理当州汉人，其夫人宋氏也是汉人。题名有僧俗信徒，表明他们对惠能燃身行为的认可和崇奉。

在佛教中，储存和供养舍利本来就是《法华经》所述建塔之缘由。后来，陀罗尼经幢盛行，和塔渐渐趋同。因此，建经幢藏舍利跟起塔实质是一样的。辽人常常建经幢来藏舍利，恰恰表明杂密陀罗尼信仰影响之大、深入人心。

本文前面所缕列《法华经》与《佛顶尊胜陀罗尼经》合流的例子多数位于南京道（大致相当于唐幽州地域），或者是唐幽州汉族俘虏之后代聚居之地，足见唐幽州对辽代密教及佛教艺术之影响。

三　塔幢的形制及装饰

在辽代佛教实践中，同是依据《法华经》和《无垢净光大陀罗尼经》，或《法华经》和《佛顶尊胜陀罗尼经》所建之塔幢的形制有不同的

---

① 佛陀波利译：《佛顶尊胜陀罗尼经》，［日］高楠顺次郎等编：《大正藏》第19册，大正一切经刊行会1928年版，第350—351页。

② 向南辑：《辽代石刻文编》，河北教育出版社1995年版，第696页。

③ （元）脱脱等：《辽史》卷39《地理志三》，中华书局1974年标点本，第487—488页。

特点。总体说来，深受中原汉传佛教的影响。

（一）塔幢的形制

1. 塔身

庆州释迦佛舍利塔（庆州白塔）平面呈八边形，层高七级，辽代始建时塔高 69.47 米，重层台明高 3.8 米，总高 73.27 米。塔立面呈八棱锥状体。其结构由重层四方台明（台基）、基座、七级塔身（包括各层平座、塔檐）及塔顶、塔刹组成①。沈括所撰《熙宁使虏图抄》称庆州的"塔庙尘庐，略似燕中"②。贾敬颜先生推测：白塔可能即是沈括所见之塔③。日本的古松崇志先生根据碑的题名只见汉人和渤海人，认为修建白塔的主要是汉人、渤海人工匠，很可能是契丹从华北地区招聘的汉人手工业组织集团，还调集了归附契丹的汉人军队④。照此推断，白塔的建造可能受汉传佛教的影响。古松崇志先生还发现碑记中有"燕京悯忠寺抄主无碍大师门人苾刍智光集"，并推测这是来自契丹国燕京的核心寺院悯忠寺僧人编集的⑤。笔者认为：碑文中既然出现燕京悯忠寺的僧人，那么悯忠寺僧人可能也具体参与了建造白塔的活动。到辽朝，安禄山、史思明所建无垢净光塔仍然屹立在悯忠寺。悯忠寺僧人参与修造白塔的活动，可能把制作安、史二塔的某些工艺也传来了。白塔的修造或许就是汲取了悯忠寺造安、史二塔的经验或形制。但安禄山、史思明所造之塔现已不存，我们无法将其与庆州白塔对照比较。

沈州无垢净光舍利塔平面呈八角形，通高 34.75 米，由塔座、塔身、密檐、塔刹四部分组成。塔座为须弥座，高 1.8 米，边长 6 米，周边嵌以石条，上下边缘镶砌仰覆莲瓣，内砌青砖。塔身高 6.3 米，边长 3.4 米。每面各设有拱门式佛龛，龛高 1.32 米，宽 0.95 米，进深 0.25 米，内置坐佛一尊。在佛龛拱楣之上，各有砖雕横额，楷书佛名。东为"慈悲

---

① 张汉君：《辽庆州释迦佛舍利塔营造历史及其建筑构制》，《文物》1994 年第 12 期，第 69 页。

② 贾敬颜：《沈括〈熙宁使契丹图抄〉疏证稿》，载贾敬颜《五代宋金元人边疆行记十三种疏证稿》，中华书局 2004 年版，第 166 页。

③ 同上。

④ ［日］古松崇志：《庆州白塔创建之谜——11 世纪契丹皇太后奉纳之佛教文物》，载《辽文化——辽宁省调查报告书》，京都大学学院文学研究科 2006 年版，第 146—148 页。

⑤ 同上书，第 149 页。

佛"，东南"阿閦佛"、南为"宝生佛"、西南"等观佛"、西为"平等佛"、西北"惠华佛"、北为"大慈佛"、东北"普济佛"。密檐部分共十三层，高 17.85 米，每层高约 1.4 米①。

房山北郑村辽塔是一座八角形十三层密檐式实心砖塔，残高 21.3 米，塔下部的基座直径长 6.2 米，塔身高 14.3 米。塔刹残损严重，原貌已不可知②。

据《蓟州玉田县东上生院无垢净光舍利塔铭》之铭文，"宝塔复修，制度逾旧。虹檐十三，旁罗星斗"③。重修之后的塔达十三层，比原塔高大。

朝阳灵感寺释迦佛舍利塔"凡一十三级，通百有余尺。珠函之灵端，在乎其中"④。这座十三层的舍利塔"通百有余尺"，只是大致地估计。碑文又称"彼土木有穹窿而崔巍者，勿谓我小，我小有可观。彼金碧有灿烂而陆离者，勿谓我俭，我俭能中礼"⑤，说明此舍利塔不算高大，装饰也不算豪华。

2. 塔刹

在辽代，根据《法华经》和《无垢净光大陀罗尼经》所建之塔，其顶部的塔刹主要有两种类型。

第一，圆形盖状塔刹。

蓟县盘山甘泉寺的无垢净光塔"上侵圆盖，视日月以相连；下镇方隅，得天龙之拥护。瞻礼者罪灭，敬仰者福生"⑥。"上侵圆盖"，说明此塔顶部的塔刹为圆形盖状，从渊源来讲系模仿北凉石塔的形制⑦。

平谷罗汉院八大灵塔"三级之危檐回起，遥拟帝幢。菱花鉴善恶于

---

① 沈阳市文物管理办公室、沈阳市文物考古工作队：《沈阳塔湾无垢净光舍利塔塔宫清理报告》，《辽海文物学刊》1986 年第 2 期，第 30—31 页。

② 齐心、刘精义：《北京市房山县北郑村辽塔清理记》，《考古》1980 年第 2 期，第 147 页。

③ 向南辑：《辽代石刻文编》，河北教育出版社 1995 年版，第 469 页。

④ 同上书，第 662 页。

⑤ 同上。

⑥ 同上书，第 119 页。

⑦ 参见宿白《凉州石窟遗迹与"凉州模式"》，原载《考古学报》1986 年第 4 期，此据宿白《中国石窟寺研究》，文物出版社 1996 年版，第 42—44 页。宿白先生在此文中指出：酒泉、敦煌、吐鲁番所出北凉石塔，其形制皆八角基座、圆形塔身。其中保存较完整者，塔身之上雕有相轮和宝盖。

四隅，宝盖淡炎凉于九有。文楣接汉，栭柱倚天。风簧杂千变铃声，帝妃一唱；云盘落九霄甘露，天雨四花"①。其中"三级之危檐回起，遥拟帝幢"，说明塔的形制高大，类似经幢。"宝盖"实表明八大灵塔的塔刹为圆形盖状。这也是模仿北凉石塔的形制。

第二，圆锥形塔刹。

同样是依据《无垢净光大陀罗尼经》和《法华经》所造的庆州白塔和沈州无垢净光舍利塔的塔刹却是圆锥形。

庆州白塔塔刹以铸铜鎏金质地制成，塔刹由基座、覆钵、华盖、露盘、相轮、火焰、宝珠和华盖相间组成②。本文前面已经提及可能有悯忠寺的僧人参与建造，因此白塔的塔刹很可能就是模仿安禄山、史思明在悯忠寺所造的无垢净光塔。那么安、史所造之塔的塔刹也当与白塔相类似。

沈州无垢净光舍利塔的塔刹高6.2米，由露盘、大瓣仰莲、宝瓶式覆钵、宝珠、铁刹杆及八根铁索链等件组成③。这种塔刹跟庆州白塔类似。如本文前面所论，沈州的无垢净光塔也由燕地汉民俘虏的后代所建，因此，这类塔刹可能继承了唐幽州地域的佛教工艺。

（二）镜子

在辽代，根据《法华经》和《无垢净光大陀罗尼经》，或《法华经》与《佛顶尊胜陀罗尼经》所建之无垢净光舍利塔或尊胜塔幢，最具特色的装饰就是镜子。

庆州释迦佛舍利塔的斗拱、券门、经幢及塔刹等部位均嵌有不同规格、不同形状的铜镜千余枚，它们与塔檐角梁、檐缘、塔刹华盖悬挂的风铎交相辉映，更显得光彩夺目、金碧辉煌。此塔装饰手法的丰富和华美，为存世辽塔中罕见④。清格勒先生提出这样的观点：从碑刻刻文得知，白塔塔身外部嵌镶1000多面铜镜是与建塔同时期完成的。其中有两面铜镜刻铭均为辽乾统五年（1105），或许是塔体在乾统年间曾进行过一次维

---

① 向南辑：《辽代石刻文编》，河北教育出版社1995年版，第234页。

② 张汉君：《辽庆州释迦佛舍利塔营造历史及其建筑构制》，《文物》1994年第12期，第69页图五、70页。

③ 沈阳市文物管理办公室、沈阳市文物考古工作队：《沈阳塔湾无垢净光舍利塔塔宫清理报告》，《辽海文物学刊》1986年第2期，第31、32页图三。

④ 张汉君：《辽庆州释迦佛舍利塔营造历史及其建筑构制》，《文物》1994年第12期，第71—72页。

修。其中一面镜子正中刻画释迦佛坐像一尊，身着袈裟，结跏趺坐于盛开的莲花座上。另一面镜子只有刻画的文字，无其他纹饰，可能是修塔工匠的题名①。古松崇志先生认为："勾当铸镜"是关于镜子铸造的文字。庆州白塔镶嵌的圆形和方形铜镜合计300枚以上，在朝阳和夕阳的光辉照耀下，能产生庄严的视觉效果②。

实际上，悬挂铜镜更重要、更本质的原因还是"杂密"陀罗尼信仰。密教陀罗尼道场中就有悬挂镜子供养佛。据中天竺人阿地瞿多三藏于唐高宗永徽年间所译《陀罗尼集经》卷三，在般若坛法中，"当设二十一种供养之具，作般若波罗蜜多法会。随力堪能，惟好精妙"。其供养具中就有"宝镜"③。按《陀罗尼集经》卷一二，有用镜子严饰道场的情况："佛说庄严道场及供养具支料度法"，其中"大镜二十八面，各阔一尺。小镜四十面"④。辽代的庆州白塔镶嵌众多铜镜作为陀罗尼道场的供养具，充分体现了唐代中原地区"杂密"的影响。

朝阳北塔内有铜镜9件，规格都很小，最小的如纽扣，直径2.6—7.5厘米⑤。沈州无垢净光舍利塔的密檐部分共十三层，高17.85米，每层高约1.4米。每层檐间壁正中，各镶嵌铜镜三面，居中的铜镜较大⑥。这些铜镜也是密教陀罗尼道场的供养法具。

朝阳灵感寺释迦佛舍利塔"有千岁灯，以然于内。有百炼镜，以悬于外。亦岂徒然哉？我所贵遍照十方，而破黑暗之狱也"⑦。这是宣称塔内燃灯供养，外部悬挂镜子，具有破地狱的功能。这再次证明经幢塔悬挂镜子其实是有信仰含义的。

总之，辽代很多塔幢悬挂密教陀罗尼道场的供养物镜子作为装饰，不仅是为了美观、庄严，还具有信仰的含义和功能。这充分说明了杂密陀罗

---

① 清格勒：《辽庆州白塔塔身嵌饰的两件纪年铭文铜镜》，《文物》1998年第9期，第67—68页。

② ［日］古松崇志：《庆州白塔创建之谜——11世纪契丹皇太后奉纳之佛教文物》，载《辽文化——辽宁省调查报告书》，京都大学学院文学研究科2006年版，第144页。

③ ［日］高楠顺次郎等编：《大正藏》第18册，大正一切经刊行会1928年版，第810页。

④ 同上书，第893页。

⑤ 朝阳北塔考古勘察队：《辽宁朝阳北塔天宫地宫清理简报》，《文物》1992年第7期，第12页。

⑥ 沈阳市文物管理办公室、沈阳市文物考古工作队：《沈阳塔湾无垢净光舍利塔塔宫清理报告》，《辽海文物学刊》1986年第2期，第30—31页。

⑦ 向南辑：《辽代石刻文编》，河北教育出版社1995年版，第662页。

尼信仰在辽代社会的盛行。

四 直接来自印度的密教

除了来自中原的杂密和唐密，辽代密教还直接受印度密教的影响。

（一）房山石经中慈贤的译经

活跃在辽圣宗时代的来自中天竺摩揭陀国的契丹国师慈贤就是辽代密教的印度来源的重要代表人物。

中原汉地流行的杂密经典《佛顶尊胜陀罗尼经》，慈贤也翻译过。金代房山刻经有《佛顶尊胜陀罗尼》一卷，具体年代不详，为大契丹国师中天竺摩竭陀国三藏法师慈贤译①。拓片图录保存完整，书法不错。只有咒语，没有释迦教授《尊胜陀罗尼经》部分。这部分不知是慈贤本来就没有翻译，还是到金代散佚了。

房山石经中收录的慈贤的译经是最全的，几乎都是密教经典：

《梵本般若波罗密多心经》一卷，全是汉字写的咒语，金刻，无刻印年代②。

《大随求陀罗尼》一卷，全是汉文写的咒语，金刻，无刻印年代③。

《佛顶尊胜陀罗尼》，全是汉文写的咒语，金刻，无刻印年代④。

《一切如来白伞盖大佛顶陀罗尼》一卷，全是汉文写的咒语，金刻，无刻印年代⑤。

《大悲心陀罗尼》，全是汉文写的咒语，金刻，无刻印年代⑥。

《佛说如意轮莲花心如来修行观门仪》一卷，有汉文的经文内

---

① 中国佛教协会、中国佛教图书文物馆编：《房山石经（辽金刻经）》第27册，华夏出版社2000年版，第499页。

② 同上书，第493页。

③ 同上书，第494—498页。

④ 同上书，第499页。

⑤ 同上书，第500—506页。

⑥ 同上书，第507页。

容，有汉字、梵文写的咒语，金刻，无刻印年代①。

《妙吉祥平等秘密最上观门大教王经》五卷，全是汉文，金刻，无刻印年代②。此经收入《大正新修大藏经》③。

《妙吉祥平等观门大教王经略出护摩仪》一卷，汉文经文，汉文、梵文咒语，金刻，无刻印年代④。此经收入《大正新修大藏经》，无梵文⑤。

《妙吉祥平等瑜伽秘密观身成佛仪轨》一卷，汉文经文、咒语，金刻，无刻印年代⑥。此经收入《大正新修大藏经》⑦。

《金刚摧碎陀罗尼》一卷，全是汉文的咒语，金刻，无刻印年代⑧。

慈贤的译著中，陀罗尼经有 5 部：《大随求陀罗尼》、《佛顶尊胜陀罗尼》、《一切如来白伞盖大佛顶陀罗尼》、《大悲心陀罗尼》、《金刚摧碎陀罗尼》；瑜珈密典有 4 部：《佛说如意轮莲花心如来修行观门仪》、《妙吉祥平等秘密最上观门大教王经》、《妙吉祥平等观门大教王经略出护摩仪》、《妙吉祥平等瑜珈秘密观身成佛仪轨》。房山石经中都题为"大契丹国师中天竺摩竭陀国三藏法师慈贤译"。但是《大正藏》中却均题为"宋契丹国师中天竺摩竭陀国三藏法师慈贤译"，或"宋大契丹国师中天竺摩竭陀国三藏法师慈贤译"。"宋"字显然是后加的。慈贤的事迹，除此以外，没有其他材料。他来自"摩竭陀国"，即"摩揭陀国"。据玄奘《大

---

①　中国佛教协会、中国佛教图书文物馆编：《房山石经（辽金刻经）》第 27 册，华夏出版社 2000 年版，第 508—514 页。

②　同上书，第 515—550 页。

③　[日] 高楠顺次郎等编：《大正藏》第 20 册，大正一切经刊行会 1928 年版，第 905—930 页。

④　中国佛教协会、中国佛教图书文物馆编：《房山石经（辽金刻经）》第 27 册，华夏出版社 2000 年版，第 551—555 页。

⑤　[日] 高楠顺次郎等编：《大正藏》第 20 册，大正一切经刊行会 1928 年版，第 934—936 页。

⑥　中国佛教协会、中国佛教图书文物馆编：《房山石经（辽金刻经）》第 27 册，华夏出版社 2000 年版，第 556—560 页。

⑦　[日] 高楠顺次郎等编：《大正藏》第 20 册，大正一切经刊行会 1928 年版，第 930—934 页。

⑧　中国佛教协会、中国佛教图书文物馆编：《房山石经（辽金刻经）》第 27 册，华夏出版社 2000 年版，第 561 页。

唐西域记》，摩揭陀国是释迦牟尼主要活动的地区，佛教盛行，有众多佛教文化遗迹①。慈贤从佛教的故乡到辽朝，共翻译了9部密教经典。以他国师的身份和地位，必定能对辽代密教产生影响。这是追寻辽代密教的西方渊源的一条重要线索。法号"慈贤"是非常汉化的名字，而辽圣宗朝又恰好是辽朝汉化的关键转折点。因此这位国师起汉化的法号不足为怪。只是他的梵文原名已经不得而知了。

《大正藏》中并没有收录慈贤翻译的《佛顶尊胜陀罗尼》。《高丽大藏经》所收录的《佛顶尊胜陀罗尼经》只有义净、地婆诃罗、杜行颛和佛陀波利的译本②，也没有收慈贤的译本。既然《大正藏》和《高丽藏》都没有收录慈贤所译的《佛顶尊胜陀罗尼》，那么很可能《契丹藏》也没有收录此译本。因为《大正藏》是以《高丽藏》为底本编集的，而《高丽藏》又是参考了《契丹藏》而编撰的。辽刻房山石经也没有慈贤的译著。金代却大量选取他的译本刻印。慈贤的译经可能在辽代已经译出，但是刊刻上石经还有一个时间过程。

辽史学界通常根据宋人的材料，对辽朝国号的变动做这样的判断：神册元年（916），阿保机建国时，国号契丹；辽太宗大同元年（947）改国号为辽；圣宗统和元年（983）复称大契丹；道宗咸雍二年（1066）又复号大辽。吕建福先生据此推断：慈贤译经当在圣宗统和元年至道宗咸雍二年之间③。实际上，辽朝国号的变动比这复杂得多。以往早就有学者提出在契丹文和女真文中一直称辽朝为"契丹"或"哈喇契丹"，只是对汉人或汉化程度较深的胡人才有"契丹"和"辽"双重国号的问题。现在对此问题研究最深入的是刘浦江先生④。而且房山石经中慈贤的译经均是到金代才刊刻的，并不能证明当时他本人就署"大契丹国"。

---

① （唐）玄奘、辩机撰，季羡林等校注：《大唐西域记校注》卷8《摩揭陀国上》，卷9《摩揭陀国下》，中华书局2000年版，第619—776页。

② 新文丰出版公司编：《高丽大藏经》，新文丰出版公司1982年版，第11册，第1269—1293页。

③ 吕建福：《宋辽时期无上瑜珈密教的流传》，载吕建福《中国密教史》第5章，中国社会科学出版社1995年版，第464—465页。

④ 刘浦江：《辽朝国号考释》，《历史研究》2001年第6期，此据刘浦江《松漠之间——辽金契丹女真史研究》，中华书局2008年版，第27—51页。

（二）辽代梵字经幢

叶昌炽先生注意到：唐代梵字经幢少见，而辽代梵字经幢流行。他在《语石·语石异同评》中说："余著录辽幢五十余通，皆其时拓本也，其中多唐梵两体"，其格式是："辽金梵字幢，大都题字年月真书。而咒梵书，亦有梵文一行，真书释文一行。书唐一人，书梵一人。"①内蒙古敖汉旗羊山第 2 号辽墓中出土的墓幢残石就是梵文，但墓主是汉人②。辽道宗大安二年（1086）河北永清县茹荦村大寺的《郑□为亡人造经幢记》八面刻，先经后记，经正书间梵书，记正书③。大安八年（1092），易州涞水县遒亭乡木井村邑人重修净戒院时，并造香幢一所，造《幢记》云："若有人发大菩提心，依梵本书于壁上，又于版上。忽有人睹此陀罗尼，生信敬心，所有如上十恶等罪，悉皆消灭，何况一日诵一遍，其人增无量福德。临命终时，十方圣众，各持宝盖来迎，生于净土。佛舒金色臂，摩顶受记，速成无上菩提。"④

辽代出现大量梵文经幢，刘淑芬先生认为和其时流行佛教有关，并引用了天祚帝乾统六年（1106）时在涿州（今河北涿州市）的《沙门即空造陀罗尼经幢记》⑤。此《幢记》称："若有人发大菩提心，依梵字本书于石塔幢子上，忽有睹此陀罗尼字生敬信心，所有如上十恶等罪，悉皆消灭。何况一日诵一遍，其人增无量福德，速成无上菩提也。"⑥刘先生认为：辽代"依梵字本书于石塔幢子上"的观念可能是相当流行的⑦。其实，出现这种现象最本质的原因还是辽人对陀罗尼的崇奉。

---

① 叶昌炽撰，柯维泗评：《语石·语石异同评》，陈公柔、张明善点校，中华书局 1994 年版，第 50、508 页。

② 邵国田等：《敖汉旗羊山 1—3 号辽墓清理简报》，《内蒙古文物考古》1999 年第 1 期，第 8—10 页。

③ 向南辑：《辽代石刻文编》，河北教育出版社 1995 年版，第 406 页。

④ 《木井村邑人造香幢记》，向南辑：《辽代石刻文编》，河北教育出版社 1995 年版，第 446 页。

⑤ 刘淑芬：《经幢的形制、性质和来源——经幢研究之二》，《中央研究院历史语言研究所集刊》，第 68 本第 3 分，1997 年，第 676 页。

⑥ 向南辑：《辽代石刻文编》，河北教育出版社 1995 年版，第 557 页。

⑦ 刘淑芬：《经幢的形制、性质和来源——经幢研究之二》，《中央研究院历史语言研究所集刊》第 68 本第 3 分，1997 年，第 676 页；刘淑芬：《墓幢——经幢研究之三》，《中央研究院历史语言研究所集刊》第 74 本第 4 分，2003 年，第 699—700 页。

在唐代，密教陀罗尼之声音具有法力。梵音陀罗尼与唐音不完全对应，难以掌握。不同的译本在文字、注音、句读方面有差异，念诵陀罗尼又讲究复原梵音，要求陀罗尼完整①。其实，不但中原汉人讲究纯正的原味的陀罗尼，同在东亚佛学圈内的日本僧人对这一点也很看重。入唐巡礼的日本僧人圆仁在长安的重要密宗寺院兴善寺、青龙寺学习密教的胎藏界法、金刚界法、苏悉地法②，这些仪轨均需要持诵陀罗尼真言，因此不难理解圆仁在唐土所求之书的书目中有很多梵文的陀罗尼、真言佛经，还有很多唐梵两字的密教真言、陀罗尼经典③。这表明圆仁对纯正梵音咒语的追求。这种倾向在整个东亚地区应该都有影响。因此不难理解在辽朝统治下，很多人在经幢上刊刻梵文咒语。

那么，辽代梵字经幢的流行会不会跟中天竺三藏慈贤所译《佛顶尊胜陀罗尼》有关呢？他作为契丹国师，会不会秘密传授梵文陀罗尼咒语，对梵文经幢的流传起过推动作用呢？目前没有其他材料，对这些问题只能存疑。

（三）研习梵文的机构

辽朝还设有研习梵文的官吏。辽宁朝阳北塔内石经幢第四节幢身最后题写："司司轩辕亨勘梵书东班小底张日新书。大契丹国重熙十三年（1044）岁次甲申四月壬辰朔八日己亥午时再葬讫。像法更有七年入末法。石匠作头刘继克镌，孟承裔镌。"阴刻楷书④。出现"司司轩辕亨勘梵书东班小底张日新书"，说明北塔中当有梵文咒语。如北塔内鎏金银塔第三节塔身有梵文"六字真言"⑤。"司司轩辕亨勘梵书东班"可能是辽朝官方设置的研习梵文的机构，小底可能是其中的属官。从姓名来看，张

---

① 刘淑芬：《〈佛顶尊胜陀罗尼经〉与唐代尊胜经幢的建立——经幢研究之一》，《中央研究院历史语言研究所集刊》第 67 本第 1 分，1996 年，第 157—162 页。

② ［日］圆仁：《入唐求法巡礼行记校注》卷 3，白化文、李鼎霞、许德楠校注，周一良审阅，花山文艺出版社 2007 年版，第 337—348 页。

③ ［日］圆仁：《日本国承和五年入唐求法目录》，《入唐求法巡礼行记校注·附录一》，白化文、李鼎霞、许德楠校注，周一良审阅，花山文艺出版社 2007 年版，第 523—524 页；［日］圆仁：《入唐新求圣教目录》，《入唐求法巡礼行记校注·附录三》，白化文、李鼎霞、许德楠校注，周一良审阅，花山文艺出版社 2007 年版，第 543—547、556—557 页。

④ 朝阳北塔考古勘察队：《辽宁朝阳北塔天宫地宫清理简报》，《文物》1992 年第 7 期，第 22 页。

⑤ 同上书，第 7 页。

日新是汉人。

辽道宗寿昌六年（1100）《朝阳凤凰山上寺塔八角石刻》为八角形刻石，径约 1 米，中刻大字梵文，上下周边刻："维大德皇朝建号寿昌六年岁次庚辰五月丁卯朔二十日丙戌建。唐梵书三学提点沙门智伅。"[①] 八角形刻石乃受密教"八大菩萨"、"八大灵塔"信仰的影响。辽朝官方设有"唐梵书三学提点"，应是教授汉语和梵文的学官。设置这一专职，也从侧面反映了梵语陀罗尼和来自印度的密教的影响。

五 结语

辽代密教的来源非常复杂。它不仅继承了唐密，也含有杂密和直接源于印度的因素。杂密经典《无垢净光大陀罗尼经》和《佛顶尊胜陀罗尼经》对辽朝社会各族群、各阶层影响都很大。在实践中，这两部经典还跟《妙法莲华经》合流，出现大量的无垢净光舍利塔和佛顶尊胜塔幢。这些佛教艺术品形制各异，深受唐幽州佛教之影响。这些塔幢的装饰中，最有特色的是陀罗尼道场的供养具铜镜。原来唐幽州地域的汉人及其后裔在辽朝的佛教精神文化和物质文化方面发挥了重要作用。

来自中天竺摩揭陀国的契丹国师慈贤在辽朝译出好些密教经典，这是探寻辽代密教的印度渊源的一条重要线索。在辽代社会，人们追求纯正原味的陀罗尼，常在经幢中刊刻梵字咒语。辽朝还设有研习梵文的机构，表明梵语陀罗尼和印度密教的影响。

对辽代密教的来源的探讨是分析辽朝社会文化面貌和多元文化交融的一扇"窗口"。本文前面所引塔幢的例证多数修造于辽朝中后期。这是一个佛教成为国家主流意识形态的时代，这也是契丹人和辽朝全面转向崇尚佛教和汉化的时期。原来唐幽州地域的佛教在这一进程中发挥了潜移默化的重要作用。辽代密教中包含的直接来自印度的因素印证了辽朝作为一个世界帝国在中西文化交流史上的重要地位和辽文化的包容性。

（原载《国学研究》第 27 卷，北京大学出版社 2011 年版）

---

① 向南辑：《辽代石刻文编》，河北教育出版社 1995 年版，第 507 页。

房山石经本《佛顶尊胜陀罗尼经》及相关问题考论

　　《佛顶尊胜陀罗尼经》是唐以来社会上最为流行的佛经之一，学界对这一"杂密"经典及其经幢的研究成果可以说是汗牛充栋。迄今为止最系统深入的研究当推刘淑芬先生在《历史语言研究所集刊》上发表的一组论文①。近来，刘先生把它们汇集起来，出版了《灭罪与度亡——佛顶尊胜陀罗尼经幢之研究》一书②。她在搜讨史料和前人研究成果方面用力甚勤，并提出了一些自己的见解。但是，她没有利用房山石经的材料，也没有注意到《佛顶尊胜陀罗尼经》及经幢在华北北部地区流布的独特性及与地方社会的关系。而且，中古时期，华北北部本来就是农耕社会与游牧社会、多元文化交融互动的特殊地理文化区域，因此佛教在这一地域又有其自身的特点，值得从族群史的角度加以分析。本文拟从这些方面对刘先生的研究作一些补充，请大家不吝赐教。

一　房山石经本《佛顶尊胜陀罗尼经》

　　房山石经的雕刻是中古佛教史上的一件大事。这一伟业始于隋，一直延续达千年之久。其中，《佛顶尊胜陀罗尼经》前前后后一共刊刻了 7 次，其仪轨刊刻了一次，与其他诸经相比，雕刻频率非常高。具体情况见

---

　　① 刘淑芬：《〈佛顶尊胜陀罗尼经〉与唐代尊胜经幢的建立——经幢研究之一》，《中央研究院历史语言研究所集刊》第 67 本第 1 分，1996 年，第 145—191 页；刘淑芬：《经幢的形制、性质和来源——经幢研究之二》，《中央研究院历史语言研究所集刊》第 68 本第 3 分，1997 年，第 643—725 页；刘淑芬：《墓幢——经幢研究之三》，《中央研究院历史语言研究所集刊》第 74 本第 4 分，2003 年，第 673—763 页。
　　② 刘淑芬：《灭罪与度亡——佛顶尊胜陀罗尼经幢之研究》，上海古籍出版社 2008 年版。

表1。

表1　房山石经中《佛顶尊胜陀罗尼经》的版本及刊刻情况

雕刻年代	版本	捐助者	材料来源	备注
武周天授二年（691）	《佛顶尊胜陀罗尼经》一卷，罽宾沙门佛陀波利译。		《房山石经（隋唐刻经）》第2册，第402页	拓片图录有残缺，但书法不错。
唐（具体年代不详）	《佛顶尊胜陀罗尼经》一卷，罽宾沙门佛陀波利译。		《房山石经（隋唐刻经）》第2册，第511页	拓片图录残缺，无法判定具体年代，但书法不错。
唐开元二十八年（740）	《佛顶尊胜陀罗尼经》一卷，罽宾沙门佛陀波利奉诏译。	开元廿八年四月八日，范阳县横讲李四娘上为□国□存眷属敬造《佛顶尊胜陀罗尼经》一条。佛弟子王良辅合家供养，文安郡。	《房山石经（隋唐刻经）》第3册，第332页。《房山石经题记汇编》，第211页	拓片图录残缺。首先雕刻的是沙门志静的《佛顶尊胜陀罗尼经序》，然后是佛陀波利所译《佛顶尊胜陀罗尼经》。《序》中叙述了佛陀波利与五台山文殊信仰的传奇。《宋高僧传》卷二《唐五台山佛陀波利传》也记录了这段故事。
唐大中十二年（858）	《佛说作佛形像经》一卷，附《佛顶尊胜陀罗尼》（失译人）。		《房山石经（隋唐刻经）》第3册，第471页	《佛顶尊胜陀罗尼》拓片图录是细长的一块，不太清楚，只有一些咒语，很短，没有释迦教授《尊胜陀罗尼经》的故事。
唐咸通三年（862）	《佛顶尊胜陀罗尼经》一卷，佛陀波利译。	幽州卢龙节度副大使、知节度事、观察处置、押奚契丹两蕃、经略、卢龙军等使、银青光禄大夫、检校司空、同中书门下平章事、兼幽州大都督府长史、上柱国、清河县开国伯、食邑七百户张允伸，咸通三年岁次壬午四月已亥朔八日丙午，敬造。王庆宾镌字并书。	《房山石经（隋唐刻经）》第3册，第512—513页。《房山石经题记汇编》，第277页	拓片图录残缺，先是志静的《佛顶尊胜陀罗尼经序》，然后是佛陀波利的译经。

续表

雕刻年代	版本	捐助者	材料来源	备注
辽（无法判断具体年代）	《佛顶尊胜陀罗尼经》一卷，唐三藏法师义净奉制译。		《房山石经（辽金刻经）》第11册，第70—71页	拓片图录残缺，但刻印的书法不错，清楚。
金天眷元年（1138）	《佛顶尊胜陀罗尼念诵仪轨》一卷，特进、试鸿胪卿、大兴善寺三藏沙门大广智不空奉诏译。		《房山石经（辽金刻经）》第25册，第252—256页	拓片图录保存完整，书法很好。
金（无刻石年代）	《佛顶尊胜陀罗尼》一卷，大契丹国师中天竺摩竭陀国三藏法师慈贤译。		《房山石经（辽金刻经）》第27册，第499页	拓片图录保存完整，书法不错。只有咒语，没有释迦教授《尊胜陀罗尼经》部分。这部分不知是慈贤本来就没有翻译，还是到金代散佚了。

（上表所引材料的版本：北京图书馆金石组、中国佛教图书文物馆石经组编：《房山石经题记汇编》，书目文献出版社1987年版。（宋）赞宁《宋高僧传》，范祥雍点校，中华书局1987年版。中国佛教协会、中国佛教图书文物馆编：《房山石经》，华夏出版社2000年版）

据志静《佛顶尊胜陀罗尼经序》载，唐高宗永淳二年（683），佛陀波利携此经来到唐朝，向高宗请求翻译并流传此经。高宗令日照三藏和司宾寺典客令杜行颛共译。译本藏在宫中，并未在外界流传。在佛陀波利悲泣恳请之下，高宗才将梵本归还。佛陀波利提出与西明寺汉僧顺贞共译此经，欲使此经流传，高宗同意了他的请求①。佛陀波利在长安刚译出《佛顶尊胜陀罗尼经》，武周天授二年（691），处于东北边境的幽州良乡县（今北京房山区）就已经开始刊刻此译本了，说明这一版本流传到幽州地区比较快。在诸译本中，佛陀波利本是最为通行的。《开元释教录》云："比诸众译，此最弘布。"②目前发现的敦煌写本及唐代石刻经幢上所刻，几乎全是波利的译本。据表1，房山石经中，有四个可以被明确判定为波

① ［日］高楠顺次郎等编：《大正新修大藏经》（以下简称《大正藏》）第19册，大正一切经刊行会1928年版，第349页。

② 《开元释教录》卷9，［日］高楠顺次郎等编：《大正藏》第55册，大正一切经刊行会1928年版，第565页。

利的译本，占房山石经《佛顶尊胜经》总数的一半。

《尊胜经》开元二十八年（740）刻本，有来自文安郡的佛弟子王良辅合家供养。文安郡即莫州，属上州①。中晚唐时期，来自文安郡的信徒在房山石经中留下的题记非常多②。

《尊胜经》唐咸通三年（875）刻本是幽州节度使张允伸刻印的。他除了刊刻《佛顶尊胜经》，在大中、咸通年间还刊刻了许多其他的佛经③，这是地方藩帅积极参与佛教活动的例证。据《旧唐书·张允伸传》，张允伸对唐廷恭顺，在当地民政、抵御外敌方面都是可以称道的④。从房山石经题记可以看出他在大中、咸通时期的全部官衔。除了支持房山刻经，张允伸还在幽州城建善化院。《元一统志》载："善化寺，在旧城。有唐僖宗中和三年（883）九月内古记兴禅寺上座僧文贞撰述《唐幽州善化院故禅尼大德实行录》。其略曰：大德以唐宣宗大中十二年（858）春来燕，选名寺以憩，留响德者盈途，青松节峻，白云志高。侍中张公崇敬，别卜禅居于遵化坊吉地，辟开梵宇，俨似莲宫，奏请赐额为善化。"⑤按《旧唐书·张允伸传》，他在大中四年（850）至咸通十三年（872）任幽州节度使。那么，《故禅尼大德实行录》中的"侍中张公"就是指张允伸。

辽代房山刻经绝大部分是皇室资助、地方官提点，刊刻《佛顶尊胜陀罗尼经》选用的是义净的译本。据王邦维先生考证，义净景龙四年（710）在长安大荐福寺译出此经，与杜行颛、日照、波利等出者同本⑥。在唐代和辽代，房山石经中密教经典刊印了不少，但都很少刊刻唐代密教

　　①　（宋）欧阳修、宋祁：《新唐书》卷39《地理志三》，中华书局1975年标点本，第1021页。

　　②　详见北京图书馆金石组、中国佛教图书文物馆石经组编《房山石经题记汇编》第2部分《大部经题记（唐至辽）》、第3部分《诸经题记（唐）》，书目文献出版社1987年版，第83—188、199—295页。

　　③　北京图书馆金石组、中国佛教图书文物馆石经组编：《房山石经题记汇编》第2部分《大部经题记（唐至辽）》、第3部分《诸经题记（唐）》，书目文献出版社1987年版，第176、264—279、281—282页。

　　④　（后晋）刘昫等：《旧唐书》卷180《张允伸传》，中华书局1975年标点本，第4679—4680页。

　　⑤　（元）孛兰肹等：《元一统志》卷1《中书省统山东西河北之地》，赵万里校辑，中华书局1966年版，第26页。

　　⑥　（唐）义净原著，王邦维校注：《南海寄归内法传校注》第1章《义净生平考述》，中华书局1995年版，第29页；王邦维：《唐高僧义净生平及其著作论考》第1章《义净生平考述》，重庆出版社1996年版，第23页。

大师不空的译著（善无畏、金刚智的译著也刻得很少），可能是供养人的偏好影响了版本的选择。不空一生主要跟李唐皇室、西北军政人士关系密切，几乎没有他跟某东北重要人物交往的记载①。这应该是唐代房山石经中很少选择他的译著刊刻的原因之一。另外，在唐朝和辽朝，房山刻经中出现很多义净的译著，也许跟义净的籍贯是齐州（今山东济南一带）②，离幽州地区近有关。房山刻经的参与者以幽州及附近地区的信徒为主，他们在选择佛经及其版本时，自然有推崇本地名人的心态。这也是文化传播过程中的个体和群体选择问题。

金刻房山石经中，不空的译著骤然增多，其原因值得分析。据上表，金天眷元年刊刻《佛顶尊胜陀罗尼念诵仪轨》一卷，不空译。金刻密教经典多选取不空的译著，这一倾向可能也影响到对《佛顶尊胜陀罗尼经》的仪轨的选择。

金刻《佛顶尊胜陀罗尼》一卷，大契丹国师中天竺摩竭陀国三藏法师慈贤译。房山石经中收录的慈贤的译经是最全的，几乎都是密教经典③。

《大正藏》中并没有收录慈贤翻译的《佛顶尊胜陀罗尼》。《高丽大藏经》所收录的《佛顶尊胜陀罗尼经》只有义净、地婆诃罗、杜行顗和佛陀波利的译本④，也没有收慈贤的译本。既然《大正藏》和《高丽藏》都没有收录他所译的《佛顶尊胜陀罗尼》，那么很可能《契丹藏》也没有收录此译本。因为《大正藏》是以《高丽藏》为底本编集的，而《高丽藏》又是参考了《契丹藏》而编撰的。辽刻房山石经也没有慈贤的译著。至于金代为什么大量选取他的译本刻印，其原因目前还无从考证。

---

① 《大唐故大德开府仪同三司试鸿胪卿肃国公大兴善寺大广智三藏和上之碑》，载（唐）圆照集《代宗朝赠司空大辨正广智三藏和上表制集》卷4，［日］高楠顺次郎等编：《大正藏》第52册，大正一切经刊行会1927年版，第848—849页；（宋）赞宁：《宋高僧传》卷1《唐京兆大兴善寺不空传》，范祥雍点校，中华书局1987年版，第6—12页。

② （唐）义净原著，王邦维校注：《南海寄归内法传校注》第1章《义净生平考述》，中华书局1995年版，第2—6页；王邦维：《唐高僧义净生平及其著作论考》第2章《义净籍贯考辨》，重庆出版社1996年版，第35—39页。

③ 具体分析参见尤李《论辽代密教的来源》，《国学研究》第27卷，北京大学出版社2011年版，第251—252页。此文已经收入本书。

④ 新文丰出版公司编：《高丽大藏经》第11册，新文丰出版公司1982年版，第1269—1293页。

义净的译本跟佛陀波利本几乎同时译出①。从翻译水平来讲，前者不比后者差。义净为唐初著名高僧，一生译经甚多，与鸠摩罗什、真谛、玄奘并称为佛教史上的四大翻译家②。义净翻译的密教经典也非常多③。《宋高僧传》的作者赞宁评论道："然其传度经律，与奘师抗衡。比其著述，净多文。性传密咒，最尽其妙，二三合声，尔时方晓矣。"④可见义净也非常擅长密教。所以，也不难理解从唐到辽，房山石经的密教经典中，有很多义净的译著。但是后来人们却多关注不空翻译的密教经典。而且，文本的流传多数情况下不完全是由其本身的学术考量决定的。很多学者注意到在武则天大力推崇华严宗之际，出现佛陀波利与五台山文殊信仰相结合的传奇，这对《佛顶尊胜经》波利译本的广泛流传起了很大的推动作用。刘淑芬先生系统地论证过这一问题⑤。

二　8—11 世纪华北北部地区尊胜经幢的盛行及相关问题

《金石萃编》卷 66、67 集中收录了一些唐代的佛顶尊胜陀罗尼经幢，但几乎没有华北地区的⑥。今河北省石家庄市井陉矿区天护村有一座建于唐玄宗开元十五年（727）的陀罗尼经幢，高 4.7 米，分基座、幢身和幢顶三部分。基座作须弥式，上有仰莲台，幢身八角形，幢顶已残⑦。今北京首都博物馆有一所立于唐昭宗乾宁元年（894）九月八日的石柱经幢，

---

① ［日］高楠顺次郎等编：《大正藏》第 19 册中《佛顶尊胜陀罗尼经》之佛陀波利译本和义净译本，大正一切经刊行会 1928 年版，第 349—352、361—364 页。

② 王邦维：《义净与南海寄归内法传——代校注前言》，载（唐）义净原著，王邦维校注《南海寄归内法传校注》，中华书局 1995 年版，第 1 页；王邦维：《唐高僧义净生平及其著作论考·前言》，重庆出版社 1996 年版，第 1 页。

③ 详见（唐）义净原著，王邦维校注《南海寄归内法传校注》第 1 章《义净生平考述》，中华书局 1995 年版，第 26—33 页；王邦维：《唐高僧义净生平及其著作论考》第 1 章《义净生平考述》，重庆出版社 1996 年版，第 21—27 页。

④ （宋）赞宁：《宋高僧传》卷 1《唐京兆大荐福寺义净传》，范祥雍点校，中华书局 1987 年版，第 3 页。

⑤ 刘淑芬：《〈佛顶尊胜陀罗尼经〉与唐代尊胜经幢的建立》，《中央研究院历史语言研究所集刊》第 67 本第 1 分，1996 年，第 167—173、181—182 页。

⑥ 新文丰出版公司编辑部编：《石刻史料新编》第 1 辑第 2 册，新文丰出版公司 1977 年版，第 1116—1154 页。

⑦ 李裕群：《第四批全国重点文物保护单位石窟及石刻综述》，《文物》1997 年第 5 期，第 95 页。

内容为《佛顶尊胜陀罗尼咒》和《般若波罗蜜多心经》①。房山北郑村辽塔出土一所后唐明宗长兴三年（932）所造的陶幢。此幢由基座、幢身、幢顶组成，高1.875米，平面为圆形，座高31厘米，顶高60厘米，直径62厘米。幢身阴刻楷书汉字经文四种：《佛顶尊胜陀罗尼神咒》、《高王观世音经》、《续命经》、《烧香真言》。题记曰："长兴三年五月十五日造尊胜陀罗尼幢，奉为皇帝万岁□□，法界一切有情，同占此福，功德弟子刘儒。"②辽南京道地区留存的尊胜经幢非常多，其数目远超前朝。从金石著录所见，在房山石经山下，辽代所建的经幢就有30所③。但是传世碑刻多属偶然，不能仅凭此就断定辽朝的佛顶尊胜信仰比唐、五代更盛。

笃信佛教的唐代宗在大历十一年（776）颁布了一份诏令，命天下所有僧尼每天须诵"佛顶尊胜陀罗尼"，每年正月一日上奏：

> 奉敕语李元琮。天下僧尼令诵佛顶尊胜陀罗尼，限一月日诵令精熟。仍仰每日诵二十一遍。每年至正月一日，遣贺正使，具所诵遍数进来。大历十一年二月八日内谒者监李宪诚宣④。

这份诏书的颁布与不空及其弟子有密切关系。他们极力利用国家力量推广《佛顶尊胜陀罗尼经》⑤。很多学者认为唐代宗的这道诏令发布之后，对《佛顶尊胜经》的普及作用很大，使它超越了佛教宗派的区分，广及各地寺院，特别是偏远地区的僧尼和信徒⑥。但是，安史之乱后，河朔地区相对独立，因此很难说唐代宗大历十一年诏书对幽州地区《尊胜陀罗

---

① 转引自黄春和《隋唐幽州城区佛寺考》，《世界宗教研究》1996年第4期，第18页。现在此经幢的图片及内容均没有正式发表。

② 齐心、刘精义：《北京市房山县北郑村辽塔清理记》，《考古》1980年第2期，第152页。

③ ［日］塚本善隆：《中国近世佛教史的诸问题》，载塚本善隆《塚本善隆著作集》第5卷，大东出版社1975年版，第525—528页。

④ 《敕天下僧尼诵尊胜真言制》，载（唐）圆照集《代宗朝赠司空大辨正广智三藏和上表制集》卷5，［日］高楠顺次郎等编：《大正藏》第52册，大正一切经刊行会1927年版，第852页。

⑤ 刘淑芬：《〈佛顶尊胜陀罗尼经〉与唐代尊胜经幢的建立——经幢研究之一》，《中央研究院历史语言研究所集刊》第67本第1分，1996年，第174—184页。

⑥ 如［日］大村西崖的《密教发达志》，《世界佛学名著译丛》第74册，华宇出版社1986年版，第831页；刘淑芬《〈佛顶尊胜陀罗尼经〉与唐代尊胜经幢的建立——经幢研究之一》，《中央研究院历史语言研究所集刊》第67本第1分，1996年，第174—178页。

尼经》的流传有直接推动作用。本文前面已经提及唐代房山刻经中，不空的密教译著非常少。这说明当时他的学说在幽州地区的影响有限，所以他推广佛顶尊胜信仰的一系列活动，也不太可能对幽州地区产生直接作用。据表1，有题名的房山石经《佛顶尊胜经》的捐助者都是幽州地方人士。开元二十八年是"范阳县横讲李四娘上为□国□存眷属敬造《佛顶尊胜陀罗尼经》一条。佛弟子王良辅合家供养，文安郡"。咸通三年（875）捐资刊刻此经的是幽州节度使张允伸。从后世的地方志《析津志》① 和《元一统志》② 来看，唐代幽州所建佛寺不少。房山石经的题记显示：在整个唐朝，幽州地域许多官僚、地方豪富、手工业、商业行会及平民捐资积极参与佛教刻经活动③。可以推定，《尊胜经》的教义与个人现实利益相关、具有破地狱的功能，并与幽州地区奉佛的宗教氛围相结合，促成了此经及其经幢的盛行。

刘淑芬先生对佛顶尊胜陀罗尼经幢的渊源，在唐代社会的广泛流传及其社会功能已经作了相当全面细致的分析。本文仅结合8—11世纪华北北部地区多元文化交汇和政权更迭频繁的社会背景，谈谈《尊胜陀罗尼经》及经幢在这一区域流布的特点。

（一）"尊胜陀罗尼信仰"对契丹贵族的影响

从《辽代石刻文编》所录碑文来看，经幢多集中在辽南京道地区，多为汉人所建，其中佛顶尊胜幢最多，表明民间社会"杂密"信仰盛行。辽代经幢的表述、措辞、功能跟汉译《佛顶尊胜陀罗尼经》以及《全唐文》、《全唐文补遗》中的《佛顶尊胜陀罗尼经》的序、赞非常相似。这说明至少在民众信仰层面，南京道地区的汉人受中原"杂密"因素之影响。

辽圣宗之前，还只发现汉人的经幢。目前发现的最早的契丹人的尊胜经幢位于辽圣宗庆陵。《圣宗陵幢记残文》1949年以前发现于内蒙古昭乌

---

① （元）熊梦祥著，北京图书馆善本组辑：《析津志辑佚》，北京古籍出版社1983年版，第67—84页。

② （元）孛兰肹等：《元一统志》卷1《中书省统山东西河北之地》，赵万里校辑，中华书局1966年版，第23—41页。

③ 北京图书馆金石组、中国佛教图书文物馆石经组编：《房山石经题记汇编》第2部分《大部经题记（唐至辽）》、第3部分《诸经题记（唐）》，书目文献出版社1987年版，第83—185、199—295页。

达盟巴林右旗白塔子辽庆州南门之北，砖塔之南，《幢记》题有"陀罗尼幢一座"①。另外，在内蒙古昭乌达盟巴林左旗有辽道宗咸雍二年（1066）建于大横帐曷鲁墓园的《曷鲁墓园经幢记》②。"横帐"即"横帐三父房"，指辽朝开国皇帝阿保机及其两个伯父和诸弟的后裔，是阿保机成为契丹部落联盟首领后，耶律氏家族内具有世选可汗资格者的大致范围③。值得注意的是：契丹人的原始信仰是相信灵魂归"黑山"的。据《辽史·礼志》，"冬至日，国俗，屠白羊、白马、白雁，各取血和酒，天子望拜黑山。黑山在境北，俗谓国人魂魄，其神司之，犹中国之岱宗云。每岁是日，五京进纸造人马万余事，祭山而焚之。俗甚严畏，非祭不敢近山"。④ 王小甫先生认为这体现了摩尼教的观念。"黑"在这里不表颜色，而是用作修饰，显示"北方"、"首要"、"原初"、"伟大"、"崇高"之意。契丹人从摩尼教中得到"北方是天堂"的观念。契丹拜黑山，是以传统方式，表达对死后魂归最高天国的向往⑤。

辽圣宗庆陵和契丹贵族曷鲁墓园中出现尊胜经幢，表明辽中期以后，契丹统治者也接受了佛教"破地狱"的观念。庆陵与黑山均在上京道庆州所辖范围之内，二者距离很近。曷鲁墓园位于巴林左旗，即上京临潢府附近，离黑山也不远。这是否也说明传统的灵魂归黑山的信仰依然有影响呢⑥？

（二）尊胜经幢的"奉为"问题

刘淑芬先生和侯旭东先生对北朝民众造像题记做过考察，这对认识

---

① 向南辑：《辽代石刻文编》，河北教育出版社1995年版，第273—274页。关于庆陵的调查报告，详见［日］田村实造、小林行雄《庆陵——东蒙古辽代帝王陵及其壁画》，京都大学文学部、座右宝刊行会1953年版；［日］田村实造《庆陵的壁画》，同朋舍1977年版；［日］竹岛卓一、岛田正郎《中国文化史迹增补》，法藏馆1976年版；［日］田村实造《庆陵调查纪行》，平凡社1994年版。

② 向南辑：《辽代石刻文编》，河北教育出版社1995年版，第328页。

③ 刘浦江：《辽朝"横帐"考》，原载《北大史学》第8辑，北京大学出版社2001年版，此据刘浦江《松漠之间——辽金契丹女真史研究》，中华书局2008年版，第53—72页。

④ （元）脱脱等：《辽史》卷53《礼仪六》，中华书局1974年标点本，第879页。

⑤ 王小甫：《契丹建国与回鹘文化》，《中国社会科学》2004年第4期，第196—197页。

⑥ 契丹贵族对佛顶尊胜信仰的接纳程度有多深，还值得深入探讨。佛顶尊胜信仰有没有向其传统宗教"妥协"、"屈服"的方面？这需要运用艺术考古学的视角仔细分析圣宗的庆陵，容另文讨论。

5—6 世纪华北村民的生活世界是重大的突破①。但是，迄今为止，对 8—11 世纪华北北部的庶民佛教还缺乏专门研究。尊胜经幢的题记为我们研究当地社会和下层民众的佛教信仰提供了一个宝贵的契机。

　　唐朝经幢中的"启请"或"题记"有一些"为皇帝、国家或官僚"而造的字样。如本文前面所引位于今石家庄的玄宗开元十五年（727）天护陀罗尼经幢的南面镌刻"为国敬造佛顶尊胜陀罗尼幢"②。唐肃宗乾元二年（759）建造的《石灯台经咒状》中的《佛顶尊胜陀罗尼咒》称："上为皇帝、下及苍生敬造石灯台一所，其铭并序。"③文宗大和七年（833）所造《田伾等经幢》中的《佛顶尊胜陀罗尼经序》说："奉为国及法界建尊胜陀罗尼幢一所。"④还有撰于大和八年（834）的《义成军节度押衙田伾等奉为尚书立尊胜陀罗尼经幢序》⑤。位于长安县（今陕西西安市）的《李朝成经幢》中有《佛顶尊胜陀罗尼经》，其上有宣宗大中二年（848）题记："夫人奉为国及文武百僚、师僧、父母、亡过先灵敬造幢，立长安县义杨乡。"⑥在杭州龙兴寺，刊刻于大中五年（851）的《佛顶尊胜陀罗尼经》曰："奉为国王、太子、辅相大臣、州县寀寮及多生父母、十方施主、及法界有情重修此幢，永充供养。"⑦造于大中五年的《梨园店经幢》中《佛顶尊胜陀罗尼经序》称："梨园店奉为敬圣文思和武光孝皇帝及文武百官、众施主等建立文殊宝幢一所。"⑧刊刻于大中六年（852）的《僧幼恭经幢》中，《佛顶尊胜陀罗尼经》题："奉为国建立尊胜石幢。"⑨僖宗光启二年（886），在河北行唐县封崇寺所建的陀罗尼幢，

---

　　① 刘淑芬：《五至六世纪华北乡村的佛教信仰》，《中央研究院历史语言研究所集刊》第 63 本第 3 分，1993 年，第 497—544 页；侯旭东：《五、六世纪北方民众佛教信仰——以造像记为中心的考察》，中国社会科学出版社 1998 年版；侯旭东：《造像记所见民众的国家观念与国家认同》，载侯旭东《北朝村民的生活世界——朝廷、州县与村里》，商务印书馆 2005 年版，第 265—296 页。

　　② 李裕群：《第四批全国重点文物保护单位石窟及石刻综述》，《文物》1997 年第 5 期，第 95 页。

　　③ （清）王昶：《金石萃编》卷 66，新文丰出版公司编辑部编《石刻史料新编》第 1 辑第 2 册，新文丰出版公司 1977 年版，第 1123 页。

　　④ 同上。

　　⑤ 同上书，第 1138 页。

　　⑥ 同上书，第 1142 页。

　　⑦ 同上书，第 1139 页。

　　⑧ 同上书，第 1143 页。

　　⑨ 同上。

额题作"大唐行唐县奉为国太夫人、相公、文武官僚敬造佛顶尊胜陀罗尼幢"①。总体来讲，在唐代经幢的祈愿文中，称"为皇帝、国家或官僚"而建还多是点到为止，没有什么阐述发挥。

在辽朝中后期，有些汉人所立的尊胜经幢却极力颂扬辽朝太后、皇帝、皇后及股肱重臣或地方官僚。

辽兴宗重熙十一年（1042）前，在辽南京道蓟州玉田县（今河北玉田县）南的车轴山寿峰寺，有一所陀罗尼经幢立于无量殿左方药师灵塔前。幢原7层，今存5层，成八角形，第四层刻有"为皇帝、皇后万岁、□□大王千秋特建小佛陀罗尼经□□□宝幢记"。《幢记》曰："玉田县大□村车轴山创建佛顶尊胜陀罗尼经幢记。姚君建撰。"②又曰："伏维我大契丹国昭孝皇帝，恩盘日月，泽浸乾坤。伏维□□□主大王，擎天□柱，驾海虹梁……出将入相，令望体于周公；议狱缓刑，权制□□于伊尹。"③据向南先生考证，《辽史·兴宗纪》载重熙元年（1032），群臣上皇帝尊号曰文武仁圣昭孝皇帝，十一年（1042）十一月丁亥加上尊号曰聪文圣武英略神功睿哲仁孝皇帝，因此此幢称昭孝皇帝，必定刻于重熙元年十一月至十一年十一月之间④。那么，《幢记》所歌颂的当朝皇帝就是辽兴宗。当时能被称为大王、朝廷"擎天柱"，能出将入相，跟周公、伊尹相比的应该就是萧孝穆。据《辽史·萧孝穆传》，他于圣宗年间任"西北路招讨都监"，击败阻卜的叛乱活动，又镇压渤海大延琳之叛，采取过一些安抚民众、发展生产的积极措施，位极人臣，先后被封为"燕王"、"秦王"、"吴王"、"齐王"。他曾经在圣宗太平三年（1023）和兴宗年间两次出任南京留守⑤。汉人姚君建把《尊胜陀罗尼经》的教义引申发挥，公开赞颂契丹皇帝的恩典、重臣萧孝穆的功绩。从经幢的措辞可以看出百姓心目中理想的明君、能臣的形象。从这里也可以看出：当地民众对政局、皇帝和重臣的情况还是有所耳闻的，关注皇帝和国家的命运。这或许跟车轴山寿

① 《封崇寺陀罗尼经幢》，《常山贞石志》卷10，载新文丰出版公司编辑部编《石刻史料新编》第1辑第18册，新文丰出版公司1977年版，第13338页。

② 《车轴山寿峰寺经幢记》，向南辑：《辽代石刻文编》，河北教育出版社1995年版，第228页。

③ 向南辑：《辽代石刻文编》，河北教育出版社1995年版，第229页。

④ 同上书，注释1。

⑤ （元）脱脱等：《辽史》卷87《萧孝穆传》，中华书局1974年标点本，第1331—1332页。

峰寺位于权势冲天的韩德让家族的老家——玉田县附近有关。接着，姚君建又为当地地方官歌功颂德："伏维州牧使君，千里分福，□天播德。竹马通少大之敬，蒲鞭存宽厚之诚……伏维县宰，百里置风，一同布政。弹瑟彰清扬之风，载星表□王之节。"①从奉为对象的排序来看，当地民众对等级尊卑秩序是非常清楚的。《幢记》然后讲僧人、邑众共建经幢："伏维上党郡都维那、邑众等……乃知或鞠土筵僧，或布金买地。无忧主建塔遍诸沙界，优填王筑□土。彼尘劳此□追究前因，恩求后报。"②总之，车轴山寿峰寺陀罗尼经幢的祈愿和赞辞反映出当地汉族民众已经认同并臣服于契丹的统治。

辽道宗咸雍八年（1072），南京道涿州新城县（今河北新城县）衣锦乡的佛教徒刘清等人建立一所佛顶尊胜陀罗尼幢，内藏舍利，其《特建葬舍利幢记》曰："奉为皇太后、天佑皇帝、懿德皇后特建佛顶尊胜陀罗尼幢。涿州范阳乡贡进士段温恭撰。"③ 接着缕列一连串题名，包括燕京名僧、邑众，均是汉人。"皇太后"指道宗的母亲，即兴宗仁懿皇后，她"崇大雄之妙教，通先哲之灵章，精穷法要，雅识朝纲，建宝塔而创精蓝百千处"④。"天佑皇帝" 即辽道宗，这位皇帝跟懿德皇后萧观音均有很高的汉文化修养，都是虔诚的佛教徒，推行了很多崇佛的措施⑤。所以南京道地区的汉人佛教徒在佛寺这样的公共空间为积极护法的帝后建幢祈愿，可以说是自然而然的事。这也可以看出契丹统治者的崇佛政策达到了收服汉人之心的作用，这也从侧面反映了汉人对契丹统治的认可。

以往学者讨论辽燕云地区的"汉人""诡随"的政治态度，多从传世文献剖析上层精英的倾向⑥。辽朝的族群政策，也是政治、经济、军事方面讨论得颇多。其实，关于这些论题，在宗教信仰、日常生活领域还有非

---

① 向南辑：《辽代石刻文编》，河北教育出版社 1995 年版，第 229 页。

② 同上。

③ 同上书，第 350 页。

④ 《兴宗仁懿皇后哀册》，向南辑：《辽代石刻文编》，河北教育出版社 1995 年版，第 376 页。

⑤ 尤李：《佛教信仰：不变的虔诚》（载笔者《守望传统——辽代佛教的历史走向》第 3 节，硕士学位论文，北京大学，2006 年，第 34—35 页）已将相关材料析出，兹不赘述。

⑥ 在这方面，代表性的研究有贾敬颜《"契丹"——汉人之别名》，原载《中央民族学院学报》1987 年第 5 期，此据费孝通等《中华民族多元一体格局》，中央民族学院出版社 1989 年版，第 153—158 页；刘浦江《说"汉人"——辽金时代民族融合的一个侧面》，《民族研究》1998 年第 6 期，此据刘浦江《辽金史论》，辽宁大学出版社 1999 年版，第 120—126 页。

常丰富的材料值得挖掘。日本学者野上俊静先生提出：胡族国家最适应的宗教是佛教，它不讲族群差异，是汉族与胡族的精神纽带①。他关照到佛教在精神文化方面对辽境内不同族群的整合作用，也暗示了佛教在辽国族群政策中的特殊地位。研究辽朝这个幅员广阔的大帝国的族群关系，不仅应"从上往下"看，讨论统治者对不同族群的态度和政策；同时也应"自下而上"看各族民众对统治者的"反应"。学界探讨下层民众对契丹统治的态度，多谈激烈的反叛活动。实际上，民众在日常生活中如何看待统治者也应该纳入研究视野。在这一方面，佛教石刻的题记为我们提供了丰富的资料。本文前面所论两方出自辽南京道地区的经幢表明：当地基层社会的汉人对时势还是有一定的了解的，对契丹统治者的颂扬不仅仅是点到为止，还极力阐述发挥，比起前朝民众对皇帝、官僚的祈愿之辞，有过之而无不及。从这些叙述和表达，可以看出辽代汉人对异族统治者的理解和认同。这是中古时代族群关系演进过程中值得关注的一个侧面。另外，这两个经幢的祈愿题记把"皇太后"、"皇后"也包含在内，实跟辽朝的政治特点密切相关。在辽代，皇后干政是名正言顺的，"母后称制"的传统非常强，对政局的影响也非常大。兴宗仁懿皇后在平定"重元之乱"中发挥了重要作用②，其家族势力也炙手可热。所以不难理解《特建葬舍利幢记》中的"奉为"对象包含了"皇太后"。在同为北族王朝的北魏统治之下，许多造像题记的"奉为"对象也把"皇帝"、"皇太后"都包括在内，反映了母后干政的政治现实③。

三 结语

近年来，中古时代的宗教信仰与社会的区域性差异日益受到重视。由于特殊的自然环境和社会背景，8—11世纪，在河朔三镇割据、政权更迭频繁、社会动荡、族群移动、多元文化交织的背景之下，华北北部地区的

---

① ［日］野上俊静：《胡族国家与佛教》，原载《真宗同学会年报》第1辑，此据野上俊静《辽金的佛教》，平乐寺书店1953年版，第87—95页。

② （元）脱脱等：《辽史》卷71《兴宗仁懿皇后传》，中华书局1974年标点本，第1204页。

③ ［日］佐藤智水：《北朝造像铭考》，张韶岩、马雷译，载刘俊文主编《日本中青年学者论中国史·六朝隋唐卷》，上海古籍出版社1995年版，第56—115页。

宗教信仰与社会有其自身的特点和发展轨迹。房山石经为这一问题的研究提供了丰富的资料。一些日本学者已经运用它做出了一些成果①。笔者在这里只是选取《佛顶尊胜陀罗尼经》作为一个个案进行探讨，以期达到抛砖引玉的作用。

本文通过全面梳理房山石经中《佛顶尊胜陀罗尼经》的版本及刊刻情况，对 8—11 世纪华北北部地区的佛顶尊胜经幢的流行情况进行考察，结合地方社会，从族群史的角度探索了一些前人关注不多的问题。

从唐、五代到辽、金，房山石经中雕刻《佛顶尊胜陀罗尼经》共 7 次，刻印频率非常高，唐代幽州一些地方人士捐资刊刻此经，足见这一"杂密"经典在当地社会影响之大。契丹国师慈贤翻译过《佛顶尊胜陀罗尼》。他来自佛教的故乡——中天竺摩揭陀国，在辽朝翻译了多部密典。这是探究辽代密教的西方来源的重要线索。

在 8—11 世纪的华北北部地区，民众的佛顶尊胜陀罗尼信仰一直保持，并未因朝代的更替而发生断裂。他们的这一信仰可以追溯到盛唐，一直持续到辽后期而未中衰。佛顶尊胜信仰在辽中后期也影响到契丹上层。

辽中期以降，南京道地区的汉人在经幢上公开为契丹统治者祈愿，赞颂他们的功业，或为他们祈福，对契丹统治合法性的体认已经融入到日常社会生活之中。这是唐宋之际族群关系演进过程中值得注意的一个方面。

（原载《暨南学报》2009 年第 2 期）

---

① 比如［日］气贺泽保规的《唐代幽州的地域与社会——以房山石经题记为中心》，唐代史研究会编《中国都市的历史的研究》，《唐代史研究会报告》第 Ⅵ 集，刀水书房 1988 年版，第 157—167 页；再有，［日］气贺泽保规编的《中国佛教石经的研究——特别以房山云居寺为中心》，京都大学学术出版会 1996 年版；［日］森部丰的《唐代河北地域的粟特系住民——以开元寺三门楼石柱题名及房山石经题记为中心》，《史境》第 45 卷，2002 年，第 20—36 页。

幽州与敦煌

　　幽州（今北京地区）与敦煌分别位于唐帝国的东北和西北边境，都是中原汉族与周边族群交流的重镇和佛教圣地。幽州入辽后升为南京，敦煌在唐宋之际又处于归义军统治下。学界对这两地的文化面貌关注颇多，结出不少硕果①。但目前还无人把敦煌文书与幽州的材料进行比对，系统地专门探讨幽州地域社会及两地的文化交流。本文拟在这方面作一尝试。唐代幽州时而称范阳郡②，到辽代又升为南京析津府③。笔者在行文中，幽州与燕京、南京指同一地区。

---

　　①　敦煌社会文化研究的学术积累已经相当深厚，学术史清理见荣新江《鸣沙集：敦煌学学术史和方法论的探讨》（新文丰出版公司1999年版）、刘进宝主编《百年敦煌学：历史、现状、趋势》（甘肃人民出版社2009年版）、刘进宝《敦煌学术史：事件、人物与著述》（中华书局2011年版）。关于唐代幽州地区的文化面貌，不少学者有专门研究。如陈寅恪先生早就指出河朔的胡化问题（陈寅恪：《唐代政治史述论稿》上篇《统治阶级之氏族及其升降》，载陈美延编《陈寅恪集》，生活·读书·新知三联书店2001年版，第203、209—210页）。还有谷霁光《安史乱前之河北道》（《燕京学报》1935年第19期，此据《谷霁光史学论文集》第4卷《杂著》，江西人民出版社、江西教育出版社1996年版，第180—191页）、吴光华《唐代幽州地域主义的形成》（淡江大学中文系主编：《晚唐的社会与文化》，台湾学生书局1990年版，第227—234页）、马驰《唐幽州境侨置羁縻州与河朔藩镇割据》（荣新江主编：《唐研究》第4卷，北京大学出版社1998年版，第199—213页）、李鸿宾《安史之乱反映的蕃族问题》（李鸿宾：《唐朝中央集权与民族关系——以北方区域为线索》第5章，民族出版社2003年版，第120—140页）、李松涛《唐代前期政治文化研究》（台湾学生书局2009年版）等。

　　②　（后晋）刘昫等撰《旧唐书》卷39《地理志二》载：幽州"天宝元年（742），改范阳郡……乾元元年（758），复为幽州"（中华书局1975年标点本，第1516页）。

　　③　（元）脱脱等：《辽史》卷40《地理志四》，中华书局1974年标点本，第493—494页。

一　敦煌文书 S.529 背面《诸山圣迹志》
反映的幽州地域社会

敦煌文书 S.529 背面《诸山圣迹志》① 是五代时期一位无名僧人云游各地佛教圣迹的记录。其中包含唐末五代幽州地域社会的宝贵信息。下文征引的本卷文书主要参照郝春文先生的录文②，同时对照《英藏敦煌文献》的图录③和郑炳林先生的录文④。

S.529 背面的《题幽州盘山七言》诗和《题幽州石经山》诗，同时又见于 S.373⑤。在《题幽州盘山七言》后小注："在幽州北"，在《题幽州石经山》后小注："在南。"⑥ S.373 中诗歌的作者与 S.529 背面的诗的

---

① 图录见中国社会科学院历史研究所、英国图书馆等编《英藏敦煌文献》第 2 卷，四川人民出版社 1990 年版，第 11—13 页；录文见郝春文编著《英藏敦煌社会历史文献释录》第 3 卷，社会科学文献出版社 2003 年版，第 45—77 页；郑炳林《诸山圣迹志 S.529 号》，载郑炳林《敦煌地理文书汇辑校注》，甘肃教育出版社 1989 年版，第 266—275 页。S.529 背面文献，向达先生拟题《失名行记》（向达《伦敦所藏敦煌卷子经眼目录》，载向达《唐代长安与西域文明》，生活·读书·新知三联书店 1957 年版，第 200 页），王重民先生拟题《诸山圣迹志》（王重民：《敦煌遗书总目索引·斯坦因劫经录》，中华书局 1983 年版，第 120 页）。郑炳林先生根据五代十国的政治形势、各地地名、行政建置的变化，断定《诸山圣迹志》反映的是后唐庄宗至明宗十余年的情况（郑炳林：《论〈诸山圣迹志〉的成书年代》，《中国历史地理论丛》1989 年第 1 期，第 143—150 页；《关于〈诸山圣迹志〉的撰写年代》，载郑炳林主编《敦煌吐鲁番文献研究》，兰州大学出版社 1995 年版，第 289—296 页）。郑先生还认为：S.529 背面就是其正面《归文牒》中所称的"和尚"在接到归文牒后开始游历，所以，此游僧同光二年（924）左右开始游历（郑炳林：《敦煌文书斯 373 号李存勖唐玄奘诗证误》，载郑炳林主编《敦煌吐鲁番文献研究》，兰州大学出版社 1995 年版，第 304 页）。

② 郝春文编著：《英藏敦煌社会历史文献释录》第 3 卷，社会科学文献出版社 2003 年版，第 45—77 页。

③ 中国社会科学院历史研究所、英国图书馆等编：《英藏敦煌文献》第 2 卷，四川人民出版社 1990 年版，第 11—13 页。

④ 郑炳林：《诸山圣迹志 S.529 号》，载郑炳林《敦煌地理文书汇辑校注》，甘肃教育出版社 1989 年版，第 266—275 页。

⑤ 中国社会科学院历史研究所、英国图书馆等编：《英藏敦煌文献》第 1 卷，四川人民出版社 1990 年版，第 162 页。

⑥ 同上。

关系，学界讨论颇多①。徐俊先生认为：《诸山圣迹志》中诸诗并非游历诸山圣迹的僧人所创作，而是他就游历所及抄录前人作品②。无论《诸山圣迹志》中的诗歌是游历圣迹的僧人自己创作，还是抄录前人作品，终究还是对所见所闻的记录，其内容仍大致反映了当时的社会状况。本文主旨只涉及其中记录的幽州地区的情况，对此问题不再纠缠。

（一）盘山地区的佛教

S. 529 背面文献记载："盘山，在幽州，寺院五十余所，僧尼一千余人。戒静纳（?）拜（?），永为龙王。业行孤高，硕德盛弘律［禅］③，兼济大乘，至博学情忧，十经五论，余余济济。重风光而拂照林牖，爱山水而附带烟霞。为像学之宗师，作众中之领袖。"诗曰：

> 冲过浮云数十重，经霄始到最高峰。
> 日出近观沧海水，斋［时］［遥］［听］［梵］［天］［钟］。
> 千年松树巢仙鹤，五个盆［池］隐毒龙。

---

① 郑炳林先生推测：S. 373 与 S. 529 出自一人之手，作者为后唐时期河北地区（或定州一带）的僧人。S. 529 中的诗即《诸山圣迹志》作者所作（郑炳林：《关于〈诸山圣迹志〉的撰写年代》，载郑炳林主编《敦煌吐鲁番文献研究》，兰州大学出版社 1995 年版，第 289—296 页；郑炳林：《敦煌文书斯 373 号李存勖唐玄奘诗证误》，载郑炳林主编《敦煌吐鲁番文献研究》，兰州大学出版社 1995 年版，第 297—307 页）。徐俊先生认为并非如此。徐先生认为：《诸山圣迹志》是后唐时某僧人游历各州郡寺院、名山圣迹的记录。其中略述各州郡建置、寺院、僧尼、风俗、距离等情况，还抄录了一些诗文作品，包括已见于 S. 373 卷的《题幽州盘山七言》、《题幽州石经山》、《题中岳山七言》三诗。原卷潦草不清，但从作者"凡睹圣迹，并皆抄录"，可以断定作者所记并非均出于自己的创作，而是对所见所闻的记录。从《题幽州石经山》诗的口吻，推断不是游历诸山圣迹的僧人的口吻。《诸山圣迹志》所记山寺概况多有所本。综合考察 S. 373 和 S. 529，可以确定《诸山圣迹志》中诸诗并非游历诸山圣迹的僧人所创作，而是他就游历所及抄录前人作品。S. 373 诗亦非某一人之作品，而是诸山圣迹题咏诗丛钞。S. 373 卷书法工整，行款严肃。S. 529 卷正面归文牒等书法亦较工稳，但背面《诸山圣迹志》用不规范且极草率之草书写成，文字多有脱漏。颇疑 S. 373 与 S. 529 正面归文牒为一人所抄（徐俊纂辑：《敦煌诗集残卷辑考》卷下《英藏俄藏部分》，中华书局 2000 年版，第 491—493 页）。

② 徐俊纂辑：《敦煌诗集残卷辑考》卷下《英藏俄藏部分》，中华书局 2000 年版，第 491—493 页。

③ 郑炳林先生释读为"盛弘律□（禅）"（见郑炳林《敦煌地理文书汇辑校注》，甘肃教育出版社 1989 年版，第 269 页），郝春文先生释读为"盛弘律席"（见郝春文编著《英藏敦煌社会历史文献释录》第 3 卷，社会科学文献出版社 2003 年版，第 49 页）。本文取郑先生的意见，理由详见下文。

下方乞食上方去，尘俗难寻道者踪。①

郑炳林先生认为："硕德盛弘律"之后应补"禅"字②，有一定道理。中唐时期，著名禅师道宗在盘山修行③。唐宣宗、懿宗时期，在幽州长大的奖公落发后，"遂于蓟三河县盘山甘泉院依止禅大德晓方，乃亲承杖履，就侍瓶盂。启顾全身，惟思半偈"，他一直禅律双修，在禅僧和律僧中都享有声誉④。奖公禅、律都很擅长，可能也跟盘山地区的佛教形势有关。在唐代，盘山地区的祐唐寺曾是禅宗和律宗的胜地。辽圣宗统和五年（987）《祐唐寺创建讲堂碑》追述曰："当昔全盛之时，砌叠龙蟠，檐排凤翅；晨钟暮磬，上闻兜率；禅宗律学，宛是祇园；骈阗可类于清凉，赫奕遥同于白马；乃法侣辐辏之乡也。"⑤五代到辽初，在盘山感化寺有智辛禅师⑥。至辽朝末代皇帝天祚帝时，感化寺仍然"法堂佛宇敞乎下，禅宝经龛出乎上"⑦，"禅枝律裔，保有其业"⑧。

S.529 背面文献还把盘山描写为孤峰绝顶、尘俗难寻之胜地。对此，《祐唐寺创建讲堂碑》云："有盘山者，乃箕尾之巨镇也。深维地轴，高阙天门。煊碧凝霄，寒青压海。珠楼璇室，仰窅窱于昆邱；宝洞琼台，耀磅礴于恒岳。"⑨辽天祚帝乾统七年（1107）《上方感化寺碑》曰："渔阳古郡之西北，丛岫逶迤，其势雄气秀，曰田盘山。冈峦倚叠，富有名寺。"⑩辽人记录的盘山的地理风貌，与中晚唐五代的记载大致相仿。

---

① 郝春文编著：《英藏敦煌社会历史文献释录》第3卷，社会科学文献出版社2003年版，第49页。

② 郑炳林：《敦煌地理文书汇辑校注》，甘肃教育出版社1989年版，第269页。

③ 知宗：《盘山上方道宗大师遗行碑》，载（清）董浩等编《全唐文》卷920，中华书局1983年版，第9589页。

④ 公乘亿：《魏州故禅大德奖公塔碑》，载（宋）李昉等编《文苑英华》卷868，中华书局1966年版，第4582—4583页。

⑤ 《祐唐寺创建讲堂碑》，载向南辑《辽代石刻文编》，河北教育出版社1995年版，第90页。

⑥ 《感化寺智辛禅师塔记》，载向南辑《辽代石刻文编》，河北教育出版社1995年版，第6—8页。

⑦ 《上方感化寺碑》，载向南辑《辽代石刻文编》，河北教育出版社1995年版，第563页。

⑧ 同上书，第564页。

⑨ 《祐唐寺创建讲堂碑》，载向南辑《辽代石刻文编》，河北教育出版社1995年版，第89页。

⑩ 《上方感化寺碑》，载向南辑《辽代石刻文编》，河北教育出版社1995年版，第563页。

《诸山圣迹志》还提到盘山"永为龙王"、"五个盆〔池〕隐毒龙"。据《盘山上方道宗大师遗行碑》,盘山峰顶"多逢兽迹,莫面人踪。境类虎溪,地蟠龙腹",禅僧道宗大师修行时"山现莲池,龙降香水"①。《祐唐寺创建讲堂碑》对盘山山顶有特写:"岭上时兴于瑞雾,谷中虚老于乔松。奇树珍禽,异花灵草。绝顶有龙池焉,向旱岁而能兴雷雨;岩下有潮井焉,依旦暮而不亏盈缩。于名山之内,最处其佳。"②

在佛教中,高山或水池中藏龙的记录非常多。早在五胡十六国时期,佛图澄为干涸的襄国城堑水源求水,对石勒说:"水泉之源,必有神龙居之。""澄坐绳床,烧安息香,咒愿数百言。如此三日,水泫然微流。有一小龙,长五六寸许,随水来出。诸道士竞往视之。澄曰:'龙有毒,勿临其上。'有顷,水大至,隍堑皆满。"③ 在唐代,还有盂兰盆中藏龙的故事。"故唐安太守卢元裕未仕时,以中元设幡幢像,置盂兰于其间。俄闻盆中有唧唧之音,元裕视,见一小龙才寸许,逸状奇姿,蜿然可爱。于是以水沃之。其龙伸足振已长数尺矣。元裕大恐。有白云自盆中而起,其龙亦逐云而去。元裕即翰之父也。"④五台山峰顶也有毒龙。入唐巡礼的日本僧人圆仁于唐文宗开成四年(839)九月十二日,在五台山听老僧等云:"古来相传此山多有龙宫。"⑤ 五台山醴泉寺之"南峰名为龙台,独出群岫。地图所载,曾有龙舞其巅,以此奏闻,奉敕改名龙台寺。后因泉涌,改名醴泉寺"⑥。五台山之中台"台顶,中心有玉花池,四方各四丈许,名为龙池。池中心小岛上有小堂,置文殊像。时人呼之为龙堂"⑦。西台"台顶中心亦有龙池,四方各可五丈许。池之中心有四间龙堂,置文殊像"⑧。北台"台顶之南头有龙堂。堂内有池,其水深黑。满堂澄潭,分其一堂为三隔。中间是龙王宫。临池水,上置龙王像。池上造桥,过至龙

① 知宗:《盘山上方道宗大师遗行碑》,载(清)董浩等编《全唐文》卷920,中华书局1983年版,第9589页。

② 向南辑:《辽代石刻文编》,河北教育出版社1995年版,第88页。

③ (梁)释慧皎:《高僧传》卷9《晋邺中竺佛图澄传》,汤用彤校注,汤一玄整理,中华书局1992年版,第346—347页。

④ (唐)张读:《宣室志辑佚》,张永钦、侯志明点校,中华书局1983年版,第190页。

⑤ 〔日〕圆仁:《入唐求法巡礼行记校注》卷2,白化文、李鼎霞、许德楠校注,周一良审阅,花山文艺出版社2007年版,第180页。

⑥ 同上书,第246页。

⑦ 同上书,第280—281页。

⑧ 同上书,第282页。

王座前。此乃五台五百毒龙之王：'每台各有一百毒龙，皆以此龙王为君主。此龙王及民被文殊降伏归依，不敢行恶'云云。龙宫左右隔板墙置文殊像，于龙堂前有供养院"①。北台台顶中心"隔三四步皆有小井池无数，名为龙池"②。东台"台顶无龙池，地上亦无水，生草稍深"③。东台台顶之那罗延窟"窟内黑暗，宜有龙潜藏矣"④。"五台山乃万峰之中心也。五百毒龙潜山而吐纳风云，四时八节不辍雷，雹频降矣。"⑤ 因此，出现盘山之最高峰有"五个盆池隐毒龙"的说法也不足为奇。

（二）幽州的经济、文化和民风

据 S.529 背面文献，这位无名僧人游历盘山后，还"南行三百里至幽州"。他这样描述幽州城："管九州七县，［城］周围五十里。大寺一十八所，禅院五十余所，僧尼一万余人，并有常住，四事丰盈。负论知识，担经并州（？）。大底（抵）民风凶旱（悍），诸处俗尚贞惠（？），人多勇烈。封壃沃壤，平广膏腴，地产绫罗，偏丰梨栗。"⑥

唐代幽州城是河北北部的军事重镇、经济文化中心。《诸山圣迹志》称幽州节度使管"九州七县"，实际上，幽州卢龙镇在后晋天福二年（937）入辽之前，长期统辖幽、涿、檀、瀛、莫、蓟、平、营、妫九州⑦，其中，幽州领十县：蓟、潞、雍奴、渔阳、良乡、固安、昌平、范阳、归义、安次⑧。因此，《诸山圣迹志》说幽州领七县，可能到五代时有省并。郑炳林先生据《旧唐书》、《旧五代史》和《资治通鉴》的相关记载，认为幽州节度使自刘守光至后唐庄宗同光元年（923）间，统有幽、涿、瀛、莫、蓟、妫、檀、新、武、儒、顺十一州。庄宗同光元年置威塞军节度使于新州，统新、妫、武、儒四州。同光元年七月后，幽州实

----

① ［日］圆仁：《入唐求法巡礼行记校注》卷3，白化文、李鼎霞、许德楠校注，周一良审阅，花山文艺出版社 2007 年版，第 284—285 页。

② 同上书，第 285 页。

③ 同上书，第 286 页。

④ 同上书，第 286—287 页。

⑤ 同上书，第 296 页。

⑥ 郝春文编著：《英藏敦煌社会历史文献释录》第 3 卷，社会科学文献出版社 2003 年版，第 49—50 页。

⑦ （后晋）刘昫等撰：《旧唐书》卷 39《地理志二》，中华书局 1975 年标点本，第 1513—1521 页。

⑧ 同上书，第 1516—1517 页，校勘记 80，第 1564 页。

统州仅七，而营、平二州虽被契丹攻占，但名义上仍属幽州，所以共九州①。《元和郡县图志》的幽州卷已经散佚。《太平寰宇记》引《元和郡县图志》云："蓟城（幽州城）南北九里，东西七里，开十门。"②这样，幽州城的周长才 32 里。到辽朝升为南京析津府，周长也才 36 里③。均与这名僧人所说"城周围五十里"有较大的出入，他可能只是大致地估计。

《诸山圣迹志》提及幽州的胡化气息。正如宋徽宗宣和年间（1119—1125）使金的宋朝使者许亢宗所评述：石晋"未割弃已前，其中人与夷狄斗，胜负相当……形势雄杰，真用武之国"④。

S.529 背面文献描述幽州位于膏腴之地，农业、手工业发达。《唐六典》规定："任土所出，而为贡赋之差"⑤，即唐代各地的土贡均以当地出产的产品为依据，其中幽州贡"范阳绫"⑥。因此，《诸山圣迹志》中的"地产绫罗"，应指唐代作为土贡的"范阳绫"。唐代河北道所辖全境，除边郡不能确知外，皆盛产蚕丝，各郡所贡皆丝织品之精美者。河北道丝织业发达，是唐代纺织工业的中心⑦。

从《诸山圣迹志》可以看出：幽州地区的经济在安禄山叛乱、晚唐五代战乱之后，还是非常优越的。这也为幽州佛教在战乱后持续繁荣提供了重要基础。

《诸山圣迹志》称幽州城内"大寺一十八所，禅院五十余所，僧尼一万余人，并有常住，四事丰盈"，说明经历安史之乱、会昌灭佛，直

---

① 郑炳林：《敦煌地理文书汇辑校注》，甘肃教育出版社 1989 年版，第 284—285 页，注释60。

② （宋）乐史：《太平寰宇记》卷 69《河北道一八》，王文楚等点校，中华书局 2007 年版，第 1399 页。又见于（清）顾祖禹《读史方舆纪要》卷 11《北直二》，贺次君、施和金点校，中华书局 2005 年版，第 443 页。

③ （元）脱脱等：《辽史》卷 40《地理志四》曰：燕京"城方三十六里"（中华书局 1974 年标点本，第 494 页）。

④ 贾敬颜：《〈许亢宗行程录〉疏证稿》，载贾敬颜《五代宋金元人边疆行记十三种疏证稿》，中华书局 2004 年版，第 222 页。旧题（宋）叶隆礼撰《契丹国志》卷 22《州县载记》（贾敬颜、林荣贵点校，上海古籍出版社 1985 年版，第 217 页）抄自《许亢宗行程录》，语句略有不同。

⑤ （唐）李隆基撰，李林甫注：《大唐六典》卷 3《尚书户部》，户部郎中员外郎条，[日]广池千九郎训点，内田智雄补订，三秦出版社 1991 年版，第 53 页。

⑥ 同上书，第 57 页。

⑦ 汪篯：《隋唐时期丝产地之分布》，汪篯著，唐长孺、吴宗国等编：《汪篯隋唐史论稿》，中国社会科学出版社 1981 年版，第 292—293 页。

到五代，幽州的佛教仍然繁盛。如本文前面所述，幽州城面积才63平方里，就有七八十所寺院，平均每平方里超过1所，寺院分布密度非常高，僧尼人口多，而且寺院的公共财产"常住"还算丰富。"负论知识"表明佛学研究得以保持。值得注意的是：后唐时，幽州城尚有50余所禅院，但辽南京却有很多大型律寺，其规模和人数令人咋舌，几乎不见禅寺的踪影。金初出使的宋朝使者洪皓写道："燕京兰若相望，大者三十有六，然皆律院。自南僧至，始立四禅，曰太平、招提、竹林、瑞像。"①这似乎暗示辽南京禅宗不盛。学术界一般认为辽朝虽然崇佛，但禅宗不兴。竺沙雅章先生引《跋飞山别传议》中大辽皇帝诏有司把禅宗典籍《六祖坛经》、《宝林传》等作为伪妄之书焚毁的记录，谈到唐代河北地区盛行的禅宗为何在辽代消失的问题，但未及论证②。以崇佛著称的辽帝国的皇帝竟然下令烧掉南宗祖师慧能的《坛经》和洪州马祖系的典籍《宝林传》。笔者在此不打算考辨这条记录真实与否。只要出现这一说法，就已经暗示禅宗在辽代遭受挫折。就本文前面所论盘山地区在辽朝仍是禅宗基地来看，竺沙雅章先生之说恐不尽然。但在辽统治下，作为中心城市的南京城内不见禅院，在相对边缘的盘山地区，禅宗还保留一块根据地。可见，朝代更替对河北北部地区的禅宗发展确有影响。

无名僧人还游览了幽州良乡县（今北京房山区）的云居寺（即石经山）。他"南行百余里至石经寺，大藏经文并镌石上。云轩皇龛月殿，迥若天宫。律门洋洋，禅流济济"。诗曰：

> 空（闲）乘五马谒真宗，来入山门问远公。
> 云起乱峰朝［古］寺，鸟巢高处恋晴空。
> 碧罗引蔓枝枝到，石溜穿渠院院通。
> 佛僧（境）不利（离）人境内，人心不与佛心同。③

---

① （宋）洪皓：《松漠记闻》卷上，《丛书集成初编》本，中华书局1985年版，第10页。

② ［日］竺沙雅章：《从新出资料看辽代之佛教》，原载《禅学研究》第72号，1994年，此据竺沙雅章《宋元佛教文化史研究》，汲古书院2000年版，第102、106页。

③ 郝春文编著：《英藏敦煌社会历史文献释录》第3卷，社会科学文献出版社2003年版，第50页。

徐俊先生已经指出诗中"五马"为用汉太守五马驾辕之典，"远公"系用名僧慧远尊指被访僧人。这显然不是游历诸山圣迹的僧人口吻[1]。慧远拒绝了晋安帝的邀请，潜心在庐山修行。他"卜居庐阜三十余年，影不出山，迹不入俗。每送客游履，常以虎溪为界焉"[2]。按徐俊先生的考证，这首诗不是云游僧人的创作，而是抄录前人之诗。但无论如何，此诗反映了云居寺的情况。其中"闲乘五马谒真宗，来入山门问远公"，可能就是指中唐时期活跃在云居寺的名僧真性大德。他像慧远一样，拒绝了幽州节度使刘公的邀请，坚持在山林中修行。真性在云居寺和整个幽州地区都是一位学问修行很高、德高望重的著名律僧。他"薰然律风，辉振前古。万行由兹浸起，六事于是齐修"，"听读忘倦，慈忍兼习。操持勇猛，佩服精进"。真性自身修行高，所以"四远向从，一方瞻敬。高行善节，时为美谈"[3]。"元和中，廉察使相国彭城刘公慕其高节，亟请临坛。手字叠飞，使车交织。"[4] 据考，刘济在唐德宗贞元元年（785）至唐宪宗元和五年（810）任幽州卢龙节度使[5]。唐宪宗元和五年七月乙卯，"幽州节度使刘济为其子总鸩死"[6]。刘总在唐宪宗元和五年至唐穆宗长庆元年（821）任幽州卢龙节度使[7]。目前还无法判断多次邀请真性开设戒坛的"廉察使相国彭城刘公"是刘济还是刘总。真性毅然回绝了邀请："那能师证，

① 徐俊纂辑：《敦煌诗集残卷辑考》卷下，中华书局 2000 年版，第 492 页。

② （梁）释慧皎：《高僧传》卷 6《晋庐山释慧远》，汤用彤校注，汤一玄整理，中华书局 1992 年版，第 221 页。

③ 何筹：《唐云居寺故寺主律大德神道碑铭并序》（简称《真性大德神道碑》），载（清）董诰等编《全唐文》卷 757，中华书局 1983 年版，第 7856 页。又见于《大唐云居寺故寺主律大德神道碑铭并序》，载北京图书馆金石组、中国佛教图书文物馆石经组编《房山石经题记汇编》第 1 部分《碑和题记（唐至民国）》，书目文献出版社 1987 年版，第 17 页。

④ （清）董诰等编：《全唐文》卷 757，中华书局 1983 年版，第 7857 页；北京图书馆金石组、中国佛教图书文物馆石经组编：《房山石经题记汇编》第 1 部分《碑和题记（唐至民国）》，书目文献出版社 1987 年版，第 18 页。

⑤ 郁贤皓：《唐刺史考全编》卷 116《幽州（范阳郡）》，安徽大学出版社 2000 年版，第 1608—1609 页。

⑥ （后晋）刘昫等撰：《旧唐书》卷 14《宪宗纪上》，中华书局 1975 年标点本，第 431 页。

⑦ 郁贤皓：《唐刺史考全编》卷 116《幽州（范阳郡）》，安徽大学出版社 2000 年版，第 1609 页。

更登名利之场？徒观马胜之威仪，谁识罗侯之密行？恳写牢让，持坚不回。"①罗侯罗是佛十大弟子之一，释尊之子，为耶输陀罗所生，又作罗护罗、罗怙罗、罗吼罗、曷罗怙罗、何罗怙罗、罗云、罗芸，意译覆障、障月、执日。罗侯罗严守制戒，精进修道，终证阿罗汉果，并以"密行第一"著称。敦煌文书 P.4617 中有诗《赞肉身罗睺》："罗睺尊者化身来，十二年中在母胎。昔日王宫修密行，今时凡室作婴孩。端严肉髻同千圣，相好真容现五台。能与众生无限福，世人咸共舍珍财。"②真性认为接受节度使的邀请去开设戒坛，即是登"名利之场"，其实很多人并不真正理解佛教戒律及修行。这跟慧远的作风类似。因此，幽州当地人可能会把真性称为当代"慧远"，把拜谒他称为"来入山门问远公"。"闲乘五马谒真宗"暗指幽州地方长官游览云居寺、拜会其中的高僧，可能就是用汉代典故比喻元和、大和年间，幽州节度使刘公、史元忠尊崇、拜谒真性之事③。

诗中所吟"佛境不离人境内，人心不与佛心同"，其实是北宗禅的理念表达。以神秀为代表的北宗禅强调人境与佛境之间有一道鸿沟，需要通过"观心"的方式"渐修"，才能达到佛陀境界。因此，人心与佛心不能等同。但二者有沟通的可能。佛境和佛心是追求的终极目标，从人境到佛境，从人心到佛心，都需要通过修行来实现。这跟南禅宗马祖道所倡导的"即心即佛"，人心即佛心的思想相异。那么，这首诗隐约地道出中晚唐五代的云居寺其实是崇尚北宗禅的。

---

① （清）董浩等编：《全唐文》卷757，中华书局1983年版，第7857页；北京图书馆金石组、中国佛教图书文物馆石经组编：《房山石经题记汇编》第1部分《碑和题记（唐至民国）》，书目文献出版社1987年版，第18页。

② 徐俊纂辑：《敦煌诗集残卷辑考》卷中《法藏部分下》，中华书局2000年版，第454—455页。

③ （清）董浩等编：《全唐文》卷757，中华书局1983年版，第7857页；北京图书馆金石组、中国佛教图书文物馆石经组编：《房山石经题记汇编》第1部分《碑和题记（唐至民国）》，书目文献出版社1987年版，第18页。按：《真性大德神道碑》称元和中，幽州节度使刘公礼请真性，如本文前面所论，刘公指谁不确定。碑又曰："暨大和有九祀，方伯司徒史公之领戎也，常目重山，聆风仰德……奇香异药，上服名衣。使命往来，难可称计。"据郁贤皓《唐刺史考全编》卷116《幽州（范阳郡）》，史元忠于唐文宗大和八年（834）至唐武宗会昌元年（841）任幽州节度使（安徽大学出版社2000年版，第1611页）。因此《真性大德神道碑》中的"方伯司徒史公"指史元忠。

在中唐时期，云居寺真性大德生活的时代，"云山异境，禅律杂居"①。按《诸山圣迹志》所记，后唐时期的云居寺仍然"律门洋洋，禅流济济"②。可见云居寺禅律兼行的风格一直保持到五代。如本文前面所论，幽州盘山地区和良乡县云居寺的僧人禅律兼习，这和唐五代其他地区诸多僧人兼修禅律的情况吻合。如《宋高僧传》所记太原府思睿③、越州神邕④、洛阳无名⑤、杭州楚南⑥、嵩岳元珪⑦、洛阳惠秀⑧、唐州神鉴⑨、东阳玄朗⑩、杭州彦求⑪、曹州智朗⑫、越州僧达⑬、越州神迥⑭和阆州法融⑮，均兼习禅律。《唐故东京安国寺契微和尚塔铭并序》称契微"外示

---

① （清）董浩等编：《全唐文》卷757，中华书局1983年版，第7856页；北京图书馆金石组、中国佛教图书文物馆石经组编：《房山石经题记汇编》第1部分《碑和题记（唐至民国）》，书目文献出版社1987年版，第17页。

② 郝春文编著：《英藏敦煌社会历史文献释录》第3卷，社会科学文献出版社2003年版，第50页。

③ （宋）赞宁：《宋高僧传》卷24《唐太原府崇福寺思睿传》，范祥雍点校，中华书局1987年版，第613页。

④ （宋）赞宁：《宋高僧传》卷17《唐越州焦山大历寺神邕传》，范祥雍点校，中华书局1987年版，第421—423页。

⑤ （宋）赞宁：《宋高僧传》卷17《唐洛阳同德寺无名传》，范祥雍点校，中华书局1987年版，第426—427页。

⑥ （宋）赞宁：《宋高僧传》卷17《唐杭州千顷山楚南传》，范祥雍点校，中华书局1987年版，第428页。

⑦ （宋）赞宁：《宋高僧传》卷19《唐嵩岳闲居寺元珪传》，范祥雍点校，中华书局1987年版，第474页。

⑧ （宋）赞宁：《宋高僧传》卷19《唐洛京天宫寺惠秀传》，范祥雍点校，中华书局1987年版，第496—497页。

⑨ （宋）赞宁：《宋高僧传》卷20《唐唐州云秀山神鉴传》，范祥雍点校，中华书局1987年版，第526页。

⑩ （宋）赞宁：《宋高僧传》卷26《唐东阳清泰寺玄朗传》，范祥雍点校，中华书局1987年版，第662页。

⑪ （宋）赞宁：《宋高僧传》卷28《晋今东京相国寺遵诲传》，范祥雍点校，中华书局1987年版，第700页。

⑫ （宋）赞宁：《宋高僧传》卷28《晋曹州扈通院智朗传》，范祥雍点校，中华书局1987年版，第700—701页。

⑬ （宋）赞宁：《宋高僧传》卷29《唐越州妙喜寺僧达传》，范祥雍点校，中华书局1987年版，第719页。

⑭ （宋）赞宁：《宋高僧传》卷29《唐越州大禹寺神迥传》，范祥雍点校，中华书局1987年版，第723—724页。

⑮ （宋）赞宁：《宋高僧传》卷29《唐阆州长乐寺法融传》，范祥雍点校，中华书局1987年版，第737页。

律义，内修禅说"①。在晚唐五代的敦煌地区，好些僧人也是"禅律双修"②。

在契丹统治下，唐五代时期幽州城的诸多风格几乎全盘保留下来。宋徽宗宣和年间使金的许亢宗曰：辽南京析津府"城北有三市，陆海百货，萃于其中。僧居佛宇，冠于北方。锦绣组绮，精绝天下。膏腴蔬蓏，果实稻粱之类，靡不毕出；而桑柘麻麦，羊豕雉兔，不问可知。水甘土厚，人多技艺，民尚气节"③。到辽朝，幽州地区仍然是商品交易中心，北方佛教重镇、重要的农产品、手工业基地、纺织业中心、民风彪悍。可以说，政权更迭几乎没有对当地文化面貌产生什么影响。

二　辽僧诠明的著作和幽州石壁寺的藏经

敦煌藏经洞出现幽州高僧诠明的著作《妙法莲华经玄赞科文卷第二》（P. 2159 背面）④。首题"《妙法莲华经玄赞科文卷第二》，燕台悯忠寺沙门诠明科定，弟（第）二《方便品二》"，用全称，有佛经的题目，还有品名、撰者，没有尾题和题记⑤。在敦煌写经中，卷尾如果有空，常常写题记。最标准的写经，是一定要写题记的，即使没有纸也要加纸写完。题记一般包括年代、抄写者和供养人的姓名、发愿文，大多数题记比较简单，甚至只有一个人名⑥。但是，我们看到的敦煌卷子 P. 2159 背面诠明撰《妙法莲华经玄赞科文卷第二》是残卷，没有尾题和题记。此卷用行

---

① （唐）权德舆：《权德舆诗文集》卷 28，郭广伟校点，上海古籍出版社 2008 年版，第433 页。

② 姜伯勤：《敦煌毗尼藏主考》，原载《敦煌研究》1993 年第 3 期，此据姜伯勤《敦煌艺术宗教与礼乐文明——敦煌心史散论》，中国社会科学出版社 1996 年版，第 324—326 页。

③ 贾敬颜：《〈许亢宗行程录〉疏证稿》，《五代宋金元人边疆行记十三种疏证稿》，中华书局 2004 年版，第 222 页。旧题（宋）叶隆礼撰《契丹国志》卷 22《州县载记》（贾敬颜、林荣贵点校，上海古籍出版社 1985 年版，第 217 页）抄自《许亢宗行程录》，用词略有改动。

④ 上海古籍出版社、法国国家图书馆编：《法藏敦煌西域文献》第 7 卷，上海古籍出版社 1998 年版，第 197 页。

⑤ 同上。荣新江先生认为：在敦煌卷子中，抄写经书时，正文的前面要写题目、撰者或译者，这个题目作"首题"或"内题"，一般用全称，有时还有品名；而卷尾的题目，称"尾题"，往往用简称（见荣新江的《敦煌学十八讲》第 17 讲《敦煌写本学》，北京大学出版社 2001 年版，第 342 页）。

⑥ 荣新江：《敦煌学十八讲》第 17 讲《敦煌写本学》，北京大学出版社 2001 年版，第 343页。

书书写。光从书法难以判断其抄写年代。此卷抄写用文字加线性结构的模式，每行字数不固定，不是标准的写经格式。这是对唐朝慈恩宗高僧窥基所撰《妙法莲华经玄赞》二十卷所作的注释书。

玄奘的弟子窥基"东行博陵，有请讲《法华经》，遂造《大疏》焉"①。竺沙雅章先生通过对诠明著作的文献学分析，指出：诠明是唐代慈恩宗的正统继承者，窥基学说的继承人，他的学问直接继承自唐代佛学②。竺沙雅章先生研究过敦煌本诠明撰《妙法莲华经玄赞科文》的题记，所引内外典籍、字书③。宿白先生认为：敦煌藏经洞中发现的燕京悯忠寺僧诠明科定的《妙法莲华经玄赞科文》，约是求之于辽，亦不排除间接来自宋境。因为据《参天台五台山记》，宋神宗熙宁六年（1073），诠明的《玄赞科文》已传入宋④。毕素娟先生考证，诠明是辽圣宗时期学识渊博、德高望重的高僧，亦是辽南京名刹悯忠寺的住持和《辽藏》的经录制定者及主持刊印者，著作甚丰。诠明大致生于后唐天成年间，卒于辽圣宗统和之末（约927—1012）。其主要活动和著述当在辽穆宗应历十五年至圣宗统和二十年（965—1002）。《妙法莲华经玄赞科文》也应写成于这段时间，可能写成于这段时间的后期。曹氏归义军与辽往来频繁。敦煌写经卷子 P. 2159 可能就是来往的僧人在燕京、西京（今山西大同）等地抄录的，然后带回敦煌，或云游至敦煌敬献给那里的寺院的。《妙法莲华经玄赞科文》传入敦煌，极可能在曹宗寿、曹贤顺时代。这期间官方来往密切，民间交流也会加强。P. 2159 背的辽僧诠明著《妙法莲华经玄赞科文》在 1006—1020 年间传入敦煌⑤。荣新江先生指出：毕素娟先生把辽僧诠明的著作传入敦煌的年代放在 1006—1020 年间，其根据仅因史料记载统和、开泰年间辽与沙州之间往来不绝，并无实证。诠明此书完成于965—1002 年间，995 年经敦煌往西天取经的僧道猷，曾把北京石壁沙门

① （宋）赞宁：《宋高僧传》卷4《唐京兆大慈恩寺窥基传》，范祥雍点校，中华书局1987年版，第65页。

② ［日］竺沙雅章：《从新出资料看辽代之佛教》，《宋元佛教文化史研究》，汲古书院2000年版，第101—105页。

③ 同上书，第103—105页。

④ 宿白：《敦煌莫高窟密教遗迹札记》，原载《文物》1989年第9、10期，此据宿白《中国石窟寺研究》，文物出版社1996年版，第293页。

⑤ 毕素娟：《辽代名僧诠明著作在敦煌藏经洞出现及有关问题——敦煌写经卷子 P. 2159 经背研究》，《中国历史博物馆馆刊》1992年第18—19期，第133—139页。

传奥的《梵网经记》带到敦煌，也不排除他把诠明的著作于此时一并携来的可能性①。那么，在辽圣宗统和十三年和宋太宗至道元年（995），有幽州石壁寺沙门传奥的著作辗转传到敦煌。

竺沙雅章先生根据高丽高僧义天所撰《新编诸宗教藏总录》（简称《义天录》）对诠明著作的著录，判定应县木塔发现的《契丹藏》残卷中的《上生经疏科文》一卷、《成唯识论述记应新抄科文》卷第三、《法华经玄赞会古通今新抄》卷第二、《法华经玄赞会古通今新抄》卷第六是辽朝高僧诠明的著作②。现在《应县木塔辽代秘藏》③已经影印出版，大大方便了研究。诠明的著作《上生经疏科文》一卷，跟 P. 2159 背一样，也同样用文字加线性图的模式，雕印，楷书，书法很好④。《成唯识论述记应新抄科文》卷第三也是文字加线性图的模式，雕印，楷书，书法很好⑤。

在现存《契丹藏》残卷中，也保留有诠明为窥基的《妙法莲华经玄赞科文》作注的著述两卷：1.《法华经玄赞会古通今新抄》卷第二，卷首残，尾题"《法华经玄赞会古通今新抄》卷第二"，还有题记："四十七纸，三司左都押衙南肃。二十二纸，孙守节等四十七人同雕。伏愿上资圣主、下荫四生，闻法众流，多聪胜惠，龙花同遇，觉道齐登，法界有情，增益利乐，"楷书，书法很好⑥；2.《法华经玄赞会古通今新抄》卷第六，首题残，尾题"《法华经玄赞会古通今新抄》卷第六"，后面有题记："五十六纸，云州节度副使张肃一纸，李寿三纸，许延玉五纸，应州副使李胤两纸，赵俊等四十五人同雕。伏愿上资圣主、下荫四生，闻法众流，多聪胜惠，龙花同遇，觉道齐登，法界有情，增益利乐，"楷书，书法很好⑦。这两卷著作雕造年代应该在辽圣宗统和八年至辽道宗咸雍七年（990—

①　荣新江：《敦煌藏经洞的性质及其封闭原因》，《敦煌吐鲁番研究》第 2 卷，1997 年，第 39 页。

②　[日] 竺沙雅章：《宋元时代的慈恩宗》，《宋元佛教文化史研究》，汲古书院 2000 年版，第 5—7 页。

③　山西省文物局、中国历史博物馆主编：《应县木塔辽代秘藏》，文物出版社 1991 年版。

④　同上书，第 282—288 页。

⑤　同上书，第 313—331 页。

⑥　同上书，第 332—354 页。

⑦　同上书，第 355—374 页。

1070）之间①，与敦煌写本诠明著作的形成时间相近。应县木塔所出《契丹藏》卷子，好些首题残，尾题保留下来，凡是有首题的均用全称，首题、尾题均用全称的也很多。刊刻《契丹藏》系辽朝国家组织的大型佛教文化事业，所以它（包括诠明的著作）的雕造技术很好，字体工整。《契丹藏》校勘精细是学界公认的，而敦煌卷子 P. 2159 只是地方寺院的佛经，字体相对草率，书法不如《契丹藏》中诠明的著作。

晚唐、五代、宋元时期正是"写本时代"向"刻本时代"过渡的阶段。辽僧诠明的著作恰好又有敦煌写卷和《契丹藏》刻本两种形态。二者的形成过程不同，功能也有差异②。敦煌卷子本《妙法莲华经玄赞科文》可能只是个人抄写，以备敦煌地方寺院的个体僧人或俗信徒诵读和研习，属于"民间文本"。而《契丹藏》中的《法华经玄赞会古通今新抄》却是辽朝国家组织的刻经事业，属于"官方文献"。其后有完整的题记和发愿文。题名中，"三司左都押衙南肃"应该是辽"南京三司使司"③ 之下的属官；"云州节度副使张肃"、"应州副使李胤"都是辽西京道的地方官；不带任何官衔的"孙守节"、"李寿"、"许延玉"、"赵俊"等人为汉族平民。显然，燕云地方官和汉族平民共同参与刻经活动。其发愿文包括对"圣主"（辽朝皇帝）、佛教徒和一切有情众生的祝愿。虽然刻大藏经是佛教活动，但政治意味亦相当明显。同是诠明的作品，敦煌写本和《契丹藏》刻本形成的时间相差不大，功能却大不相同。

按毕素娟先生对诠明生活年代的考证，诠明作为燕京人，从青少年时期就生活在契丹的统治之下。换言之，他的成长、知识的获得和学术价值观念的养成都在异族统治时期。辽圣宗朝正是他的事业的巅峰期。这一时

---

① 张畅耕、郑恩淮、毕素娟先生根据应县木塔所出《契丹藏》残卷的题记，推定刻经年代是统和八年到咸雍七年，刻经地点多为燕京（山西省文物局、中国历史博物馆主编：《应县木塔辽代秘藏·前言》，文物出版社 1991 年版，第 14 页）。

② 徐俊先生系统整理敦煌诗集时，提出应该注意：1."写本时代"和"刻本时代"文献的区别。印刷术不仅促使书籍大量普及，还大大加快了书籍的定型化。写本时代的传播方式有很大的随机性和偶然性，常常无定本；2."经典文献"和"民间写本"的差异。写本时代的民间文本大多数无序、多变，缺乏某种固定的组合形式和序列，多用于个人诵读，流通范围很小（参见徐俊纂辑《敦煌诗集残卷辑考·前言》，中华书局 2000 年版，第 8—21 页）。徐先生虽然重在分析敦煌文学作品，但分析佛教典籍的文本传布还是可以借鉴的。

③ （元）脱脱等：《辽史》卷48《百官志四》，中华书局 1974 年标点本，第 803 页。

代也是辽朝社会全面汉化的关键转折点。各方势力经过长期博弈，中央集权制和专制皇权得到巩固；在多元文化的相互激荡之下，佛教逐渐占据上风，成为辽帝国的主流意识形态。诠明正是辽朝文化气候发生重大改变的代表人物。他的著述完全受传统的汉文化影响。精深的佛学教育及研究只有在物质条件丰富的情况下才可能进行，因此，诠明很可能出身于燕地某汉人世家大族。对他来讲，汉文化教育并未因异族统治而中断，这也跟辽朝"因俗而治"、"以国制治契丹，以汉制待汉人"① 的基本国策有关。总之，诠明的例子提示我们应该重新审视政权更迭、契丹统治对幽州地域汉文化的影响和冲击。

三　结语

幽州与敦煌均是大唐帝国的边陲重镇，中原与外族交通之枢纽，也是胡汉文化交流之东西双璧。在中晚唐五代，两者在政治、经济、文化方面都有相对独立性和自己的特色。在辽代，幽州升为南京，仍然在辽帝国的经济、文化和蕃汉互动方面扮演重要角色。在五代宋初，敦煌仍是丝绸之路上华戎交汇之明珠。

据 S.529 背面文献，中晚唐五代时期，幽州地区经济状况良好、佛教发达、带有胡化气息。这些特征入辽之后几乎全盘保留下来。敦煌藏经洞发现辽燕京高僧诠明和幽州石壁寺沙门传奥的著作，说明幽州与敦煌有佛教文化交流。敦煌写卷本与应县木塔《契丹藏》残卷中诠明的著作的字体、书法迥然不同，二者的形成过程、功能有很大差异。前者是"民间文本"，后者是"官方文献"。诠明是唐代唯识学大师、玄奘之高徒窥基的继承人，是辽朝汉化的关键点的代表人物。

以上关于幽州与敦煌的文化情态的分析，有利于我们深入认识晚唐五代至辽朝的幽州地方社会、佛教和对外交流，重新估计这一时期河北北部地区的汉文化②。王朝的兴替与幽州地域经济、社会和宗教的变迁并不是同步进行的。从晚唐、五代到辽，虽然政权更迭频繁，最高统治者变了，

---

① （元）脱脱等：《辽史》卷45《百官志一》，中华书局1974年标点本，第685页。

② 中晚唐时期，跟汉文化水平很高的长安、洛阳相比，幽州卢龙镇的汉文化水准低下，儒学不兴，染胡化之风；但是，站在塞外的契丹人的立场上看，幽州已经是汉文化发达之区域。

但幽州地区民众的经济生活、精神文化及佛教格局却有很强的延续性①。不同的是：中晚唐汉族文化精英斥为"胡化"（"非正统"）之幽州地区，在契丹统治之下，却成为汉文化的中心，并且为契丹人的汉化提供了资源。

（原载《中国边疆民族研究》第5辑，中央民族大学出版社2011年版）

① 尤李：《房山石经〈佛顶尊胜陀罗尼经〉及相关问题考论》，原载《暨南学报》2009年第2期，第215—223页。此文已经收入本书。此文通过石刻材料证明：8—11世纪的华北北部地区，民众的佛顶尊胜陀罗尼信仰一直保持，并未因政局的变迁而发生断裂。这一信仰可以追溯到盛唐，一直持续到辽后期而未中衰。

论唐幽州佛俗对辽代佛教的影响

辽代的佛教深受唐幽州（并入契丹版图后成为辽朝的南京道，俗称燕京，今北京地区）之影响，这对契丹和辽朝的汉化进程产生了重要作用。契丹人和辽朝转向崇佛，跟辽朝的势力进入华北北部地区是一致的。

契丹的开国皇帝耶律阿保机在建立政权前后，专门在被俘汉人集中居住的地区修建佛寺，借助佛教来安抚汉人之民心①。这为佛教在辽朝社会的广泛传播打下了基础。

辽朝第二代皇帝辽太宗耶律德光在天显九年（935）十一月，"立石敬瑭为晋帝。后至幽州城中，见大悲菩萨佛相，惊告其母曰：'此即向来梦中神人。冠冕如故，但服色不同耳。'因立祠木叶山，名菩萨堂"②。通过扶立石晋政权，幽云十六州并入契丹版图。天显十二年（938），太宗将幽州大悲阁白衣观音像迁往木叶山，建庙供奉，"尊为家神"③，是即所谓菩萨堂。太宗因而改变其祖宗之祭山大礼，"于拜山仪过树之后，增'诣菩萨堂仪'一节，然后拜神，非胡刺可汗之故也"④。太宗在契丹人意识形态和礼仪中心之地木叶山崇奉观音，标志着契丹人对佛教信仰的认同。

到辽圣宗统治时期，契丹在政治制度和文化建设方面进一步汉化。在多元文化的相互激荡之下，佛教逐渐占据上风，成为辽帝国的主流意识形态。佛教渗透到各阶层、各族群的日常生活中。

---

① ［日］田村实造：《辽代佛教的社会史考察——寺院与社会的关系》，载田村实造《中国征服王朝的研究》上册，京都大学东洋史研究会1964年版，第355—370页。

② 旧题（宋）叶隆礼撰：《契丹国志》卷2《太宗嗣圣皇帝上》，贾敬颜、林荣贵点校，上海古籍出版社1985年版，第19页。

③ （元）脱脱等：《辽史》卷37《地理志一》，中华书局1974年标点本，第446页。

④ （元）脱脱等：《辽史》卷49《礼志一》，中华书局1974年标点本，第835页。

学界对辽代的佛俗研究颇多①，但跨朝代、长时段地发掘唐幽州佛俗对辽朝社会的影响的文章却非常少。日本学者野上俊静先生早就指出：辽朝的燕京寺院、僧侣的数量最多，质量最好，密宗、华严宗、法相宗繁荣，续刻房山石经、雕造《契丹藏》均与燕京名僧有关。因此，燕京是辽朝佛教的中心。辽朝名僧均为汉人，且大半与燕京有关，辽代佛教本质是汉化佛教②。实际上，从民俗来看，唐幽州汉人的佛俗对辽朝佛教的影响也很大。

在唐玄宗时期，幽州良乡县（今北京房山区）云居寺石经中平民的题名开始大量涌现。这包含唐代幽州地域的佛俗的珍贵信息，并影响到后来辽朝的契丹贵族。

一 佛诞日巡礼活动

冯金忠先生观照到晚唐时期幽州良乡县石经山的巡礼之风③。但是，这一问题还可以进一步分析。

晚唐时期，频频看到各阶层人士在佛诞日到幽州良乡县巡礼。下文把可以辨别年代的"四八"巡礼题名碑缕列如下（巡礼题名碑中，平民占大多数。以下引文对平民俗信徒以外的题名特别引出）。

唐懿宗咸通七年（866）四月八日《巡礼碑题记》阳面额题"涿州西北石经如有君子刊名灭罪"，以下是一连串题名。其中有僧人"弟子圆满、弟子法贞"。阴面曰："咸通七年四月八日南北巡礼，五戒烈名于后……乡贡进士张璪，乡贡明经贾思恭……乡贡进士刘舶，前节度子弟成君约……僧石莈道……易州容城县清平乡弟子曹士则……幽州宝集寺律学沙门合方、沙门僧师瑾少初，刘建和侄男前乡贡明经应存，乡贡明经孙守德，处士张行绍……"④

① 尤李：《辽代佛教研究评述》，《中国史研究动态》2009年第2期，第16—17页。此文已经收入本书。
② ［日］野上俊静：《辽代燕京的佛教》，原载《支那佛教史学》第2卷第4号，1938年，此据野上俊静《辽金的佛教》，平乐寺书店1953年版。
③ 冯金忠：《幽州镇与唐代后期人口流动——以宗教活动为中心》，《青岛大学师范学院学报》2007年第1期，第8—10页。
④ 北京图书馆金石组、中国佛教图书文物馆石经组编：《房山石经题记汇编》第1部分《碑和题记（唐至民国）》，书目文献出版社1987年版，第45—46页。

咸通九年（868）四月八日《巡礼题名碑》阳面题名有"固安县兵马使孙公遇妻焦氏，男叔儒，男叔章，男叔言，男叔乡，男叔敬……"，阴面题名有"□□节度驱使官摄□州参军李恭约……刘弘雅送香钱廿文……"①

咸通十年（869）四月八日《巡礼题名碑》阳面题名曰："固安县弟子王公余……僧行缘……李全晟为父母延年益爱……妙香山公政母卢氏……僧悟真……咸通十年四八巡礼。"阴面题名曰："北衙右□□将下百仁将李公建。"②

咸通十三年（872）四月八日《巡礼碑题名》额题"固安县政和乡程村正汕、摄归顺州参军李弘琳四月八日，男文适记"，阳面题名有"武庆宗石经一条，咸通十三年四月八日建。应有四方巡礼，君子愿挂一名，灭罪恒沙"③。

咸通十四年（873）四月八日《巡礼题名碑》阳面题名有"□□□神（押）衙□……男充永军押衙友谏……兵马使郭渐璘妻王氏、男公赡、男公谓、外生公练……涿州永泰军知军副使李文立，都押衙商令正，知客押衙王好礼……押衙王绍章，随从押衙杨知从。咸通十四年四月十八日故记……"④"四月十八日"中的"十"字是衍文。阴面题名曰："尚书巡礼至此。涿州司功参军令孙黯，司法参军张敬宗，参军成长明，前磁州邯郸县主薄何岳书，马少直、殷文会，使补军将赵友方……僧弘幽……僧惠建……僧惠初……"⑤张公素于唐懿宗咸通十三年（872）至唐僖宗乾符二年（875）任幽州节度使⑥，虽然没有材料直接证明张公素曾加"尚书"之衔，但历任幽州节度使常加检校某部"尚书"之号⑦，因此张公素任节度使也可能加此号。因此咸通十四年《巡礼题名碑》中的"尚书"应指

---

① 北京图书馆金石组、中国佛教图书文物馆石经组编：《房山石经题记汇编》第 1 部分《碑和题记（唐至民国）》，书目文献出版社 1987 年版，第 47—48 页。

② 同上书，第 48—49 页。

③ 同上书，第 52 页。

④ 同上书，第 50 页。

⑤ 同上书，第 51 页。

⑥ 郁贤皓：《唐刺史考全编》卷 116《幽州（范阳郡）》，安徽大学出版社 2000 年版，第 1614 页。

⑦ 尤李：《唐后期卢龙镇的佛教与社会》，《唐代幽州地区的佛教与社会》，博士学位论文，北京大学，2010 年，第 111—112 页。

张公素。这次佛诞日的巡礼是节度使、节度使府僚佐、支州官员和僧人、平民共同参与。咸通十四年四月八日另一《巡礼碑题名》阴面题名有"良乡县葫卢伐村唐前亲事大将吕士信……堂南巡都子巡"①。

唐僖宗乾符二年（875）四月八日《巡礼碑题记》阳面题名均是平民："乾符二年四月八日巡礼弟子等……当家十口长愿平安。"阴面题名除了俗信徒，还有"僧师雅"②。乾符二年四月八日另一《巡礼碑》题名有："巡礼书传业庞隆，乡贡进士王彭，乡贡明经武情……瀛州河涧（间）县亲事赵德裕送石经山香一两，愿请表列……瀛州河涧（间）县孝弟乡……僧法真、僧成宗……僧行方……涿州永泰军押衙安行复……易州高阳军衙前虞侯（候）张公闰……良乡县造弓人李元信……左相（厢）第二将、权引军将、散副将李公达……乡贡明经张审故……散将李士雄孙子李刘九□……□□□□副使□何从妻曾氏。"③这是支郡官僚、地方文化精英、僧俗信徒和工匠共同巡礼。

乾符三年（876）四月八日有一《巡礼碑》都是平民的题名④。还有一方乾符三年四月八日《巡礼碑》阳面题名除了平民，还有"前浔州押衙刘允……幽州衙前散将檀元方……又散将秦元道……高阳县尉齐师本，景城节度要籍郭士端……前夏州朔方县主薄郭汴，弟前盐州巡官郭贲，男都郎，侄增郎……"⑤ 还有一方乾符三年四月《巡礼碑》（具体日期不详）的题名都是平民⑥。

乾符四年（877）四月八日《巡礼题名碑》题名有："遥摄蓟州参军韩瑶，节度驱使官王师戍……佛弟子至净……上谷郡□慈寺比丘尼等□坚净、贤操、妙惠、坚市……刘弘友愿合家长幼并乞清吉贵……乡贡进士羊潜……"⑦

乾符五年（878）四月八日《巡礼碑》题名有："上谷郡容城县散副将刘文建，西南巡四县界张文亮，东门器仗官李万发、妻于氏、男弘立，

---

① 北京图书馆金石组、中国佛教图书文物馆石经组编：《房山石经题记汇编》第1部分《碑和题记（唐至民国）》，书目文献出版社1987年版，第52—53页。

② 同上书，第53—54页。

③ 同上书，第55—56页。

④ 同上书，第56—57页。

⑤ 同上书，第57—58页。

⑥ 同上书，第58页。

⑦ 同上书，第59页。

新妇阳氏，男弘□……前摄涿州司兵参军、给事□□太子官门□□□，涿州防镇将、银青光禄大夫、检校太子宾客、兼监□□□□居□下虞侯（候）王景羡，马步将下虞侯（候）刘嗣敬。"①

乾符六年（879）四月八日《巡礼碑》题名有："前遥摄归顺州参军王玄约妻张氏……亲事兵马使、充内衙管左器仗将、银青光禄大夫、检校国子祭酒、兼监察御史、上柱国高行存……亲事大（太）中大夫、试殿中监行晌……遥摄玉田县尉行思……亲事太中大夫、试殿中权知柔……押衙刘弘德……"②

唐僖宗广明元年（880）四月八日《巡礼碑》题名有："乡贡进士郑密，乡贡明经赵镡，僧存志……幽州良乡县复叶乡白水里、节度衙前正兵马使、银青崇（光）禄大夫、检校太子宾客、兼监察御史、上柱国、彭城郡刘良丰、夫人西平郡史氏……乡贡童子彦琮、童子彦琛……前遥摄归顺州参军王玄约妻张氏。"③

广明二年（881）四月八日《巡礼碑》的题名尽是平民④。

唐僖宗中和二年（882）四月八日《巡礼碑》的题名除了普通民众，还有"音声人李花放"⑤。

巡礼题名碑集中出现在咸通、乾符年间。以上佛诞日巡礼的题名几乎都是平民俗信徒，有少量僧尼、官吏和识字的文化人。其中有幽州节度使府的僚佐和来自支郡的官员。在唐代，能通过科举做官的文化精英毕竟是少数，后来方镇的辟召制还是无法满足其需求⑥。地方上积压着一大批有文化获取了考试资格却未能科考成功的文化人，如"乡贡进士"、"乡贡

---

① 北京图书馆金石组、中国佛教图书文物馆石经组编：《房山石经题记汇编》第 1 部分《碑和题记（唐至民国）》，书目文献出版社 1987 年版，第 60 页。

② 同上书，第 61 页。

③ 同上书，第 62 页。

④ 同上书，第 63 页。

⑤ 同上书，第 63—64 页。

⑥ 杜希德（Denis Twitchett）先生认为：在唐代，辟召制带来的社会流动比科举制的作用还大。唐朝的科举制度并没有对原有的统治阶层造成很大的影响。在唐朝的学校和选官制度下，贵族仍然在教育资源的分配和选拔官吏中占绝对优势，很多进士也是贵族出身。最好的老师和学校集中在首都，在长安受教育的贵族官僚子弟有机会享受最好的教育资源和接触有影响的学者。而地方上的"贡人"却没有这些优势。因此，他们很少在科举考试和选官中胜出（见 Denis Twitchett, *The Birth of the Chinese Meritocracy*: *Bureaucrats and Examinations in T'ang China*, delivered to the China Society in London on 17th December, 1974, pp. 7—13, 15—17, 19—33）。按：在这样的情况下，幽州人参加科举考试的条件无法跟长安人相比，不占优势。

明经"，成为地方上的重要力量，即"举人层"①。巡礼题名碑中"举人层"的题名，正是这批文化精英积极参与当地宗教事务、在地方文化的引导和建设方面发挥作用的具体表现。晚唐时期，佛诞日到良乡县云居寺巡礼已经成为卢龙镇地方社会各阶层共有的风俗，成为幽州地域文化的重要组成部分。

这一习俗后来影响到辽朝。如辽穆宗应历年间到云居寺巡礼。应历十五年（966）《重修范阳白带山云居寺碑》云：

> 风俗以四月八日，共庆佛生。凡水之滨，山之下，不远百里，仅有万家，预馈供粮，号为义仓。是时也，香车宝马，藻野缛川，灵木神草，艳赫芊绵，从平地至于绝巅，杂沓驾肩，自天子达于庶人，归依福田。维摩互设于香积，焉将通戒于米山。……醵施者，不以食会而由法会。巡礼者，不为食来而由法来。观其感于心，外于身，所燃指续灯者，所炼顶代香者，所堕岩舍命者，所积火焚躯者，道俗之间，岁有数辈。噫！佛之下生，人即如是。②

《白带山云居寺碑》称"风俗以四月八日，共庆佛生"，表明这本来就是当地民众的习俗。有"万家"为庆祝佛诞日义务提供粮食，可见做功德之盛况。僧尼和民众信仰狂热，牺牲自己的身体"燃指"、"炼顶"，甚至"舍命"、"焚躯"以供养佛，已经"岁有数辈"。那照此推算，至少在晚唐时期已经开始流行这样的风俗了。契丹皇帝参与汉族民众的活动，"与民同乐"，可以贴近大众、收服民心。正如野上俊静先生所说：佛教是辽朝社会各族共同的精神纽带③。

二 佛名、佛号的流行

早在开天时期，就有大量平民参与云居寺的刻经活动。平民取佛名、佛号的情况也频频出现，至中晚唐更加兴盛。

---

① 吴宗国：《唐代科举制度研究》，辽宁大学出版社1992年版，第291—297页。
② 向南辑：《辽代石刻文编》，河北教育出版社1995年版，第33页。
③ ［日］野上俊静：《胡族国家与佛教》，原载《真宗同学会年报》1943年第1期，此据野上俊静《辽金的佛教》，平乐寺书店1953年版。

中晚唐时期，房山石经《大般若波罗密多经》普通民众的题名中，佛名、佛号十分普遍。

如唐代宗大历十三年（778）四月八日，有俗信徒题名"妙庄严"、"那罗延"、"精进"、"净庄严"、"佛性"、"海净"、"净观张奴"、"真如藏"、"真净"、"宝严"、"宝奴"、"法明"、"真法"、"真阳"①。

唐德宗建中元年（780）二月八日有"男藏奴"、"女宝莲花"②。建中三年（782）四月八日，题名有"经主宁净智、女妙相"③。唐德宗贞元六年（790）四月八日有"净庄严"、"女光严"、"王观音"、"如来藏"、"妙严"、"常精进"④。贞元七年四月八日有"女菩提信"、"四姑菩提心"、"女弟子夏侯法光"⑤。贞元九年二月八日有"女净德"⑥。贞元九年四月八日有"刘净住"⑦。贞元十一年四月八日有"涞水县女弟子刘妙净"⑧。贞元十三年四月八日有邑人"阳大庄严"、"张妙藏"、"常精进"⑨。贞元十四年四月八日有邑人"马大悲智"⑩。

唐宪宗元和元年（806）四月，题名有"张智度"、"呈庄严"、"王法净"、"刘妙惠"、"卢普净"、"司徒净德"、"阳宝藏"、"刘净梵"⑪。

唐文宗大和元年（827）四月八日，题名有"经主节度要籍段承林妻郭真如藏"⑫。唐文宗开成四年（839）四月八日，参加刊刻《大般若波罗密多经》的有"屈宝胜"、"杨妙庄严"、"女弟子高苦净"、"李常精进"⑬。开成五年（840）四月八日题名中有"李菩行"、"刘庄严"、"张妙庄严"⑭。

---

① 北京图书馆金石组、中国佛教图书文物馆石经组编：《房山石经题记汇编》第2部分《大部经题记（唐至辽）》，书目文献出版社1987年版，第110—111页。
② 同上书，第111页。
③ 同上书，第114页。
④ 同上书，第124页。
⑤ 同上书，第126—127页。
⑥ 同上书，第130页。
⑦ 同上书，第132页。
⑧ 同上书，第134页。
⑨ 同上书，第138—139页。
⑩ 同上书，第142页。
⑪ 同上书，第152—154页。
⑫ 同上书，第160页。
⑬ 同上书，第186—187页。
⑭ 同上书，第172—173页。

唐僖宗乾符四年（877）四月八日，题名有女弟子"郭宝庄严"①。中和二年（882）四月八日，题名有女弟子"孔妙相"②。中和三年（883）四月八日，题名有"男花严奴、和尚奴"、"张花严奴"、"张菩提志"③。

除了大部头的《大般若波罗密多经》，在房山石经其他刻经中也出现很多俗信徒的佛名、佛号。

如唐玄宗开元二十七年（739），石经《大方等大集经》题名有女性俗信徒叫"庄严"、"妙记"④。

唐穆宗长庆元年（821）四月八日建造的《佛说弥勒成佛经》，题名有"张妙真"、"安如来藏"、"宝庄严"、"宝莲花"、"常清净"⑤。

唐文宗大和元年（827）四月八日建造的《佛说遗教经》，题名有"李净藏"、"修多罗"、"卢妙严"、"张净戒"、"马妙真"⑥。大和二年（828）的题名有阎惟献之"新妇王最上乘"、"孙男金刚"⑦。大和二年四月八日所刻《佛说蓕掘摩经》，题名有"宋常清净"、"马常清净"⑧。大和五年（831）四月八日所造《大佛灌顶经》，题名有"常精进"、"常清净"、"广庄严"、"杨严持"、"郑妙音"、"吕妙法"⑨。大和六年（832）四月一日所造《佛说随求陀罗尼神咒经》，题名有"杨清净"、"王清净心"、"靳妙法"⑩。大和七年（833）四月八日，刊刻《佛说七俱肮（胝）佛大心准提陀罗尼经》⑪，题名有："阳严持"、"刘妙心"、"安妙净"、

---

① 北京图书馆金石组、中国佛教图书文物馆石经组编：《房山石经题记汇编》第2部分《大部经题记（唐至辽）》，书目文献出版社1987年版，第179页。

② 同上书，第180页。

③ 同上书，第183—184页。

④ 北京图书馆金石组、中国佛教图书文物馆石经组编：《房山石经题记汇编》第3部分《诸经题记（唐）》，书目文献出版社1987年版，第210—211页。

⑤ 同上书，第218—219页。

⑥ 同上书，第221页。

⑦ 同上书，第222页。

⑧ 同上书，第223页。

⑨ 同上书，第228—229页。

⑩ 同上书，第230—232页。

⑪ 《大周刊定众经目录》云："《七俱胝佛母心大准提陀罗尼经》一卷"，"大唐垂拱元年（685），地婆诃罗于西京太原寺译"。［明佺等撰：《大周刊定众经目录》卷1，［日］高楠顺次郎等编《大正新修大藏经》（以下简称《大正藏》）第55册，大正一切经刊行会1928年版，第379页］《开元释教录》曰："《七俱胝佛大心准提陀罗尼经》一卷"，小注云："初出与金刚智出者同本，见《大周录》，垂拱元年于西太原寺归宁院译。"（智升：《开元释教录》卷9，［日］高楠顺次郎等编《大正藏》第55册，大正一切经刊行会1928年版，第563页）

"王信行、女花严"、"王清净心"、"逯妙清外孙菩萨奴"、"孙观音"、"李妙戒"、"张金毗罗"①。大和七年四月八日建造《佛说百佛名经》，题名有邑人阎忠孝之"男观音"、邑人"赵清净"、"程法自在"、"孙花严"、"李妙定惠"、"吕庄严"②。

　　唐文宗开成三年（838）四月一日，《佛说护诸童子陀罗尼咒经》的碑阴题名有"王花严藏"、"仇妙智"、"阳妙觉"、"郝福德藏"、"间功德藏"、"王法藏"、"葛宝真如"、"孙如莲花"③。开成三年四月八日，《佛说鬼子母经》碑阴的俗信徒题名有"刘清净智"、"王金藏"、"王宝藏"、"赵自在"、"马宝严"、"马妙净"、"李妙庄严"、"孙常住"④。开成四年（839）四月八日，《佛说太子和休经》碑阴的题名有"于福德藏"、"李妙智"、"阳妙意"、"张妙严"、"王妙修因"、"王法藏"、"张法藏"、"菜福德藏"、"阳福德藏"、"莫真如"、"魏清净智"、"刘清净惠"、"刘庄严智"、"李如莲花"、"间妙庄严"、"雷七宝藏"、"刘福德藏"、"李真如藏"、"王清净藏"、"王妙戒"、"天王奴"、"王金宝藏"、"卫宝藏"、"孟如莲花"、"张花严净"、"王花严净"、"邢功德藏"、"何宝庄严"、"王花严"、"张福德藏"、"李清净戒"、"刘观自在"、"金法藏"、"石自在"⑤。开成四年四月八日，刊刻《如来在金棺嘱累清静庄严敬福经》，题名有"天王奴"、"王庄严"、"刘妙法智"、"赵自在"、"李福德藏"、"朱氏庄严"、"王宝藏"⑥。

　　唐武宗会昌元年（841）四月八日所刻《佛说八部佛名经》碑阴的俗信徒题名有"杜功德藏"、"赵沙（妙）莲花"、"阳妙意"、"裴妙庄严"、"何宝庄严"、"郝福得藏"、"刘福德藏"、"贾妙严"、"李净心"、"张常清净"、"药师奴"、"何真如藏"⑦。会昌二年（842）四月八日造《佛说三品弟子经》，阳面的题名有"王宝藏"、"王金藏"，碑阴的题名有："郭常清净"、"邢功德藏"、"李妙净花"、"郑宝藏"、"张解脱"、"马妙

　　① 北京图书馆金石组、中国佛教图书文物馆石经组编：《房山石经题记汇编》第 3 部分《诸经题记（唐）》，书目文献出版社 1987 年版，第 233—234 页。
　　② 同上书，第 235—237 页。
　　③ 同上书，第 241—243 页。
　　④ 同上书，第 244—245 页。
　　⑤ 同上书，第 246—248 页。
　　⑥ 同上书，第 249—250 页。
　　⑦ 同上书，第 255—256 页。

净"、"卢妙界藏"、"和尚奴"、"刘妙法智"、"清净智"、"严功德藏"、"何妙净"、"裴妙庄严"、"刘菩提□"、"张功德林"、"孙真如藏"、"许真如藏"、"阳净戒"、"李王妙法"、"阿毕天王奴"、"福德藏"、"殷莲花"、"高净行"①。

唐僖宗乾符四年（877）四月八日，《题名经》的俗信徒题名有"天王奴"②。

石经《佛说蜜多心经》（年代不详）一卷题名有"王真如"③。《阿难七梦经》（年代不详）碑阴的题名有"杨妙净"、"董福德藏"④。《佛说盂兰盆经》（年代不详）的题名有"李福德藏"、"卫宝藏"、"张解脱"、"盖宝真如"、"妙严智"、刘士则妻"常清净、宝莲花、男观音"，"真如藏"、"李妙藏"，张宪荣之"男大悲奴"、"张法性"、"宝庄严"、"和尚奴"⑤。晚唐云居寺巡礼题名碑中也大量出现俗信徒的佛名、佛号。

唐懿宗咸通七年（866）四月八日《巡礼碑题记》阳面有"孙女如意"、"刘妙意"、"刘妙净慈"、"莲花会"、"孙悟真愿"，阴面有"刘妙行"、"刘妙净"⑥。咸通八年（867）四月八日巡礼《题名经》的题名有"柳天王"、"李常住"⑦。咸通九年（868）四月八日《巡礼题名碑》阳面题名有"男和尚奴"，阴面题名有"郭妙藏"、"张妙意"、"男菩萨奴"⑧。咸通十二年（871）四月八日《题名经》末尾的题名有"常见性"、"李福德藏"、"天王奴"⑨。咸通十三年（872）四月八日《巡礼碑题名》阳

---

① 北京图书馆金石组、中国佛教图书文物馆石经组编：《房山石经题记汇编》第3部分《诸经题记（唐）》，书目文献出版社1987年版，第259—263页。

② 同上书，第272页。

③ 同上书，第214页。

④ 同上书，第258—259页。

⑤ 同上书，第282—284页。

⑥ 北京图书馆金石组、中国佛教图书文物馆石经组编：《房山石经题记汇编》第1部分《碑和题记（唐至民国）》，书目文献出版社1987年版，第45—46页。

⑦ 北京图书馆金石组、中国佛教图书文物馆石经组编：《房山石经题记汇编》第3部分《诸经题记（唐）》，书目文献出版社1987年版，第289页。

⑧ 北京图书馆金石组、中国佛教图书文物馆石经组编：《房山石经题记汇编》第1部分《碑和题记（唐至民国）》，书目文献出版社1987年版，第47—48页。

⑨ 北京图书馆金石组、中国佛教图书文物馆石经组编：《房山石经题记汇编》第3部分《诸经题记（唐）》，书目文献出版社1987年版，第290页。

面有"真檀林小奴"、"孙大悲"、"赵清净"、"凭真如藏"①。咸通十四年（873）四月八日《巡礼题名碑》阳面有"赵士通妻真如藏"、"王心清静"、"王福德藏"，阴面有"如莲花"、"宝莲花"②。咸通十四年四月八日，另一《巡礼碑题名》阴面有"刘真如藏"③。咸通十四年四月八日，还有一方《巡礼题名碑》阳面有"女弟子李妙严"，阴面有"女公奴"、"金刚藏李普光"、"女弟子智惠因"④。

唐僖宗乾符二年（875）四月八日《巡礼碑题记》阳面有"男和尚奴"、"刘功德林"⑤。乾符二年四月八日，另一《巡礼碑》题名有"男小僧"，"上谷郡妙真佛娘子□□"、"薛法净"、"常清净"、"阿师子"⑥。乾符三年（876）四月八日《巡礼碑》阳面题名有"妻张氏妙智"，阴面题名有"男菩散奴"、"男大悲"⑦。乾符四年（877）四月八日《巡礼题名碑》阳面题名有"男悯师奴、神奴"，阴面有"女弟子何清净"⑧。乾符六年（879）四月八日《巡礼碑》题名有"妙行"⑨。

幽州地区并入契丹的版图，成为辽朝的南京道之后，在汉人当中，起佛名、佛号的习俗仍然延续下来。

位于北京房山区的辽穆宗应历五年（955）《北郑院邑人起建陀罗尼幢记》最后的题名有邑录丁仁德之"次男和尚奴"⑩。据辽圣宗统和九年（992）《韩瑜墓志》，燕地著名的汉人世家玉田韩氏家族的韩瑜（韩知古之孙、韩匡美之子）所娶的两位夫人都是契丹萧氏，韩瑜和元配夫人所生的儿子有叫"宝神奴"、"高神奴"的，女儿有叫"杨佛喜"、"罗汉女"的⑪。这说明上层汉官群体（包括某些胡汉混血儿）喜好起佛名。

辽圣宗开泰九年（1020）《澄赞上人塔记》施主的题名有："建造塔

①　北京图书馆金石组、中国佛教图书文物馆石经组编：《房山石经题记汇编》第 1 部分《碑和题记（唐至民国）》，书目文献出版社 1987 年版，第 52 页。
②　同上书，第 48—49 页。
③　同上书，第 53 页。
④　同上书，第 50—51 页。
⑤　同上书，第 53—54 页。
⑥　同上书，第 55—56 页。
⑦　同上书，第 57—58 页。
⑧　同上书，第 59 页。
⑨　同上书，第 61 页。
⑩　向南辑：《辽代石刻文编》，河北教育出版社 1995 年版，第 12 页。
⑪　同上书，第 95 页。

施主张从信，同施刘氏。祖父银青崇禄大夫，检校国子祭酒、使持节昌州诸军事、昌州刺史、兼监察御史、武骑尉元□，母庞氏。长男吴越长生汤药都监辅翼，次男奴歌，次男栲栳，次男和尚奴，次男善孙，女祭哥，女药师女，长男新妇周氏。"①张从信的众多家人都参与了修建澄赞上人塔的活动。从张从信的祖父、长男的官职及《塔记》称他资助澄赞上人燃身之法事、施财帛助建赞公塔来看，张家系南京道的汉族上层。张从信本人信佛，他的次男叫和尚奴、一女叫药师女，这说明在辽代，起佛名、佛号的习俗在汉人聚居的南京道地区仍然存在。

契丹建国后，尤其是它占有燕云十六州之后，汉文化在辽朝开始成为一种强势文化，这不可避免地要为契丹传统的名字习俗注入许多新元素②。契丹人接受佛教信仰，以汉文化作为媒介③。燕地汉族民众盛行起佛名、佛号的风俗影响到契丹贵族，特别是辽中后期，佛教成为国家主流意识形态的时代。

契丹贵族因崇佛而以佛教语为号、为名者，不可胜数。如淳钦皇后述律氏的幼子李胡曾被封为"自在太子"④。辽世宗次女名观音⑤，景宗长女名观音女⑥，圣宗小字文殊奴⑦，圣宗之弟耶律隆庆小字普贤奴⑧，圣宗齐天皇后萧氏小字菩萨哥⑨，道宗宣懿皇后萧氏小字观音⑩。

①　向南辑：《辽代石刻文编》，河北教育出版社 1995 年版，第 166 页。
②　刘浦江：《契丹名、字研究——文化人类学视野下的父子联名制》，《文史》2005 年第 3 辑，此据刘浦江《松漠之间——辽金契丹女真史研究》，中华书局 2008 年版，第 171 页。
③　同上书，第 173 页。
④　旧题（宋）叶隆礼撰：《契丹国志》卷 14《诸王传》，贾敬颜、林荣贵点校，上海古籍出版社 1985 年版，第 152 页。
⑤　（元）脱脱等：《辽史》卷 65《公主表》，中华书局 1974 年标点本，第 1001 页。
⑥　同上。
⑦　（元）脱脱等：《辽史》卷 10《圣宗纪一》，中华书局 1974 年标点本，第 107 页。
⑧　（元）脱脱等：《辽史》卷 64《皇子表》，中华书局 1974 年标点本，第 986 页。
⑨　辽圣宗齐天皇后萧菩萨哥笃信佛教。《辽史》卷 71《圣宗仁德皇后萧氏传》曰：皇后"小字菩萨哥，睿智皇后弟隗因之女……美而才……尝以草莛为殿式，密付有司，令造清风、天祥、八方三殿。既成，益宠异。所乘车置龙首鸥尾，饰以黄金。又造九龙辂、诸子车，以白金为浮图，各有巧思。夏秋从行山谷间，花木如绣，车服相错，人望之以为神仙。"[（元）脱脱等撰，中华书局 1974 年标点本，第 1202 页]齐天皇后有巧思，善工艺，类似于很多密教高僧擅长绘画、工巧艺术。
⑩　（元）脱脱等：《辽史》卷 71《道宗宣懿皇后萧氏传》，中华书局 1974 年标点本，第 1205 页。

此外，《辽史》本纪和列传中还有叫萧观音奴①、萧和尚②、耶律和尚③、萧慈氏奴④、耶律大悲奴⑤、耶律罗汉奴、耶律僧隐⑥，等等。这些封号或小名显然都是具有佛教意义的。在契丹贵族中，取佛教语为名，已成风尚。

佛名、佛号习俗的流行顺序很可能是：燕地汉族平民→汉族上层→契丹贵族。唐幽州的地方文化传统在辽朝却成为契丹上层的时尚。本是唐幽州地区的大众俗文化，却为汉族上层和契丹精英文化提供了资源。

三　结语

中晚唐幽州地域流行的大众文化佛诞日巡礼，起佛名、佛号的习俗，至辽朝均影响到契丹贵族。佛教信仰和习俗生命力顽强，能跨越朝代、超越阶层和族群。对辽代佛教文化来讲，阳春白雪和下里巴人之间其实并没有泾渭分明的界限，精英和民众之间佛教文化的互动频繁，不少信仰是各阶层共有的。

法国学者石泰安（Rolf A. Stein）先生在分析2—7世纪的道教和民间宗教的关系时，谈到大众文化与精英文化的关系：民间故事首先是口口相传；接着由那些代表文化的文人加以收集、发表和传播；然后这种书写样式占了上风，它反过来再为民众所采纳。宗教也是如此。民间习俗或信仰曾被一种大的宗教借用或采纳。与其问在时间上谁先发生（一个常常不能解决的问题），不如去正视一种变化无定的辩证运动，它从来没有停顿。那些大宗教的教士们乐意采纳民间成分，将它们加以改变，以纳入自己的体系和术语中。反过来，当民众面临一个或几个大宗教时，容易拜倒在后者脚下，开始同化，确立身份，将多种宗教混在一起信仰，或用借自

---

① （元）脱脱等：《辽史》卷85《萧观音奴传》，中华书局1974年标点本，第1314页。
② （元）脱脱等：《辽史》卷86《萧和尚传》，中华书局1974年标点本，第1326页。
③ （元）脱脱等：《辽史》卷89《耶律和尚传》，中华书局1974年标点本，第1353页。
④ （元）脱脱等：《辽史》卷93《萧惠传·附慈氏奴传》，中华书局1974年标点本，第1376页。
⑤ （元）脱脱等：《辽史》卷95《耶律大悲奴传》，中华书局1974年标点本，第1393页。
⑥ （元）脱脱等：《辽史》卷16《圣宗纪七》，中华书局1974年标点本，第189页。

一个大教的新东西来取代旧的传统形式，因为这些东西威望更高①。石泰安先生运用这一模式仔细分析了中国道教形成过程中对传统民间宗教成分的吸纳，道士把大众文化的因素选择性地整理、规范化，写入道典，在实践中教化民众，民间宗教也采纳道教的形式②。石泰安先生虽然重在分析道教与民间宗教的关系，但对本文分析上层贵族和平民的佛教之间的关系还是很有启发的。

幽州地区是一个特殊的地理文化单元，尤其在中晚唐"河朔割据"的特定政治格局下，具有相对独立的区域性社会和文化特征。黄约瑟先生曾说过：藩镇应该不全是一个政治史的问题，藩镇内部的社会、经济、文化发展，是可以再下工夫的地方③。本文着重挖掘石刻史料，从佛俗的角度来分析中晚唐时期的卢龙镇，期冀能进一步综合、客观地认识这一时段幽州地域复杂多样的历史。卢龙镇的某些佛俗被后来的辽朝所继承，并对契丹王朝产生重大影响，这也是探讨契丹人汉化必须关注的问题。因此，对中晚唐时期的卢龙镇的认识不能仅仅停留在"割据"、"胡化"层面。被中晚唐汉族文化精英斥为"胡化"（非主流、非正统）的卢龙镇，在辽朝的统治下却成为汉文化的中心，并且为契丹人的汉化提供了资源。

（原载《兰州学刊》2011 年第 1 期）

---

① ［法］石泰安：《二至七世纪的道教和民间宗教》，《法国汉学》第 7 辑，吕鹏志译，中华书局 2002 年版，第 39—40 页。此文原载 Facets of Taoism: Essays in Chinese Religion, ed. H. Welch and A. Seidel, New Haven and London, 1979, pp. 53—81。
② 同上书，第 39—67 页。
③ 黄约瑟：《近年隋唐五代史研究的回顾与反思》，《新史学》第 3 卷第 3 期，台北，1992 年，第 149—172 页，此据黄约瑟著，刘健明编《黄约瑟隋唐史论集》，中华书局 1997 年版，第 13 页。

论辽朝崇佛政策的确立
与政局变迁之关系

辽朝是一个以崇佛著称的朝代，整个社会对佛教的尊崇远甚于同时代的宋。前人对这一王朝的佛教政策本身讨论颇多，但很少将它放入契丹王朝广阔的社会背景下加以探讨，分析宗教政策与政局变迁的互动关系。笔者拟就此问题作一探讨，不当之处，敬请大家指正。

佛教最初由汉人和渤海人传入辽朝。美国学者魏特夫（Karl A. Wittfogel）和中国民族史专家冯家升认为"蛮族从形式和内容上都更适合这个最强大的、在中原被禁的教义——佛教（这里指'会昌法难'佛教受到严重打击）。这一宗教在中原不久又恢复它以往的力量，在唐政权崩溃时迅速传播到北部草原"①。事实上，佛教在契丹王朝取得独尊地位仍是经历了一番曲折的。

据刘浦江先生研究：辽太祖耶律阿保机采取支持佛教的措施以安抚俘虏、移民，收揽人心，迄太祖之世，契丹统治者对佛教只有利用而无信仰。太宗朝，契丹人开始信仰佛教。圣宗以后，辽朝佛教进入全盛期。太宗到圣宗朝，辽统治者崇佛是很有分寸的，一方面倡导佛学，积极支持佛教活动，另一方面又对寺院和僧尼给予必要的限制，不让佛教势力过分膨胀。兴宗、道宗、天祚三朝是辽代佞佛的高潮，统治者无节制地奉佛，对佛教势力几乎没有任何限制②。

笔者认为：契丹统治者实行的佛教政策背后有深层次的社会背景，它与政治现实息息相关，在一定程度上可说是当时政治变化的一个风向标。

---

① Karl A. Wittfogel and Feng, Chia‐sheng, "Temples and Monasteries", *History of Chinese Society: Liao* (907—1125), Philadelphia: The American Philosophical Society, 1949, p. 291.

② 详见刘浦江《辽金的佛教政策及其社会影响》，原载《佛学研究》第5辑，1996年，此据刘浦江《辽金史论》，辽宁大学出版社1999年版，第304—307页。

政治诉求和政治斗争往往以信仰冲突的形式显现出来。

辽太祖阿保机的真实态度是尊孔胜于敬佛。下面一段记载充分证明了这一点。有一次，太祖问臣僚："受命之君，当事天敬神。有大功德者，朕欲祀之，何先？"众人皆以佛对。太祖曰："佛非中国教。"太子耶律倍说："孔子大圣，万世所尊，宜先。"太祖"大悦，即建孔子庙，诏皇太子春秋释奠"①。不过，群臣皆以佛对，可见佛教在契丹建国初期已经有相当深厚的社会基础。阿保机之所以在儒释二教中以儒学为尊，实与当时的局势密切相关。他刚刚经历了"变家为国"的历程，巩固政权、草创制度成为最迫切的问题。阿保机面对传统部落体制的影响急于加强中央集权，面对君位继承世选制的影响急需强化"君权独尊"及世袭制。儒学的政治理念正好符合当时的需要，儒家描绘的政治蓝图为阿保机提供了可资利用的政治资源。虽然阿保机在与诸弟的实力较量中取得明显优势，已经自立为帝，但世选传统的影响根深蒂固，贵族的政治、军事力量不容小视。在这种情况下，阿保机寻求儒家思想作为理论武器，为君主专制披上合法外衣是可以理解的。太子耶律倍回答尊孔为先，除了本人喜好儒学外，也有利用它证明嫡长子继承制合理的意图。耶律倍在阿保机统治晚期已经意识到自己继承皇位的不确定性②，宣扬嫡长子继承制的儒学在他的政治棋盘中就显得越发重要了。可是，对于建国初期汉化不深的契丹人来说，儒学虽然在制度建设方面具有指导意义，但不可能在舆论方面起很大作用，进而对政治产生影响。耶律倍的这一步棋在拥有强大政治、军事力量的契丹贵族面前是微不足道的。

辽太宗耶律德光在述律后及一部分契丹贵族的支持下夺取了本该属于其兄长耶律倍的皇位。太宗本人非嫡长子，必定对主张长幼有序的儒学讳莫如深，表现在思想意识层面就是反其道而行之。他刚即位，根基尚不稳固，需要强调自己继承乃父基业的合法性，考虑到当时的形势，也不便马上否定其父的做法。但他终于等到了时机。天显九年（935）十一月，"（太宗）立石敬瑭为晋帝。后至幽州城中，见大悲菩萨佛相，惊告其母曰：'此即向来梦中神人。冠冕如故，但服色不同耳。'因立祠木叶山，

---

① （元）脱脱等：《辽史》卷72《义宗倍传》，中华书局1974年标点本，第1209页。

② 参见［德］傅海波、［英］崔瑞德（杜希德）编《剑桥中国辽西夏金元史（907—1368年）》，史卫民、马晓光等译，陈高华、史卫民等审校，中国社会科学出版社1998年版，第78页。

名菩萨堂"①。通过扶立石晋政权，幽云十六州被并入契丹版图，这是灭渤海之后的又一件大事，是太宗的重要功绩，他正好趁此机会在意识形态领域进行变革，用崇佛之举逐步消解儒学的影响。天显十二年（938），太宗将幽州大悲阁白衣观音像迁往木叶山，建庙供奉，"尊为家神"②，是即所谓菩萨堂。太宗因而改变其祖宗之祭山大礼，"于拜山仪过树之后，增'诣菩萨堂仪'一节，然后拜神，非胡刺可汗之故也"③。这一改变旧俗的措施，成为打破王朝过去思想意识笼罩的一个重要契机。太宗说"梦见观音"，可能是为他本人在思想层面进行更张而制造的一套话语。太宗在契丹人意识形态和礼仪中心之地木叶山崇奉观音，实际上是为了消解儒学在政治上的影响。这是对阿保机思想政策的重大转变。同时，太宗朝也不见任何提倡儒学的措施。

辽世宗在位时间很短，而且忙于平息内部反叛势力、南下军事征伐、变革统治制度，对意识形态领域无暇顾及。而辽穆宗不理政事、行为放荡，对思想领域也不关心。

由信佛而佞佛实肇始于辽景宗。景宗于保宁六年（974）"以沙门昭敏为三京诸道僧尼都总管，加兼侍中"④，开授予僧侣高官之先例。元代史官对此事多有诟病。《辽史·景宗纪赞》云："沙门昭敏以左道乱德，宠以侍中，不亦惑乎？"⑤景宗开此先例是否和这位高僧支持他夺取皇位有关呢？由于史料不足，这只能是猜测。

经过几十年的斗争、冲突、调适，景宗之后，辽国专制主义中央集权制日益完善，皇帝独尊地位加强；皇位嫡长子继承制事实上确立⑥，多数契丹贵族也逐渐认可这一规则。皇帝在这两个问题上已经不需要再打儒家牌。尽管辽中后期的帝王均有很深的汉文化素养，但他们在儒佛之间更加推崇佛教。正如日本学者野上俊静在《胡族国家与佛教》一文中指出：胡族国家最适应的宗教是佛教。儒教和道教强调华夷有别，与胡族统治者

---

① 旧题（宋）叶隆礼撰：《契丹国志》卷2《太宗嗣圣皇帝上》，贾敬颜、林荣贵点校，上海古籍出版社1985年版，第19页。

② （元）脱脱等：《辽史》卷37《地理志一》，中华书局1974年标点本，第446页。

③ （元）脱脱等：《辽史》卷49《礼志一》中华书局1974年标点本，第835页。

④ （元）脱脱等：《辽史》卷8《景宗纪上》，中华书局1974年标点本，第94页。

⑤ （元）脱脱等：《辽史》卷9《景宗纪下》，中华书局1974年标点本，第105页。

⑥ 参见姚从吾《契丹君位继承问题的分析》，载杨家骆主编《辽史汇编》，鼎文书局1973年版。

矛盾；而佛教不讲族群差异，顺应多族群国家需要，是汉族与胡族的精神纽带①。笔者认为：辽朝中后期，在典章制度日益完备、皇位继承较为固定、各族日益融合、汉官地位提高的情况下，一个幅员广阔、族群成分复杂的国家要想稳定、有序地发展，必须有一个核心价值观念能够凝聚不同族群、不同阶层、不同集团社会成员的思想。契丹人原有的宗教信仰在草原地区拥有悠久的传统和深厚的影响，契丹民众广为接受。即使在辽朝中后期，佛教十分兴盛，契丹本族的祭祀在国家典礼中仍然占据十分重要的位置②。但这一信仰是人口众多的汉族不能接受的。儒学是汉人的主流价值观，但它强调"夷夏之防"。在这一套理论体系中，边疆各族群居于文化边缘区而被弱化。这一思想断然不会被汉化不深的北方族群所认同。于是，契丹统治者选择各族人民、各个阶层都能接受的佛教作为国家的主流意识形态当然最为合适。独尊佛教的政策最终确立，这对辽朝社会及契丹王朝的命运产生了深远影响。

（此文的写作得到北京准提文化中心的资助，谨此致谢!）

（原载《中华文化论坛》2006 年第 4 期）

① ［日］野上俊静：《胡族国家与佛教》，原载《真宗同学会年报》第 1 辑，1943 年，此据野上俊静《辽金的佛教》，平乐寺书店 1953 年版。
② 参见《辽史》的《本纪》及《礼志》部分。

佛教对辽朝社会的影响管窥

契丹王朝是一个以崇佛著称的朝代，佛教对整个辽朝社会产生了重大影响。许多学者撰文探讨过佛教对辽朝社会的积极作用或消极影响，这方面的研究成果堪称丰富①。本文不打算全面讨论这一问题，只选取几个有代表性的个案加以分析，以期达到管中窥豹的效果。

一 "钱荒"问题与崇佛的关系

辽朝社会一直存在钱币供应的危机，铜钱常供不应求②。大量金属用于制造佛像和建造寺院，巨额货币的积累无疑是造成辽代钱荒的重要因素。以前尚无人注意这二者之间的关系。

在统治阶级崇佛政策的推动下，辽朝境内寺庙、佛塔的营建十分盛行，而且规模很大。辽朝境内"处处而救兴佛事，方方而宣创精蓝"③，"城邑繁富之地，山林爽垲之所，鲜不建于塔庙，兴于佛像"④。寺院里佛像、法器和装饰品的铸造必然大量使用贵金属。近年来出土的许多考古材料也证明了这一点。如庆州（今内蒙古巴林右旗）释迦佛舍利塔出土精

① 张国庆《佛教文化与辽代社会》（辽宁民族出版社 2011 年版）一书全面探讨了佛教对辽朝社会诸方面的影响。本文的侧重点和张著有所不同。

② 参见［德］傅海波、［英］崔瑞德（杜希德）编《剑桥中国辽西夏金元史（907—1368年）》，史卫民、马晓光等译，陈高华、史卫民等审校，中国社会科学出版社 1998 年版，第 109—110 页。

③ 陈述辑校：《全辽文》卷 9《安次县祠堡里寺院内起建堂殿并内藏碑记》，中华书局 1982 年版，第 233 页。

④ 陈述辑校：《全辽文》卷 10《涿州云居寺供塔灯邑记》，中华书局 1982 年版，第 308 页。

美的铜佛像、陀罗尼咒金板和银板、银香炉等①。辽宁朝阳北塔出土不少带佛教花纹的金银法器②。许多著名佛寺中铸有铜佛像，大寺院中肯定储藏着数量可观的铜钱。这必然对铜币的铸造和流通产生影响。辽中期以后，面对钱币短缺的窘境，官方作出了一系列反应。铜和铁的交易与私造被严格管制。辽圣宗开泰中，"诏禁诸路不得货铜钱，以防私铸，又禁铜铁卖入回鹘，法益严矣"③。到11世纪70年代，开始出现铜器铸造禁令和金属与钱币出口禁令。辽道宗统治末期规定"民钱不得出境"④。道宗咸雍六年（1070），"禁鬻生熟铁于回鹘、阻卜等界"⑤。对回鹘人和阻卜人的金属出口被禁止。王朝统治者面对货币短缺的困境也只采取以上措施，似乎从未考虑在佛教事业方面限制贵金属的使用，至少迄今尚未发现这方面的材料。可见他们信佛十分虔诚，即便现实的货币供应危机也丝毫不能动摇辽统治者狂热的宗教信念。相形之下，中原社会即便在佛教十分兴盛的中古时代，有些统治者为了缓解货币供应不足的问题，也不同程度地采取过措施限制贵金属流向寺院⑥。

本文前面的论述充分说明：佛教功德事业的兴盛和寺院经济的膨胀是造成辽朝社会货币短缺的重要动因。

二　崇佛习俗

在辽朝社会，在一些重要节日里，建立在佛教信仰体系基础之上的仪式活动得到充分展现。本文拟从风俗史的角度探究这一问题。

（一）上元日燃灯

辽朝燕京地区盛行元宵节燃灯供养佛塔及舍利的习俗，这一风俗可以

---

① 中国历史博物馆、内蒙古自治区文化厅编：《契丹王朝——内蒙古辽代文物精华》，中国藏学出版社2002年版，第322—323、335、351页。

② 朝阳北塔考古勘察队：《辽宁朝阳北塔天宫地宫清理简报》，《文物》1992年第7期，第4—12页。

③ （元）脱脱等：《辽史》卷60《食货志下》，中华书局1974年标点本，第931页。

④ 同上。

⑤ （元）脱脱等：《辽史》卷22《道宗纪二》，中华书局1974年标点本，第270页。

⑥ ［法］谢和耐（Jacques Gernet）：《中国5—10世纪的寺院经济》，耿升译，上海古籍出版社2004年版，第20—31页。

向上远追至唐代。

早在唐玄宗时，上元日连续三天燃灯的习俗已经开始盛行，唐代官府特许此节前后弛禁，放三夜花灯。一些地区出现僧寺与民间共度灯节的盛况，寺院也在上元日前后燃灯供养佛或兼祭奠祖师①。虽然《辽史·礼志》和《契丹国志·岁时杂记》均不记元宵节，但辽朝民众受汉族传统影响，在上元日举行庆祝活动是完全可能的——特别是在汉人众多的南京道、西京道地区。在燕京，民间上元节燃灯、观灯三昼夜的风俗也被推衍到佛寺。如辽天祚帝乾统十年（1110）《涿州云居寺供塔灯邑记》载："每岁上元，各揆己财，广设灯烛，环于塔上，三夜不息。从昔至今，殆无缺焉。"②这段记录暗示上元日燃灯的风俗在该寺早就流行，且延续至辽朝。

（二）佛诞节

辽俗每年佛诞日举行盛大活动，民众积极参与。《重修范阳白带山云居寺碑》云：

风俗以四月八日，共庆佛生。凡水之滨，山之下，不远百里，仅有万家，予馈供粮，号为义仓。是时也，香车宝马，藻野缛川，灵木神草，赩赫芊绵，从平地至于绝巅，杂沓驾肩，自天子达于庶人，归依福田。维摩互设于香积，焉将通戒于米山。……酾施者，不以食会而由法会。巡礼者，不为食来而由法来。③

《辽史》卷五三《礼志》曰：

二月八日为悉达太子生辰，京府及诸州雕木为像，仪仗百戏导从，循城为乐。悉达太子者，西域净梵王子，姓瞿昙氏，名释迦牟尼。④

---

① 李斌城主编：《唐代文化》中册，中国社会科学出版社2002年版，第1073—1076、1330页。
② 陈述辑校：《全辽文》卷10，中华书局1982年版，第308页。
③ 向南辑：《辽代石刻文编》，河北教育出版社1995年版，第33页。
④ （元）脱脱等：《辽史》卷53《礼志六》，中华书局1974年标点本，第878页。

《契丹国志》卷二七《岁时杂记》载：

> 佛诞日。四月八日，京府及诸州，各用木雕悉达太子一尊，城上异行，放僧尼、道士、庶民行城一日为乐。①

辽代的佛诞日是"二月八日"还是"四月八日"一直存在分歧，许多学者对此问题进行过研究②。

张泽咸先生《唐代的节日》③ 一文考出唐代的佛节有"二月八日"、"四月八日"和"腊月八日"三种情况。谭蝉雪先生认为按敦煌的佛俗，二月八日纪念佛祖出家，四月八日庆祝佛祖诞生④。李斌城先生认为"二八"和"四八"两个重要节日的混淆，反映着民俗传播史上屡见的"初因淡化"现象。历史上的一些节俗，尽管被世代传续，然而生成这节俗的最初缘起，却会随岁月流逝在民间归于淡化⑤。笔者认为辽代佛教多继承唐代传统，佛诞日承接唐朝习俗"二八"、"四八"并行也不是不可能。《辽史》的"二八"佛诞和《契丹国志》的"四八"佛诞都只记录了一个侧面。

---

① 旧题（宋）叶隆礼撰：《契丹国志》卷27《岁时杂记》，贾敬颜、林荣贵点校，上海古籍出版社1985年版，第251页。

② 其实这一问题历来在中原地区也有争议。《七修类稿》说："至于释迦生日，以今四月八日，亦非也。盖周正建子，今夏正当为二月八日矣。"（郎瑛：《七修类稿》卷25《辩证类》佛考条，上海书店出版社2009年版，第264页）冯家升认为《契丹国志》四月八日的记载正确，而《辽史》二月八日的说法有误（见《契丹祀天之俗与其宗教神话风俗之关系》，原载《史学年报》第1卷第4期，1932年，此据《冯家升论著辑粹》，中华书局1987年版，第60—61页）。日本学者野上俊静也取"四八"说，但又认为辽金通行"二八"佛诞（《辽代社会与佛教》，原载《史学研究》第5卷第3号，1934年，此据野上俊静《辽金的佛教》，平乐寺书店1953年版）。韩国学者李龙范《辽金佛教之二重体制与汉族文化》一文（张曼涛主编：《现代佛教学术丛刊·中国佛教史专集之五·宋辽金元篇》下，大乘文化出版社1977年版，第121—139页）提出佛诞日在回鹘佛教是二月八日，汉传佛教是四月八日，而辽金继承了双方的佛庆制。林荣贵不同意李龙范的观点，认为汉文佛教典籍里"二八"、"四八"佛诞并存，二者不同是历法换算差异造成的。"二八"佛诞是对印度佛生日之照搬采用，"四八"佛诞是因为周历以建子之月为岁首，四月八日相当于夏历二月八日（《佛教在北疆》，林荣贵：《辽朝经营与开发北疆》下编，中国社会科学出版社1995年版，第313—320页）。

③ 张泽咸：《一得集》，兰州大学出版社2003年版，第187—189页。

④ 谭蝉雪：《唐宋敦煌岁时佛俗》，《敦煌研究》2001年第1期，第93—100页。

⑤ 李斌城主编：《唐代文化》中册，中国社会科学出版社2002年版，第1084—1087页。

按《重修范阳白带山云居寺碑》和《契丹国志》的记载,参与佛诞节庆祝活动的"自天子达于庶人",有"僧尼"、"道士"、"庶民",这充分证明在辽朝社会,佛教信仰是超越族群、阶层的。

(三) 中元节 (盂兰盆节) 的活动

中元节 (即盂兰盆节) 是道教、佛教与儒家孝道相结合的节日①,既是超度亡魂的节日,又是施报亲恩的盂兰盆会期,其经典依据是《盂兰盆经》目连救母的故事。该故事主题是"行孝顺",同儒家"孝悌"伦理契合。唐代中元节,皇室照例进盂兰盆贡献诸寺。唐后期,盆供已普及民间②。辽代名僧郎思孝还为被称为"佛教孝经"的《报恩奉盆经》(又名《报缘功德经》、《佛说盂兰盆经》) 作过注释:僧思孝《报恩奉盆经直释》一卷,《义天录》卷一著录,已佚③。

《辽史》卷五三《礼志六》嘉仪条下对契丹上层举行的中元节庆典活动有如下记载:

> 七月十三日,夜,天子于宫西三十里卓帐宿焉。前期,备酒馔。翌日,诸军部落从者皆动蕃乐,饮宴至暮,乃归行宫,谓之"迎节"。十五日中元,动汉乐,大宴。十六日昧爽,复往西方,随行诸军部落大噪三,谓之"送节"。国语谓之"赛咿唲奢"。"奢",好也。④

从时间上看,七月十三至十六日,正是辽帝进行秋捺钵之时。在中元节,皇帝及诸臣僚在捺钵之地的"行帐"或"行宫"举行一系列庆祝活动。有皇帝及随行的诸军部落参与,七月十四日、十五日分别奏蕃乐、汉乐,设宴隆重庆祝,却不见中原地区非常普及的盆供。显然,中元节传入辽朝社会后与游牧文化相互作用,发生了变异,变得更接近契丹本族特

---

① 七月十五日在道教中为"中元节",在佛教中为"盂兰盆节"。在日常生活和宗教实践中,民众往往不刻意区分这两种不同的来源。

② 李斌城主编:《唐代文化》中册,中国社会科学出版社 2002 年版,第 1084—1087 页。

③ 朱子方:《辽代佛学著译考》,载陈述主编《辽金史论集》第 2 辑,书目文献出版社 1987 年版,第 183 页。

④ (元) 脱脱等:《辽史》卷 53《礼志六》,中华书局 1974 年标点本,第 878 页。

点，也反映了辽朝统治阶层的集体心理。

三　佛寺成为社会文化中心

在辽朝各族群众的精神生活中，寺院作为佛教神权的代表，成为大众文化活动的中心。这种状况，系由辽代社会普遍的宗教狂热所致。佛教信仰深入人心，成为普遍的社会心理。同时，在这个多族群的社会，寺院毫无疑问属于向各阶层、各族群开放的公共空间，佛寺便成为不同阶层、族群的民众进行交流的空间，联系的纽带。

辽代寺院既有高深的学术研究，又有面向大众的通俗教育[①]。唐代佛教在对下层百姓进行宣传时，为了做到通俗易懂，使听众容易接受，往往不完全按照佛经宣讲，而是根据听众的口味，铺陈或删减其中的故事情节，穿插一些唱辞，是谓"俗讲"。辽代也继承唐代寺院的传统，把佛教经义通俗化，编成俗讲变文之类的俗文学，以富有文学意味的故事传教。这是采用"寓教于乐"的方式宣扬佛教基本教义，同时也传播文化知识。1974年，山西省应县佛宫寺木塔内发现了一部分讲经文、变文、俗曲等，不论内容、形式都与唐代寺院的俗讲基本无大差异[②]。太史文（Stephen F. Teiser）在《十王经以及中国中世纪佛教的炼狱观念之形成》中指出：在少数人才有机会受教育的社会里，宗教观念的传播往往与经典无关，而是以通俗的文本、仪式、绘画等艺术形式为传播途径的[③]。的确，这些东西内容通俗易懂，情节生动有趣，对佛教的教化、传播、普及作用极大。

辽代寺院的教育功能决不在官方和一般的民间教育机构之下。当时官方的教育机构有宫廷教育、中央五京的国子监学、各府、州、县的学校，一般是为贵族、官僚子弟而设[④]。民间有无私塾，没有相关材料，不好判

①　陈述：《辽代教育史论证》，载陈述主编《辽金史论集》第1辑，上海古籍出版社1987年版，第153—154页。

②　史树青：《应县佛宫寺木塔发现的辽代俗文学写本》，《文物》1982年第6期，第34—39页。

③　Stephen F. Teiser, *The Scripture on the Ten Kings and the Making of Purgatory in Medieval Chinese Buddhism*, Honolulu: University of Hawaii Press, 1994.

④　详见陈述《辽代教育史论证》，载陈述主编《辽金史论集》第1辑，上海古籍出版社1987年版，第140—150页。

断。即使民间有私塾，基本上也是富家子弟才有机会上学。因此，在辽代，寺院的教育对象远比世俗的官、私教育机构广泛。

从精神文化层面来看，辽朝最普及的应是佛学。"寺院教育"成为文化传播的主要方式。佛寺成为活跃的学术论坛，向大众开放的文化空间，是辽朝民众的精神文化中心。寺院里培养出一批专家、学者[①]。与同时期的其他学者相比，佛学大师们在思想文化上的建树更多、贡献更大。这和整个社会虔诚信佛的大环境是分不开的。

四　佛学成为契丹王朝的精神支柱

辽朝佛学教育的兴盛和普及远胜于北宋。其佛学教育面向各族群、各阶层。在辽代社会国民教育很不发达的情况下，宗教教育几乎成了社会上唯一的教育形式和文化传播的主要渠道。而宋代文化发达，教育中心分散在中央、地方设立的各级学校、私人创建的书院等。大寺庙虽然也有佛学教育，但由于世俗化趋势的影响，社会对佛学教育的需求并不强。

从文化传播的角度来看，辽国内的佛经及佛学译著的印刷和流通无疑占主流。宋代印刷的书籍中，佛教经典的数量逐渐不敌儒教典籍。宫崎市定先生就曾谈到宋代的中国"佛教和儒教在经籍的印刷上互相竞争，儒教日益隆盛，佛典在印刷上的比重日渐微少"[②]。其实，这也充分反映了辽、宋两国的文化面貌。契丹人原有的宗教信仰理论贫乏，不能有效抵御佛教的冲击。佛教在整个辽代，特别是中后期占据着整个国家精神文化的制高点，而宋代社会承接中晚唐以来儒学复兴的潮流，具有汉族深厚文化积淀的儒学在儒、释、道三教斗争中逐渐取得优势。在这样的社会背景下，各阶层都不可能投入很大力量支持佛教。

10—12 世纪，东亚佛教文化圈的著名学僧中，辽僧所占比例甚多。

[①]　日本的野上俊静详细考察了辽代燕京地区的高僧及其学术成果（见《辽代燕京的佛教》，原载《支那佛教史学》第 2 卷第 4 号，1938 年，此据野上俊静《辽金的佛教》，平乐寺书店 1953 年版）；陈述先生也论述过辽朝寺院中高僧的学术研究（见《辽代教育史论证》，载陈述主编《辽金史论集》第 1 辑，上海古籍出版社 1987 年版，第 153—154 页）。

[②]　［日］宫崎市定：《东洋的近世》，杜石然等译，载刘俊文主编《日本学者研究中国史论著选译》第 1 卷《通论》，中华书局 1992 年版，第 217 页。

辽国出了众多学富五车、才华横溢、成果斐然的学问僧，佛学界可谓群星璀璨。他们当中许多人在佛学界的影响远及宋、高丽、日本，且到金、元、明、清而未衰①。如唯识学僧诠明是"国际型"学者，其著作影响到北宋、金、元②；辽僧的许多著作也向外传播，对周边佛学形成辐射③。而同一时代的北宋佛学界却显得相形见绌，除了高僧契嵩外，很难再找到可与辽代名僧媲美的学问僧。在佛教世俗化趋向的影响下，北宋经典的佛学著作也不多，几乎没有在东亚佛教文化圈产生重大影响的佛学著译。梁启超先生认为这和宋代儒学复兴并吸纳大量精英有关。他说："唐以后何故无佛学耶……其外部之原因，则儒者方剽窃佛理自立门户，国中上驷咸趋此途，而僧界益乏才。"④有辽一代，佛学是整个国家的精神支柱；而且在多数情况下，众多汉族精英传统的科举入仕之路不太顺畅，这更加促使知识分子把目光投向佛学研究⑤。通过钻研佛学，博得笃信佛教的辽朝皇帝的赏识、宠幸，进而被授予高官，成为汉族知识分子向上流动的重要途径。

五　结语

本文选取几个典型个案，在特定的政治环境和社会背景中分析了辽朝民众的佛教信仰及具体实践。本文不是追根溯源式的探讨，而是注重佛教在社会层面、民众日常生活、精神世界的实际影响。

从信仰实践的角度来看，佛教已经深深地渗透进辽朝各族群、各阶层民众的日常生活。它不仅是宗教文化，还是跨越阶层、族群的兆民共享的生活文化。"钱荒"问题从经济角度反映出佛教与国家经济秩序的重大关

---

① 详见［日］野上俊静《辽代佛教研究》、《辽代社会与佛教》、《辽代燕京的佛教》，收入野上俊静《辽金的佛教》，平乐寺书店1953年版；张国庆《略论辽代上层僧侣之特色》，《松辽学刊》1993年第3期，第57—64页。

② ［日］竺沙雅章：《宋元时代的慈恩宗》，竺沙雅章《宋元佛教文化史研究》第1部之第1章，汲古书院2000年版，第3—23页。

③ ［日］竺沙雅章：《宋代与东亚佛教的交流·东亚佛教中辽代佛教的位置》，竺沙雅章《宋元佛教文化史研究》第1部之第3章，汲古书院2000年版，第72—76页。

④ 梁启超：《中国佛法兴衰沿革说略》，载梁启超《佛学研究十八篇》（一），辽宁教育出版社1998年版，第14页。

⑤ 据野上俊静研究，辽朝名僧均是汉人，契丹人的佛教信仰虽然狂热，却未出现优秀学僧（见［日］野上俊静《辽代燕京的佛教》，载野上俊静《辽金的佛教》，平乐寺书店1953年版）。

系。节日里的佛教仪式展现了佛教在建构社会秩序方面的重要作用以及社会整合功能。佛寺不仅是信仰空间，还是各族群、各阶层民众活动的公共空间、学术中心、教育空间，在知识传承、社会教育及文化普及方面扮演着重要角色。

（此文的写作得到北京准提文化中心的资助，谨此致谢！）

（原载《商丘师范学院学报》2007 年第 5 期）

辽代高僧思孝与觉华岛

契丹人建立的辽朝以崇尚佛教著称。在这一时代，佛学研究发达，出现了众多学富五车、才华横溢、成果斐然的学问僧，佛学界可谓群星璀璨。而郎思孝正是其中一位突出代表。前人对思孝的生平及论著作过一些考证。本文拟利用近年新公布的材料，对思孝进行更深入的讨论，进一步证明思孝及他曾大力弘法的觉华岛在辽代佛教史及文化史上之特殊地位，并将他放入当时特定的时代背景来分析，期冀通过这个人物来理解一个时代。

一　学术史清理

最早对郎思孝进行学术研究的是两位日本学者。神尾式春提及辽朝中京道（即中古时代奚人的传统居住地，今河北北部、辽宁南部、内蒙古东部）的寺院有觉华岛（唐代称桃花岛，辽金时称觉华岛，即今辽宁兴城市菊花岛，2009 年为突出历史人文内涵又改称觉华岛）的海云、龙宫两寺。觉华岛所在的辽中京道兴城县是辽初与五代交流、南方诸国与辽海上交流的要冲。辽兴宗重熙年间，名僧郎思孝任海云寺住持①。据金人王寂《辽东行部志》记载，思孝博学，著述丰富。高丽高僧义天所撰《新编诸宗教藏总录》（即《义天录》）中著录思孝所撰《华严》、《涅槃》、《法华》、《宝积》、《般若理趣分》、《报恩奉盆》、《八大菩萨曼陀罗》诸经的注疏科文 11 部，律部的 9 部，还有《一切佛菩萨名集》25 卷。思孝的文集为《海山文集》。思孝兼学各宗，且对律研

---

① ［日］神尾式春：《契丹之寺院》，载神尾式春《契丹佛教文化史考》，伪满洲文化协会 1937 年版，第 39 页。

究颇深。思孝与契丹宗室耶律氏和后族萧氏的渊源很深①。

日本的野上俊静曾提及王寂《辽东行部志》对思孝生平、著作的记载，房山石经中思孝所撰的《大藏教诸佛菩萨名号集》、《发菩提心戒本》（存疑，不敢肯定是否是思孝所撰），《义天录》卷一著录的思孝的著作。《至元法宝勘同总录》卷一二有《一切佛菩萨名集》22 卷，思孝集，早已散失，《房山云居寺石经》发表了思孝所撰序文、四页图版，石经题《大藏教诸佛菩萨名号集》。思孝作为辽代第一流高僧，成就显著②。

近年来，新出版了一批考古材料，辽史及辽代佛教的研究也取得长足的进展，我们对郎思孝的研究也拥有了更广泛的平台。

二 思孝的著作及生平

据《辽东行部志》，"师姓郎，名思孝，蚤年举进士第，更历郡县。一日厌弃尘俗、祝发披缁；已而行业超绝，名动天下"③。郎思孝早年研习儒学，考中进士，显然受过很好的儒学教育。辽代的学问僧虽有专攻，然多不专一经一宗，颇有诸经皆通的倾向，不少人还兼通儒学④。

思孝出家后能"行业超绝，名动天下"，自然与他苦心钻研、著作丰富有关。

《海山文集》"乃辽司空大师（即郎思孝）居觉华岛海云寺时所制也。故目其集曰'海山'"⑤。思孝的佛学论著更是涉及许多方面。近年来，在山西应县木塔所出《契丹藏》残卷中，有《劝忏悔文·略示戒相仪·毗奈耶藏近事优婆塞五戒本合卷》，题名"觉花岛海云寺崇禄大夫、守司

① ［日］神尾弌春：《契丹高僧小传及其教学倾向》，载神尾弌春《契丹佛教文化史考》，伪满洲文化协会 1937 年版，第 98—99 页。

② ［日］野上俊静著，金申译：《辽代高僧思孝——房山石经介绍之一》，《辽金契丹女真史研究》1989 年第 1 期，第 55—58 页。

③ 贾敬颜：《王寂〈辽东行部志〉疏证稿》，载贾敬颜《五代宋金元人边疆行记十三种疏证稿》，中华书局 2004 年版，第 264 页。

④ 尤李：《守望传统：辽代佛教的历史走向》，硕士学位论文，北京大学，2006 年，第 13—14 页。

⑤ 贾敬颜：《王寂〈辽东行部志〉疏证稿》，载贾敬颜《五代宋金元人边疆行记十三种疏证稿》，中华书局 2004 年版，第 264 页。

空、辅国大师、赐紫（？）孝思集"①。此卷书法为行草。觉花岛即觉华
岛。正如在辽代，"华严"之"华"常作"花"②。贾敬颜先生认为"孝
思"或是，而"思孝"疑误③。不过，与思孝处于同一时代的高丽名僧义
天所撰《义天录》均作"思孝"，因此很可能是应县木塔所出《契丹藏》
卷子笔误。《毗奈耶藏近事优婆塞五戒本》是思孝所集在家男信徒的戒
律。此经为戒本之首，论述儒、释、道三教五戒之异同，次启五门：第一
洗涤愆瑕，第二翻邪归正，第三正受戒礼，第四示相令持，第五回向发
愿，宣优婆塞五戒，并有受戒誓文④。

《新编诸宗教藏总录》卷一著录思孝所撰关于《大华严经》的章疏有
"思孝述《玄谈钞逐难科》一卷"⑤，"《略钞》一卷、《科》一卷，已上思
孝述"⑥。关于《大涅槃经》的章疏有"《后分节要》一卷，思孝述"⑦，
"《三玄圆赞》二卷、《圆赞科》一卷，思孝述"⑧。关于《般若理趣分经》
的章疏有"《科》一卷，思孝述"⑨。关于《大宝积经》的章疏有"《妙慧
童女会疏》三卷（小注：大经第三十会）、《科》一卷，思孝述"⑩。关于
《观无量寿经》的章疏有"《直释》一卷，思孝述"⑪。关于《盂兰盆经》
的章疏有"《报恩奉盆经直释》一卷，思孝述"⑫。关于《八大菩萨曼陀

---

① 山西省文物局、中国历史博物馆主编：《应县木塔辽代秘藏》，文物出版社 1991 年版，
第 428 页。
② ［日］竺沙雅章：《辽代华严宗的系谱——以新出华严宗典籍的文献学研究为中心》，原
载《大谷大学研究年报》第 49 集，1997 年；此据竺沙雅章《宋元佛教文化史研究》第 1 部之第
5 章《辽代华严宗考察之一——以新出华严宗典籍的文献学研究为中心》，汲古书院 2000 年版，
第 111 页。
③ 贾敬颜：《王寂〈辽东行部志〉疏证稿》，载贾敬颜《五代宋金元人边疆行记十三种疏
证稿》，中华书局 2004 年版，第 265 页。
④ 史树青、张畅耕、毕素娟、郑恩准、冯鹏生、傅振伦：《应县木塔辽代秘藏·叙录》，文
物出版社 1991 年版，第 50 页。
⑤ ［日］高楠顺次郎等编：《大正新修大藏经》（以下简称《大正藏》）第 55 册，大正一切
经刊行会 1928 年版，第 1166 页。
⑥ 同上书，第 1167 页。
⑦ 同上书，第 1168 页。
⑧ 同上书，第 1169 页。
⑨ 同上书，第 1171 页。
⑩ 同上。
⑪ 同上。
⑫ 同上书，第 1172 页。

罗经》的章疏有"《疏》二卷，《科》一卷，思孝述"①。

《新编诸宗教藏总录》卷二著录思孝所著关于《十诵律》的章疏有"《发菩提心戒本》三卷、《大乘忏悔仪》四卷、《近住五戒仪》一卷、《近住八戒仪》一卷、《自誓受戒仪》一卷、《诸杂礼佛文》三卷、《自恣缘》一卷、《释门应用》三卷、《持课仪》一卷，思孝述"②。

关于《一切佛菩萨名号集》，日本的野上俊静认为：思孝奉辽兴宗诏在重熙二十二年（1053）仅撰写序文，此经实际是利州（今辽宁朝阳县西）太子寺沙门德云辑录，并于金熙宗皇统九年（1149）在房山刻造③。20世纪80年代，河北省丰润县天宫寺佛塔中发现一批珍贵的辽代佛教文物。据陈国莹先生所说，天宫寺塔第四至八层间的第二个塔心室内，发现了7套经卷，3轴经卷，其中就有《一切佛菩萨名集》卷六，长26.8厘米，宽15.7厘米，厚5厘米，保存完好。内有"皇朝七代岁次癸巳重熙二十有二年律中大吕冀生十午时序说"④。日本的竺沙雅章先生却披露丰润县天宫寺发现的《一切佛菩萨名集》分上、中、下3册6本，蝴蝶装，每半页12行，每行32字，卷首有思孝所作的序。《一切佛菩萨名集》是利州太子寺沙门德云纂集，共20卷，上京管内僧录纯慧大师非浊作《续集》2卷，共22卷⑤。黄明信先生笺证的《至元法宝勘同总录》甲2副藏中著录"1572号《一切佛菩萨名集》二十二卷"⑥。

辽兴宗对思孝这位博学的大师非常礼遇。据《辽东行部志》，"当辽兴宗时，尊崇佛教，自国主以下，亲王贵主皆师事之（指郎思孝），尝赐大师号，曰崇禄大夫、守司空、辅国大师"⑦。"自国主以下，亲王贵主皆师事之"，可见思孝在朝廷影响巨大。对高僧以"师事之"、颁赐高官厚

① ［日］高楠顺次郎等编：《大正藏》第55册，大正一切经刊行会1928年版，第1172页。
② 同上书，第1174页。
③ ［日］野上俊静著，金申译：《辽代高僧思孝——房山石经介绍之一》，《辽金契丹女真史研究》1989年第1期，第55—58页。
④ 陈国莹：《丰润天宫寺塔保护工程及发现的重要辽代文物》，《文物春秋》1989年创刊号，第81—82页。
⑤ ［日］竺沙雅章：《辽代华严宗考察之一——以新出华严宗典籍的文献学研究为中心》，载竺沙雅章《宋元佛教文化史研究》，汲古书院2000年版，第113—114页。
⑥ 黄明信：《汉藏大藏经目录异同研究——〈至元法宝勘同总录〉及其藏译本笺证》，中国藏学出版社2003年版，第268页。
⑦ 贾敬颜：《王寂〈辽东行部志〉疏证稿》，载贾敬颜《五代宋金元人边疆行记十三种疏证稿》，中华书局2004年版，第264页。

禄，是世俗君主给予僧人的最高待遇。兴宗时期也是辽朝皇帝对名僧颁赐
高等官爵的高潮。史载兴宗"尤重浮屠法，僧有正拜三公、三师兼政事
令者，凡二十人。贵戚望族化之，多舍男女为僧尼"①。而且，思孝"凡
上章名而不臣。兴宗每万机之暇，与师对榻，以师不肯作诗，先以诗挑之
曰：'为避绮吟不肯吟，既吟何必昧真心。吾师如此过形外，弟子争能识
浅深。'师和之曰：'为愧荒疏不敢吟，不吟恐忤帝王心。本吟出世不吟
意，以此来批见过深。''天子天才已善吟，那勘二相更同心。直饶万国
犹难敌，一智宁当三智深。'二相，谓杜令公、刘侍中也"②。贾敬颜先生
已经考证出杜指杜防，刘谓刘六符③。可见思孝对兴宗上书可直称名而不
称臣，他们之间互称师父、弟子。思孝不仅能与辽兴宗唱和诗文，还会巧
妙用诗隐喻朝中之事。

按《辽东行部志》，"师（即思孝）自重熙十七年（1048）离去海
岛，住持缙云山。兴宗时，特遣阁门张世英赍御书并赐香与磨丝等物，书
云：'冬寒，司空大师法候安乐。比及来冬，差人请去，幸望不赐违阻。'
末云：'方属祁寒，顺时善加保摄。'详其始终，问讯礼如平交。非当时
道行有大过人者，安能使时君推慕如此？然亦千载一遇，岂偶然哉！"④
可见，思孝在重熙末年离开觉华岛，到缙云山任住持。这段时间，思孝仍
受兴宗的宠遇。贾敬颜先生认为：缙云山即缙阳山，缙阳寺者，以在缙阳
山而得名⑤。有辽道宗寿昌元年（1095）《添修缙阳寺功德碑记》⑥ 和
《缙阳寺庄帐记》⑦。缙阳寺在今北京延庆龙安山，即辽西京道儒州。辽圣
宗、兴宗、道宗都曾驾幸于缙阳寺⑧。

思孝在辽兴宗之子辽道宗即位后，仍跟朝廷有联系。在道宗的生日天
安节，思孝"题《松鹤图》上进云：'千载鹤栖万岁松，霜翎一点碧枝

---

① 旧题（宋）叶隆礼撰：《契丹国志》卷8《兴宗文成皇帝纪》，贾敬颜、林荣贵点校，上海古籍出版社1985年版，第82页。

② 贾敬颜：《王寂〈辽东行部志〉疏证稿》，载贾敬颜《五代宋金元人边疆行记十三种疏证稿》，中华书局2004年版，第265页。

③ 同上。

④ 同上书，第265—267页。

⑤ 同上书，第267页。

⑥ 向南辑：《辽代石刻文编》，河北教育出版社1995年版，第464—465页。

⑦ 同上书，第466—467页。

⑧ 《添修缙阳寺功德碑记》，向南辑：《辽代石刻文编》，河北教育出版社1995年版，第464页。

中。四时有变此无变，愿与吾皇圣寿同。'"① 书画《松鹤图》蕴涵延年、富贵长寿之美誉。

思孝不仅与皇室关系密切，还有一位出自契丹后族的著名弟子妙行大师。妙行大师"契丹氏，讳志智，字普济，国舅大丞相楚国王之族，其祖久随銮辂"②。"其祖久随銮辂"表明其家族是皇帝的近臣。据向南先生考证，志智出于辽朝中后期显赫的萧孝穆家族③。"师甫三岁，未解语言，见邻舍家严设佛像，师就地俯伏，合掌虔敬，哀啼忘返。须令家中亦严像……取家中物奉之，或给□□。"④后遇海山大师入朝，志智"因得参觐，及蒙训教，深厌尘俗"，执意出家⑤，"遂撒手渺云海，沧浪升鳌岛，依司空为师"⑥。这意味着志智到觉华岛出家，跟思孝学佛。志智一直潜心佛学，颇有成绩⑦。妙行大师生于辽圣宗太平三年（1023）⑧，"寿八十一，腊五十八"⑨，那么，其卒于天祚帝乾统四年（1104），于辽兴宗重熙十五年（1046）正式受戒出家。照此推断，妙行大师可能在重熙十五年登上觉华岛，开始随思孝研习佛法。

三 思孝与觉华岛

思孝与觉华岛有着不解之缘。思孝住锡的海云寺所在的觉华岛是辽朝的佛教圣地。觉华岛位于辽中京道地区的岩州。据《辽史·地理志》，"岩州，保肃军，下，刺史。本汉海阳县地。太祖平渤海，迁汉户杂居兴州境，圣宗于此建城焉。隶弘义宫，来属。统县一：兴城县"⑩。即觉华

---

① 贾敬颜：《王寂〈辽东行部志〉疏证稿》，载贾敬颜《五代宋金元人边疆行记十三种疏证稿》，中华书局 2004 年版，第 265 页。
② 《妙行大师行状碑》，向南辑：《辽代石刻文编》，河北教育出版社 1995 年版，第 584 页。
③ 向南先生把《妙行大师行状碑》与《辽史》的《后妃传》、《萧孝穆传》对照，认为国舅大丞相楚国王为萧孝穆。其说大致可信（参见向南辑《辽代石刻文编》，河北教育出版社 1995 年版，第 588 页，注释 1）。
④ 《妙行大师行状碑》，向南辑：《辽代石刻文编》，河北教育出版社 1995 年版，第 584 页。
⑤ 同上书，第 584—585 页。
⑥ 同上书，第 585 页。
⑦ 同上书，第 585—587 页。
⑧ 同上书，第 584 页。
⑨ 同上书，第 588 页。
⑩ （元）脱脱等：《辽史》卷 39《地理志三》，中华书局 1974 年标点本，第 488 页。

岛所在的区域隶属于辽太祖耶律阿保机的斡鲁朵——弘义宫，有汉人聚居。觉华岛所属的岩州只是地理位置在中京道境内，行政上并不属中京道管辖，而是直属阿保机的斡鲁朵（即行宫）管理①。至辽圣宗时期，朝廷才于此地建城，设兴城县。

海云寺是觉华岛上的著名寺院。本文前面已经提及思孝的《海山文集》是他"居觉华岛海云寺时所制"。当辽朝末年国库空虚时，在辽道宗大安三年（1087）五月庚申，"海云寺进济民钱千万"②。朝廷"至其末年……国用不给，虽以海云佛寺千万之助，受而不拒"③。海云寺在国家财政困难的情况下捐献巨资，说明它的财产十分富足，而且跟朝廷的关系亲密。这种关系或许开启于思孝任住持之时。

在辽灭金兴之际，宋徽宗宣和七年（1125），即金太宗天会三年（1125），许亢宗奉使入金，他在其《行程录》中写道："第十八程自隰州八十里至海云寺。离来州三十里，即行海东岸，俯挹沧溟，与天同碧，穷极目力，不知所际。寺去海半里许，寺后有温泉二池。望海东有一大岛，楼殿、窣堵波在上，有龙宫寺，见安僧十数人。"④ 贾敬颜先生认为：大岛即桃花岛⑤，也就是觉华岛。觉华岛上的海云寺"去海半里许，寺后有温泉二池"，温泉应是供海云寺僧人洗浴之用。洗浴是僧人修行的重要戒律。僧人洗浴之室，西土必以冷水，东土必以温水，故谓为温室。《南海

---

① 辽朝诸帝的斡鲁朵均有其专属的州县，称为隶宫州县。关于隶宫州县的性质，学界一直有争议。日本学者津田左右吉先生认为：隶宫州县就是契丹皇帝的私城，隶宫州县民户就是皇帝的私部曲，而不是国家的编户齐民（［日］津田左右吉：《辽朝制度之二重体系》，《津田左右吉全集》第12册，岩波书店1964年版，第377—378页）。杨若薇先生却认为：隶宫州县并非皇帝的私城，其民户也非皇帝的私部曲，隶宫州县的民户是国家的编户齐民，与斡鲁朵之间并无行政隶属关系。其民户仅负有为斡鲁朵提供徭役的义务，且这些徭役由国家统一调拨（杨若薇：《契丹王朝政治军事制度研究》，中国社会科学出版社1991年版，第39—62页）。韩国学者崔益柱假定斡鲁朵的行政系统是：某宫使司—某宫汉人都部署—隶宫州县（［韩］崔益柱：《辽代的宫户》，《历史学报》1973年第57辑，第123—124页）。日本学者高井康典行先生认为：隶宫州县在辽朝前半期确实隶属于斡鲁朵，但辽圣宗以后受斡鲁朵和枢密院双重统辖（见［日］高井康典行《斡鲁朵与藩镇》，尤李译，载张希清等编《10—13世纪中国文化的碰撞与融合》，上海人民出版社2006年版，第490—515页）。

② （元）脱脱等：《辽史》卷25《道宗纪五》，中华书局1974年标点本，第295页。

③ （元）脱脱等：《辽史》卷60《食货志下》，中华书局1974年标点本，第931页。

④ 贾敬颜：《〈许亢宗行程录〉疏证稿》，载贾敬颜《五代宋金元人边疆行记十三种疏证稿》，中华书局2004年版，第236—237页。

⑤ 同上书，第237页。

寄归内法传》所载印度僧人洗浴之法曰：

> 夫论洗浴之法，西国乃与东夏不同。但以时节调和，稍异余处……每于日日之中，不洗不食。又复所在之处，极饶池水，时人皆以穿池为福……那烂陀寺有十余所大池。每至晨时，寺鸣揵稚，令僧徒洗浴。人皆自持浴裙，或千或百，俱出寺外，散向诸池，名为澡浴……世尊教为浴室，或作露地砖池……又洗浴者并须饥时。浴已方食，有其二益：一则身体清虚，无诸垢秽。二则痰癊消散，能餐饮食。饱食方洗，医明所讳。①

许亢宗还能看到觉华岛上的楼殿、塔、龙宫寺的僧人，表明在辽金更替之际，觉华岛上的佛教仍然延续。

至金朝中期，王寂《觉华岛并引》称："予自少时，即闻辽东觉华岛为人间佳绝处。凡道经海上，未尝不驻鞍极望，久不能去；第简书有期，不得一到为恨。大定乙未之秋仲十有四日，予自白霫审理冤狱归，投宿龙宫下院，谋诸老宿，期一往焉。"② 大定乙未即金世宗大定十五年（1175），王寂从白霫（即奚人故地，这是借用历史上的典故，实际上到金代，奚人已经很少独立出现在历史舞台）审理冤狱的归途中，希望能登上负有盛名的觉华岛，投宿龙宫寺。

王寂登岛后，作《留题觉华岛龙宫寺诗》云：

> 传闻三山驾宝虚，珠官贝阙神仙都。
> 茫茫弱水限舟楫，人迹不到如有无。
> 平生点检江山好，只有龙宫觉华岛。
> 何年经创作者谁？兴圣帝师孤竹老。
> 老人绝俗栖金沙，岁久喜舍来天家。
> 悬崖架壑置佛屋，突兀殿阁凌烟霞。（小注：一作开明霞）
> 乃知造物开神异，故压祇园布金地。

① （唐）义净：《南海寄归内法传校注》，王邦维校注，中华书局 1995 年版，第 133—135 页。
② 王寂：《拙轩集》卷 1，《丛书集成初编》本，中华书局 1985 年版，第 7 页。

四顾鲸波翼宝岩，玻璃环拥青螺髻。

我生自厌薰膻腥，坐觉两腋生清冷。

夜凉海月耿不寐，几欲举手扪天星。

明朝收帆落尘土，一梦回顾散风雨。

向令坡老此经行，想不愿为天竺主。①

所谓"茫茫弱水限舟楫，人迹不到如有无"，说明至金代，从陆地到觉华岛的水上交通仍不方便。"孤竹老"谓海山大师，为兴圣帝师，而兴圣帝者，兴宗神圣孝章皇帝也②。商代的孤竹国即位于此地，王寂引用古地名孤竹来指称此地出现的名僧思孝。《史记》曰："伯夷、叔齐在孤竹。"小注载："《正义》、《括地志》云：'孤竹故城在平州卢龙县南十二里，殷时诸侯孤竹国也，姓墨胎氏。'"③商朝的孤竹国大致包括辽代南京道和中京道一部分地区。辽朝南京道的平州（今河北卢龙县）"商为孤竹国，春秋山戎国"④；南京道的营州（今辽宁朝阳市）"本商孤竹国"⑤。辽朝中京道的兴中府（今辽宁朝阳市）"本霸州彰武军，节度。古孤竹国"⑥。辽代的营州、兴中府紧靠着觉华岛所属的岩州。思孝本是觉华岛海云寺的住持，王寂在这首诗中却说思孝是龙宫寺的创立者。可见随着时间的推移，在金代，人们已经不太清楚思孝究竟属于觉华岛的海云寺还是龙宫寺。诗文所吟"老人绝俗栖金沙，岁久喜舍来天家"，表明思孝先在觉华岛上隔绝世俗修行，积累一定年限后，才赴朝廷弘法。对这一点，本文前面已经分析过。诗中又称"平生点检江山好，只有龙宫觉华岛。""悬崖架壑置佛屋，突兀殿阁凌烟霞。乃知造物开神异，故压祇园布金地。"这些说明龙宫寺建在山间悬崖，让王寂感叹风景之美、造物主和神灵的力量。至于"四顾鲸波翼宝岩，玻璃环拥青螺髻"，螺髻指梵天王留顶发，结之如螺，称为螺髻，又指梵王为螺髻。整句诗应指觉华岛在海水的簇拥中，像一个梵王的青色螺

① 王寂：《拙轩集》卷1，《丛书集成初编》本，中华书局1985年版，第8页。

② 贾敬颜：《王寂〈辽东行部志〉疏证稿》，载贾敬颜《五代宋金元人边疆行记十三种疏证稿》，中华书局2004年版，第266页。

③ （汉）司马迁：《史记》卷4《周本纪四》，中华书局1959年标点本，第116页。

④ （元）脱脱等：《辽史》卷40《地理志四》，中华书局1974年标点本，第500页。

⑤ 同上书，第501页。

⑥ （元）脱脱等：《辽史》卷39《地理志三》，中华书局1974年标点本，第486页。

髻。笔者曾于 2011 年 8 月实地考察了觉华岛，岛中的山远看的确像个青色的螺髻。可见到了金代，觉华岛的佛教仍具盛名，文人王寂仍然非常熟悉郎思孝的事迹。

另外，金代后期著名文学家赵秉文有诗《桃花岛回寄王伯宜》赞美觉华岛之美景：

> 冰破村桥拥，春寒旅雁低。
> 远山封雾小，高浪与云齐。
> 岛寺明松雪，潮船溅藕泥。
> 诗情吟不尽，寄语画中题。①

四　结语

辽代高僧郎思孝早年受过良好的儒学教育，考中进士，后来又出家学佛，造诣颇深。他留下许多论著，特别是佛教的章疏涉及很多方面。思孝一直受到契丹朝廷的礼遇。他与觉华岛关系密切，曾任觉华岛海云寺的住持。到了金朝，仍然有人熟悉思孝的事迹和觉华岛的佛教。

辽圣宗统治时期是契丹人及整个辽朝转向全面崇尚佛教的关键转折点。在这一时代，佛教基本确立了国教的地位。辽圣宗之子辽兴宗笃信佛教，受过菩萨戒，常召僧人入宫廷论佛法，常授予高僧官爵。在举国崇佛的氛围下，出现众多高僧。这一时期知名的学问僧有《随愿往生集》的作者非浊、《一切佛菩萨名集》的作者德云等。特别是思孝系这一时期学问僧的代表。辽代华严宗实肇兴于思孝②。辽兴宗之子辽道宗精通华严宗和密宗。在他统治时期，华严宗学僧辈出，华严宗俨然成为辽代佛教的中心。在这一时期，对戒律的研究也很盛行③。11 世纪以来，辽代的华严宗还影响到金、元，在整个东亚佛教界占有重要地位④。从长时段来看，唐代灭亡后，精深的佛学研究虽在宋境逐渐式微，而郎思孝实为振兴华严之

---

① 赵秉文：《闲闲老人滏水文集》卷 6，《四部丛刊》本，第 8 页背面，第 9 页正面。
② ［日］竺沙雅章：《辽代华严宗考察之一》，载竺沙雅章《宋元佛教文化史研究》，汲古书院 2000 年版，第 152—153 页。
③ 同上书，第 153—154 页。
④ 同上书，第 159 页。

关键人物，他和觉华岛对辽代佛学的繁荣及金元时代华北地区华严宗的继续发展，具有承先启后之功。

（本文是楼宇烈先生主持的"觉华岛佛教历史与文化"项目的阶段性成果，得到纳通医疗集团、辽宁省葫芦岛市政府和觉华岛旅游度假区管委会的大力支持、资助，谨此致谢！）

（原载《中央民族大学学报》2012 年第 1 期）

辽《觉花岛海云寺空通山悟寂院塔记》考释

觉华岛（今辽宁菊花岛，2009 年又改称觉华岛）海云寺是辽代的重要寺院。这座佛寺有不少重要的佛教遗迹被留存下来，其中，辽道宗大安八年（1092）《觉花岛海云寺空通山悟寂院塔记》就是关于该寺的一方重要佛教碑刻。据向南先生所说，"塔记 1956 年于辽宁兴城县白塔峪乡塔沟村砖塔附近井中出土。石高 49 厘米，宽 48.5 厘米，计 15 行，行 15 字"①。

《觉花岛海云寺空通山悟寂院塔记》曰：

> 觉花岛海云寺空通山悟寂院创建舍」利塔，于地官内安置八角石藏于上。并」镌诸杂陀罗尼、《造塔功德经》、九圣、八明」王、八塔各名及偈，一百二十贤圣，五佛」七佛名号。石藏中间容空五尺，于内安」置水晶塔一座。墡石匣内次铁匣，次铜」匣，次银匣。于银匣内金瓶银瓶各一支。」于金瓶内杂色舍利数百粒，于银瓶内」感应舍利一颗。其外石盛量似槟榔，并□孔窍。隔石睹之，随摇而动，其形如荳，既」无出入之处，是知灵异故。尔于水晶塔」左右有银菩提树两株，石像数尊，诸杂」供具遍盈藏内，于石匣下有此塔记。」大安八年岁次壬申九月辛巳朔二十」九日己酉辛□□分掩藏记。」②

---

① 向南辑：《辽代石刻文编》，河北教育出版社 1995 年版，第 451 页。

② 录文据（1）向南辑：《辽代石刻文编》，河北教育出版社 1995 年版，第 451 页；（2）王晶辰主编：《辽宁碑志》，辽宁人民出版社 2002 年版，第 36 页。"」"表示碑文提行处。此塔碑现藏于辽宁锦州市博物馆。笔者无缘亲见，本文据录文来研究纯属无奈。

《觉花岛海云寺空通山悟寂院塔记》作"觉花岛"，实质就是觉华岛。辽代佛教中，常把"华"作"花"，正如"华严"常作"花严"①。觉华岛位于辽中京道地区的岩州。据《辽史·地理志》，"岩州，保肃军，下，刺史。本汉海阳县地。太祖平渤海，迁汉户杂居兴州境，圣宗于此建城焉。隶弘义宫，来属。统县一：兴城县"②。即觉华岛所在的区域隶属于辽太祖耶律阿保机的斡鲁朵——弘义宫，觉华岛所属的岩州只是地理位置在中京道境内，行政上并不属中京道管辖，而是直属阿保机的斡鲁朵（即行宫）管理③。至辽圣宗时期，朝廷才于此地建城，设兴城县。海云寺空通山悟寂院创建的舍利塔所在的兴城县曾有汉人聚居。海云寺的财产十分富足，而且跟朝廷的关系亲密，著名的高僧思孝曾长期住锡此寺④。

海云寺空通山悟寂院的舍利塔"地宫内安置八角石藏于上"，应是受密教八大菩萨、八大灵塔信仰的影响。舍利塔上"镌诸杂陀罗尼、《造塔功德经》、九圣、八明王、八塔各名及偈，一百二十贤圣，五佛七佛名号"，值得关注。

"镌诸杂陀罗尼"，即在舍利塔上刊刻密教陀罗尼咒语。辽代社会陀罗尼信仰非常盛行，经幢、舍利塔上普遍刻写陀罗尼咒语⑤。据朱子方先生了解，兴城县白塔峪的白塔地宫在 1966 年到 1976 年期间曾被人揭开，地宫四壁均立有石碑。这些石碑证明白塔即属于觉花岛海云寺空通山悟寂院。在白塔附近，出过不少火化石棺，有的砖上还写或刻着和尚的名字，那么，空通山悟寂院自然是属于海云寺管理坟山的寺院⑥。据《造塔功德经序》所载，"夫塔者梵之称，译者谓之坟。或方或圆，厥制多绪。乍琢

---

① ［日］竺沙雅章：《辽代华严宗的系谱——以新出华严宗典籍的文献学研究为中心》，原载《大谷大学研究年报》第 49 集，1997 年，此据竺沙雅章《宋元佛教文化史研究》第 1 部之第 5 章《辽代华严宗考察之———以新出华严宗典籍的文献学研究为中心》，汲古书院 2000 年版，第 111 页。

② （元）脱脱等：《辽史》卷 39《地理志三》，中华书局 1974 年标点本，第 488 页。

③ 辽朝诸帝的斡鲁朵均有其专属的州县，称为隶宫州县。关于隶宫州县的性质，学界一直有争议。详细情况《辽代高僧思孝与觉华岛》一文中已经讲明，此不赘述。

④ ［日］神尾弌春：《契丹之寺院》，载神尾弌春《契丹佛教文化史考》，伪满洲文化协会 1937 年版，第 39 页；［日］野上俊静著，金申译：《辽代高僧思孝——房山石经介绍之一》，《辽金契丹女真史研究》1989 年第 1 期，第 55—58 页。

⑤ 尤李：《论辽代密教的来源》，《国学研究》第 27 卷，北京大学出版社 2011 年版，第 223—263 页。此文已经收入本书。

⑥ 朱子方：《跋兴城塔子沟出土的两件石刻》，《辽金契丹女真史研究动态》1984 年第 2 期，第 2 页。

乍璞，文质异宜。并以封树遗灵"①。造塔实质就是建坟。塔最原始的功能就是埋藏佛骨或和尚之骨。因此，海云寺空通山悟寂院创建的舍利塔就是高僧的坟塔。按佛教的观念，修行颇高的僧人之尸骨焚烧后会产生舍利，因此高僧的坟塔也可被称为舍利塔。

空通山悟寂院所建舍利塔上镌刻《造塔功德经》，即造此塔的经典依据就是《造塔功德经》。据《造塔功德经序》所载，"此经以永隆元年冬十一月十五日，请天竺法师地婆诃罗与西明寺沙门圆测等五人，于弘福道场奉诏宣译。至其年十二月八日终其文义"②。此经于唐高宗永隆元年（680）十二月，由地婆诃罗三藏与西明寺圆测等五人在长安弘福寺译出。唐西京的弘福寺为贞观八年（634）唐太宗为自己的母后——高祖太穆皇后追福所立，太宗时广召天下名僧居之③。《大周刊定众经目录》卷一则称"《造塔功德经》一卷"，"大唐永隆元年地婆诃罗于东太原寺译"④。东太原寺即东都洛阳的太原寺，原为武则天之母荣国夫人宅，位于教义坊，"后立太原寺。武后登上阳宫，遥见之，辄凄感，乃徙于积德坊。此坊与禁苑连接"⑤。

如《造塔功德经》所述，"如是我闻，一时佛在忉利天宫白玉座上，与大比丘、大菩萨等，及彼天主无量众。俱时大梵天王、那罗延天、大自在天、及五干闼婆王等，各与眷属俱来至佛所，欲问如来造塔之法，及塔所生功德之量"⑥。这是众神问释迦造塔之法及其功德。按此经所说，在未有塔处所造之塔无论大小，都有巨大的功德。"会中有菩萨名观世音，知其意即从座起，偏袒右肩右膝着地，合掌向佛而作是言：'世尊，今此诸天、干闼婆等故来至此。欲请如来造塔之法，及塔所生功德之量。唯愿世尊为彼解说，利益一切无量众生。'尔时，世尊告观世音菩萨言：'善男子，若此现在诸天众等、及未来世一切众生，

---

① ［日］高楠顺次郎等编：《大正新修大藏经》（以下简称《大正藏》）第16册，大正一切经刊行会1925年版，第800页。

② 同上书，第801页。

③ （清）徐松：《增订唐两京城坊考》（修订版）卷4，李健超增订，三秦出版社2006年版，第185页。

④ ［日］高楠顺次郎等编：《大正藏》第55册，大正一切经刊行会1928年版，第379页。

⑤ （清）徐松：《增订唐两京城坊考》（修订版）卷5，李健超增订，三秦出版社2006年版，第386页。

⑥ ［日］高楠顺次郎等编：《大正藏》第16册，大正一切经刊行会1925年版，第801页。

随所在方未有塔处，能于其中建立之者，其状高妙出过三界，乃至至小如庵罗果；所有表刹上至梵天，乃至至小犹如针等；所有轮盖覆彼大千，乃至至小犹如枣叶。'"①

空通山悟寂院舍利塔内，"于银匣内金瓫银瓫各一支。于金瓫内杂色舍利数百粒，于银瓫内感应舍利一颗"。按《造塔功德经》所载，"于彼塔内藏掩如来所有舍利、发牙、髭爪下至一分；或置如来所有法藏、十二部经，下至于一四句偈。其人功德，如彼梵天。命终之后，生于梵世。于彼寿尽，生五净居。与彼诸天等无有异。善男子，如我所说如是之事。是彼塔量功德因缘。汝诸天等应当修学"②。

关于悟寂院舍利塔上所刻《造塔功德经》之偈，《造塔功德经》曰："尔时，观世音菩萨复白佛言：'世尊，如向所说。安置舍利及以法藏，我已受持。不审如来四句之义。唯愿为我分别演说。'尔时，世尊说是偈言：'诸法因缘生，我说是因缘。因缘尽故灭，我作如是说。''善男子，如是偈义名佛法身。汝当书写置彼塔内。何以故？一切因缘及所生法性空寂故。是故我说名为法身。若有众生解了如是因缘之义，当知是人即为见佛。'"③那么，悟寂院舍利塔上一定刻有偈言："诸法因缘生，我说是因缘。因缘尽故灭，我作如是说。"只是《造塔功德经》原本规定书写此偈言置于塔内，而悟寂院舍利塔在实践中将这段偈颂刻写在塔上。

舍利塔上所刻"九圣"或许指九种阿弥陀佛之尊形。阿弥陀佛是"西方三圣"（即阿弥陀佛、观世音菩萨、大势至菩萨）之一。由于机类不同，往生极乐净土者有九品之别，其来迎之佛亦有九品。以其佛体有九种，故又称九体阿弥陀。

舍利塔上还刻有八明王、八塔。在密教中，秉受如来之教令，为摄召众生而示现忿怒形者，有降三世、马头、不动、爱染、军荼利、大威德、大轮、步掷、金刚夜叉、无能胜、大元帅等，皆称为明王。其中，不动、降三世、军荼利、大威德、金刚夜叉等明王，称为五大明王；又加马头、大轮、步掷等明王，则称为八大明王。李文信先生在寄给朱子方先生的《海云寺空通山悟寂院舍利塔记》石刻原文抄本题记中曾说："明"字缺

---

① ［日］高楠顺次郎等编：《大正藏》第16册，大正一切经刊行会1925年版，第801页。
② 同上。
③ 同上。

末笔①，这是避讳，避辽穆宗和辽景宗之汉文名。《契丹国志》载："穆宗讳璟，番名述律，后更名明。"② 《辽史》云：辽景宗"讳贤，字贤宁，小字明扆"③。

舍利塔上所刻八塔即指"八大灵塔"。八大灵塔指于世尊一代之八处灵迹所建立之大塔，略作八塔。佛陀住世时曾亲举八大灵塔名，并劝听者供养之。据法贤译《佛说八大灵塔名号经》，八大灵塔是："第一，迦毗罗城龙弥你园是佛生处；第二，摩伽陀国尼连河边菩提树下佛证道果处；第三，迦尸国波罗奈城转大法轮处；第四，舍卫国祇陀园现大神通处；第五，曲女城从忉利天下降处；第六，王舍城声闻分别佛为化度处；第七，广严城灵塔思念寿量处；第八，拘尸那城娑罗林内大双树间入涅槃处。"④这八大灵塔可以说概括了佛祖一生的主要事迹。《八大灵塔名号经》所载偈颂曰：

> 净饭王都迦毗城，龙弥你园佛生处。
> 摩伽陀泥连河侧，菩提树下成正觉。
> 迦尸国波罗奈城，转大法轮十二行。
> 舍卫大城祇园内，遍满三界现神通。
> 桑迦尸国曲女城，忉利天官而降下。
> 王舍大城僧分别，如来善化行慈悲。
> 广严大城灵塔中，如来思念寿量处。
> 拘尸那城大力地，娑罗双树入涅槃。⑤

在该经中，世尊还论述了修建八大灵塔并进行供养的益处："如是八大灵塔，若有婆罗门及善男子善女人等，发大信心，修建塔庙，承事供养，是人得大利益，获大果报，具大称赞，名闻普遍，甚深广大。乃至诸苾刍亦应当学。"世尊"复次诸苾刍：'若有净信善男子善女人，能于此

---

① 朱子方：《跋兴城塔子沟出土的两件石刻》，《辽金契丹女真史研究动态》1984年第2期，第1页。

② 旧题（宋）叶隆礼撰：《契丹国志》卷5《穆宗天顺皇帝纪》，贾敬颜、林荣贵点校，上海古籍出版社1985年版，第50页。

③ （元）脱脱等：《辽史》卷8《景宗纪上》，中华书局1974年标点本，第89页。

④ ［日］高楠顺次郎等编：《大正藏》第32册，大正一切经刊行会1925年版，第773页。

⑤ 同上。

八大灵塔，向此生中至诚供养，是人命终，速生天界。'"①

舍利塔上所刻"五佛、七佛名号"也有深意。五佛属于密教的概念，即五尊佛，又作五智佛、五智如来、五禅定佛，有金刚界与胎藏界之别。七佛，又称过去七佛，指释迦佛及其出世前所出现之佛，共有七位，即：毗婆尸佛、尸弃佛、毗舍浮佛、拘留孙佛、拘那含牟尼佛、迦叶佛与释迦牟尼佛。

《空通山悟寂院塔记》特别描写了八角石中的布局，包括其中供养的塔舍利、菩提树、石像。盛装舍利之器皿，多以金属、石器、陶器、木材等制造，形状不一。《塔记》中提及的所有器皿应该都是宗教圣物。余欣先生认为：寺院财物的重要组成部分奇珍异宝，如金银器、宝石等，作为佛教供养品，应该和佛教"七宝"观念和用宝物作为庄严的手段有关。"七宝"到底包含哪些宝物，不同时代、不同佛经文本的表述不一，但是好些经典所述的七宝中都含金、银。七宝作为佛教严饰用品的观念，大概与以《佛说阿弥陀经》为代表的说法流行有关②。在密教信仰中，宝物在仪轨中占有非常重要的地位③。

关于金瓴内盛"杂色舍利数百粒"，按《法苑珠林》的说法，"舍利有其三种：一是骨舍利，其色白也。二是发舍利，其色黑也。三是肉舍利，其色赤也"④。那么，金瓴内很可能同时存有骨舍利、发舍利和肉舍利。"隔石睹之（即舍利），随摇而动，其形如荳"，"荳"即豆。在中国，舍利多为豆粒状。

水晶塔左右供有"银菩提树"，当源于这一典故：释尊于中印度摩揭陀国伽耶城南菩提树下成道，故名菩提树，译曰道树，又云觉树、道场树、思维树、佛树。

另外，朱子方先生提出疑问：建于辽大安八年的空通山悟寂院舍利塔与现存的兴城县白塔峪白塔的关系如何？有人说这座白塔位于兴城县西北14公里，也是大安八年建，八角十三层，实心密檐式，高54米。果而如

---

① 　[日]高楠顺次郎等编：《大正藏》第32册，大正一切经刊行会1925年版，第773页。

② 　余欣：《七宝考：佛寺宝藏的功能诠释》，载余欣《中古异相——写本时代的学术、信仰与社会》，上海古籍出版社2011年版，第248—251页。

③ 　同上书，第265页。

④ 　（唐）释道世：《法苑珠林校注》卷40《舍利篇第三十七》，周叔迦、苏晋仁校注，中华书局2003年版，第1260页。

此，则两塔可能为一塔或同时建造的双塔①。实际上这两座塔摆放的位置不同、形制差异甚大，功能也迥然相异。按一般情况，海云寺的坟塔应该就在该寺当中或该寺附近。但是《空通山悟寂院塔记》作为海云寺的坟塔的碑刻，被发现时却根本不在觉华岛上，而是远离该岛，在内陆兴城县境内被发现。这可能与元朝初年的战争有关。在这场战争中，觉华岛上的龙宫、海云两寺被毁，海云寺所属的空通山悟寂院坟山也随之废弃了②。或许《觉花岛海云寺空通山悟寂院塔记》就是在这一过程中辗转到了兴城县白塔峪。

（本文是楼宇烈先生主持的"觉华岛佛教历史与文化"项目的阶段性成果，得到纳通医疗集团、辽宁省葫芦岛市政府和觉华岛旅游度假区管委会的大力支持、资助，谨此致谢！）

（原载《东北史地》2012 年第 5 期）

---

① 朱子方：《跋兴城塔子沟出土的两件石刻》，《辽金契丹女真史研究动态》1984 年第 2 期，第 2—3 页。

② 同上书，第 2 页。

金代文人心目中的觉华岛

——以王寂为中心

    辽灭金兴之后，女真统治者也在辽东地区设立行政管辖区域。据《金史·地理志》，北京路所辖的兴城县是"辽岩州保肃军县故名，皇统三年（1143）废州隶锦州。有桃花岛"①。桃花岛即觉华岛（今辽宁菊花岛，2009 年为突出历史人文内涵，又改称觉华岛）。佛教圣地觉华岛也成为金代著名文人王寂目光聚焦的中心之一。他曾经专门作诗描述过觉华岛。以往学界对王寂的研究和讨论不少②。如郭锐撰文探讨过王寂的生平、他与佛教的关系，指出：由于家庭环境、社会背景的影响，王寂身上体现出浓厚的佛教情结。他畅游佛寺，结交高僧大德，具有较高的佛学修养。他的诗文引用佛典贴切，渗透佛教义理③。但目前还无人结合当时的历史、社会和信仰背景专门分析王寂的觉华岛诗歌。本文拟在这方面作一些工作。

    王寂是金朝中期学识渊博的学者。清人英和在《金文最》序文中称赞王寂为"大定、明昌文苑之冠"④。金世宗大定年间（1161—1189）和金章宗明昌年间（1190—1196）是金朝的鼎盛时代，都堪称金代"文治"的顶峰，而王寂正是这一时代的代表人物。

    王寂对觉华岛的描述中，佛教是"重头戏"。如学界对辽代著名高僧郎思孝的探讨、对辽朝觉华岛佛教的认识，很多都源自王寂所撰《辽东

---

① （元）脱脱等：《金史》卷 24《地理志上》，中华书局 1975 年标点本，第 561 页。

② 相关研究的归纳和总结，详见郭锐《金代文学家王寂与佛教》，《北方文物》2011 年第 1 期，第 87 页。

③ 同上书，第 87—90 页。

④ （清）张金吾辑：《金文最》，中华书局 1990 年版，第 2 页。

行部志》的追记①。

王寂有诗《觉华岛并引》云:"予自少时,即闻辽东觉华岛为人间佳绝处。凡道经海上,未尝不驻鞍极望,久不能去;第简书有期,不得一到为恨。大定乙未之秋仲十有四日,予自白霫审理冤狱归,投宿龙宫下院,谋诸老宿,期一往焉。老宿曰:'今秋风劲,波浪汹涌。虽柁工篙师往来其间,亦不免缩颈汗背。当俟隆冬冰合,如履平地,然后可著鞭耳。'予竟不听,明日登舟。行未几半,风涛掀簸。舟人为之变色,于是收帆弥楫,维石于北渡。予叹曰:'此而不济,则命也。'乃割牲酾酒,投是诗以祷之。遂复鼓枻以进,已而风停浪静。天水湛然,极目万里,恍然如坐大圆镜中。指顾之间,已登彼岸。舟僧询大德者谓予曰:'正直动山鬼,诗句起蛰龙者,信不诬矣。'予笑曰:'如二公者,千古仰之,犹太山、北斗。岂庸人末士所可拟哉?是必怜其勤而报以诚也。不然,则刘昆所谓反风灭火,蝗不入境者,皆偶然耳?'虽然此一段奇,亦不可不纪也。"
诗云:

> 官亭湖神感且通,往来送客能分风。
> 广德王祠祷辄应,重楼翠阜浮霜空。
> 我行拟上觉华岛,香火遍走青莲宫。
> 中流未济成龃龉,船头西向旗脚东。
> 云奔雾涌白浪捲,一叶掀舞洪涛中。
> 平生行止类如此,凭仗愿有信与忠。
> 尝闻主海尊位置,顾岂变化难为功。
> 指呼蛟唇扫阴翳,天水万里磨青铜。
> 解维转柁饱帆腹,双桨不举追惊鸿。
> 兹游政要偿素愿,勿使坐叹诗人穷。
> 投文再拜沥微悃,为我寄语白龙翁。②

---

① [日]神尾弌春:《契丹高僧小传及其教学倾向》,载神尾弌春《契丹佛教文化史考》,伪满洲文化协会1937年版,第98—99页;[日]野上俊静著,金申译:《辽代高僧思孝——房山石经介绍之一》,《辽金契丹女真史研究》1989年第1期,第55—58页;尤李:《辽代高僧思孝与觉华岛》,《中央民族大学学报》2012年第1期,第47—51页。此文已经收入本书。
② 王寂:《拙轩集》卷1,《丛书集成初编》本,中华书局1985年版,第7—8页。

这首诗歌的引言一开头就说笃信佛教的王寂很早就向往觉华岛这一"人间佳绝处"，早就发愿要到觉华岛一游。其中提及王寂游觉华岛的时间及缘由："大定乙未之秋仲十有四日，予自白霫审理冤狱归。"大定乙未年即金世宗大定十五年（1175）。"白霫"系用前朝在此地居住的族群白霫（奚）来指代这一地区。实际上到了金代，不少奚人已经融入契丹，他们很少独立出现在历史舞台。

引言中称王寂所乘坐的船在航行途中，遭遇"风涛掀簸"的困境，王寂于是发感叹，"乃割牲酹酒，投是诗以祷之"。这是割下牲口的肉，并斟酒作诗以祈祷航行平安。这属于传统的民间巫术的祭祀仪式，目的是镇护风浪。

在遭遇大风大浪，短暂停顿后，又"复鼓枻以进，已而风停浪静"。结果，王寂一行顺利到达觉华岛。对此事，舟僧所说"正直动山鬼，诗句起蛰龙者"，也可窥见民间信仰的影响。在佛教史籍中，佛法降伏或度化鬼神、猛兽的记载十分常见。这两句诗暗指王寂的正直品性或对佛教的虔诚信仰降伏了民间神山鬼，惊起了冬眠中的龙。

王寂在引言的最后谈及："刘昆所谓反风灭火，蝗不入境者，皆偶然耳？""昆"在古代指"兄"。结合上下文语境，诗中的"刘昆"其实是指驱蝗之神刘猛将军。王寂的诗中出现这一神灵，实际上是有深厚的历史背景的。

所谓"反风灭火，蝗不入境者"，实暗指古代社会一种消灭蝗虫的方法。以火治蝗虫在中国有着悠久的历史。此法利用蝗虫的驱光性，用火诱集蝗虫焚烧[1]。

在华北地区，蝗虫向来是农作物最大的敌害，为害程度常极惨烈。中国蝗灾的分布，以黄河下游为最多，尤其是河北、山东、河南三省[2]。在金朝，海陵王正隆年间、金世宗大定年间正是蝗灾的多发期。这一阶段发生蝗灾的区域广泛、次数频繁。正隆二年至正隆三年（1157—1158），金中都、山东、河东出现蝗灾。大定元年至大定四年（1161—1164），金山东、中都路以南八路遭受蝗灾。特别是大定三年至大定四年（1163—

---

[1] 章义和：《中国蝗灾史》第7章《历史上的治蝗实践》，安徽人民出版社2008年版，第164页。

[2] 陈正祥：《中国文化地理》，生活·读书·新知三联书店1983年版，第50—55页。

1164），金中都以南地区普受蝗灾，且为特大连续性蝗灾。蝗虫常飞入中都①。而王寂生活、成长、为官的时代恰逢蝗虫的猖獗期，金朝的重要农业区华北地区深受其害，蝗虫还数次飞入京城。在这种情形下，蝗灾必定成为国家经济、政治生活中的大事②。这一问题也顺理成章地投射到王寂的诗文创作中。

据章义和先生研究，南宋以降，驱蝗神刘猛将军出现，以北宋抗击金兵的武将刘锜为原形。到清初，猛将庙的神主变为刘承忠，说刘承忠在元顺帝时率兵剿除江淮农民起义军③。赵世瑜先生认为：刘猛将军是从民间杂神中被国家"招安"的。这一信仰应该起源于江浙的民间，清中叶后才得到国家的认可，在北方也流行起来。目前关于刘猛将军传说的记载，基本不出清代文献④。赵先生的说法值得商榷。实际上，早在金代，王寂的诗歌《觉华岛并引》中已经提及驱蝗神刘猛将军。因此，在 12 世纪，中原地区可能已经流传着刘猛将军的传说，所以这一神灵才会出现在王寂的诗文中。

王寂在渡海前，投宿龙宫下院之时，听老宿说："今秋风劲，波浪汹涌。虽柁工篙师往来其间，亦不免缩颈汗背。当俟隆冬冰合，如履平地，然后可著鞭耳。"王寂在诗的一开头，便提到"宫亭湖神"。宫亭湖神是另一民间神灵，有制服风浪的功能。

中古早期，在鄱阳湖边的庐山地区，宫亭神信仰发展起来。宫亭湖神具有镇护风浪的信仰功能，受到行旅之人的崇信敬祀⑤。在佛教征服中国的过程中，与民间信仰发生关系的故事不少。佛教文献中常常出现佛教度化民间神灵的故事。在中古早期，庐山的慧远教团发展过程中，山中的民间神灵也颇有影响。慧远祭祀过庐山的民间神。慧远的《庐山记》中还

---

① 章义和：《中国蝗灾史》第 1 章《中国历代蝗灾的发生情况》、第 3 章《历史时期中国飞蝗的孳生地及危害区域》，安徽人民出版社 2008 年版，第 36、109—110 页。

② 如赵秉文就曾经因为蝗灾，上《宰相为蝗生乞罪表》（见赵秉文《闲闲老人滏水文集》卷 10，《四部丛刊》本，第 21 页正面、背面），内容是赵秉文因为蝗灾责备自己，请求辞官以平息流言。

③ 章义和：《中国蝗灾史》第 8 章《中国古代对飞蝗的迷信和巫禳》，安徽人民出版社2008 年版，第 185—190 页。

④ 赵世瑜：《民间社会中的寺庙：一种文化景观》，载赵世瑜《狂欢与日常——明清以来的庙会与民间社会》，生活·读书·新知三联书店 2002 年版，第 92—98 页。

⑤ 魏斌：《宫亭庙传说：中古早期庐山的信仰空间》，《历史研究》2010 年第 2 期，第 46—64 页。

提及庐山南侧有座神庙，叫做宫亭。庐山在慧远时代已经成为佛道两教共同的圣地，神圣的、超自然的魅力附丽于秀美的山色①。显然，宫亭湖神本是一个区域的信仰，不知什么时候传播到王寂所生活的北方地区，或者王寂通过什么媒介认识和了解了宫亭湖神。这些问题从现有材料已经不得而知了。从当时的情景来看，王寂准备前往的佛教圣地觉华岛离陆地有一段距离，人们素来惧怕在这段海面行船。王寂为寻求心理安慰，向宫亭湖神请求镇护风浪、旅行平安。

诗中又紧跟着出现"广德王祠"。东海广德王是四海龙王之中最为人知的神，由于它的神通广大，呼风唤雨，多本神话书中都能见到它的故事。王寂所吟"投文再拜沥微恳，为我寄语白龙翁"，也是描写龙神。在传统信仰体系中，五方龙王包括中央的龙帝及四海龙王，分别与五方之色相对应。即中央黄龙、东海青龙、南海赤龙、西海白龙、北海黑龙。因此，诗中的"白龙翁"应指西海龙王。

龙王有施云布雨的法力，五方龙王与四海龙王本源自中国传统信仰，后来被佛教、道教吸纳、改造②。唐宋时期，正是龙王信仰被官方认可、抬升的阶段。唐玄宗天宝"十载（751）正月，四海并封为王"，遣"太子中允李随祭东海广德王，义王府长史张九章祭南海广利王，太子中允柳奕祭西海广润王，太子洗马李齐荣祭北海广泽王。取三月十七日一时礼册"③。五代十国时期，吴国睿帝乾贞"二年（928）正月，封东海为广德王"④。宋仁宗康定元年（1040），"加东海为渊圣广德王，南海为洪圣广利王，西海为通圣广润王，北海为冲圣广泽王"。宋徽宗大观四年（1110），加东海号"助顺广德王"⑤。总之，龙王是中国古代神话中的神灵，汉人的传统信仰，出现在王寂的精神世界以及诗文中也顺理成章。王寂出于对航行中不测因素的恐惧，为求渡海平安，又向龙王祈祷。

从"宫亭湖神感且通"、"广德王祠祷辄应"的表述，可以看出：王

---

① ［荷］许理和：《佛教征服中国——佛教在中国中古早期的传播与适应》第4章《襄阳、江陵和庐山的佛教中心及北方佛教的影响》，李四龙、裴勇等译，江苏人民出版社2005年版，第257页。

② 闫祥鹏：《五方龙王与四海龙王的源流》，《民俗研究》2008年第3期，第200—205页。

③ （后晋）刘昫等：《旧唐书》卷24《礼仪志四》，中华书局1975年标点本，第934页。

④ （宋）欧阳修撰，徐无党注：《新五代史》卷61《吴世家第一·杨行密》，中华书局1974年标点本，第758页。

⑤ （元）脱脱等：《宋史》卷102《礼志五》，中华书局1977年标点本，第2488页。

寂把自己渡海过程中虽遭遇风浪，最终却平安到达觉华岛的经历，归因于传统民间神祇的灵验。

诗句中还出现"青莲宫"。"青莲"源于梵语优钵罗 Utpala，指青色之莲花。其叶修而广，青白分明，有大人眼目之相，故以之譬喻佛之眼。姚秦鸠摩罗什所译《维摩诘所说经》曰：释迦之"目净修广如青莲"①。王寂在诗中吟道："我行拟上觉华岛，香火遍走青莲宫。"那么，"青莲宫"在这首诗中应代指觉华岛上所有的佛寺。王寂上岛礼佛的迫切心情洋溢于表。

总之，《觉华岛并引》详细描述了王寂前往觉华岛的缘由，以及抵达这座佛岛的过程、心理活动。

王寂还作有《留题觉华岛龙宫寺诗》描写他登岛之后所见之景：

> 传闻三山驾宝虚，珠宫贝阙神仙都。
> 茫茫弱水限舟楫，人迹不到如有无。
> 平生点检江山好，只有龙宫觉华岛。
> 何年经创作者谁？兴圣帝师孤竹老。
> 老人绝俗栖金沙，岁久喜舍来天家。
> 悬崖架壑置佛屋，突兀殿阁凌烟霞。（小注：一作开明霞）
> 乃知造物开神异，故压祇园布金地。
> 四顾鲸波翼宝岩，玻璃环拥青螺髻。
> 我生自厌薰膻腥，坐觉两腋生清冷。
> 夜凉海月耿不寐，几欲举手扪天星。
> 明朝收帆落尘土，一梦回顾散风雨。
> 向令坡老此经行，想不愿为天竺主。②

《留题觉华岛龙宫寺诗》一开始便提到"三山"、"神仙都"。"三山"指古代神话传说中的海上三座神山：方壶（方丈）、蓬壶（蓬莱）、瀛壶（瀛洲）。秦汉方士用"三山"称呼东海中仙人所居之地，或称三岛。因

① 《维摩诘所说经》卷上《佛国品第一》，载［日］高楠顺次郎等编：《大正新修大藏经》（以下简称《大正藏》）第14册，大正一切经刊行会1925年版，第537页。
② 王寂：《拙轩集》卷1，《丛书集成初编》本，中华书局1985年版，第8页。

它们形状像壶，又称三壶。

《龙宫寺诗》中的"孤竹老"谓海山大师，为兴圣帝师，而兴圣帝者，兴宗神圣孝章皇帝也①。海山大师就是辽代驻锡觉华岛的名僧郎思孝。

《龙宫寺诗》接着浓墨重彩地写道："老人绝俗栖金沙，岁久喜舍来天家。悬崖架壑置佛屋，突兀殿阁凌烟霞。乃知造物开神异，故压祇园布金地。四顾鲸波翼宝岩，玻璃环拥青螺髻。"这些都是追忆辽代高僧思孝在岛上修行、建立寺院、弘扬佛法的事迹②。作者从客观世界和自己的精神世界提炼景物，用大量佛家典故和语汇描绘昔日觉华岛佛寺建筑的壮丽、佛法之兴盛。

其中，"故压祇园布金地"一句乃直接引用佛教典故。祇园，或作祇苑、祇洹，是祇树给孤独园的略称，或称只陀林、逝多林、胜林。祇园位于中印度憍萨罗舍卫城南方，相当于今尼泊尔南境，近于拉波提（Rapti）河南岸之塞赫特马赫特（Sahet. mahet），为佛陀说法遗迹中最著名者。祇树指波斯匿王的太子逝多的园林，给孤独是舍卫城的长者，即波斯匿王的主藏吏须达的别号。此精舍的土地原为逝多太子所有，须达长者欲购其地以建精舍献予佛陀，乃依太子所提条件，以金钱布满园中之地。太子感其诚心，遂施园中所有林木，两人合建精舍，故名祇树给孤独园③。祇园后来亦泛指佛寺。在诗中，王寂用"祇园布金地"的传说来借喻思孝在觉华岛上建佛寺、兴佛法之壮举。

随后，王寂抒发自己的情感。诗中所吟"我生自厌薰羶腥，坐觉两腋生清冷"，说明王寂奉行佛教的戒律。与之呼应，金世宗大定十七年（1177），当王寂行至庆云县（今辽宁康平）时，随从给他献上两条鱼。他"发而视之，气息奄奄然，即命贮之盘水中；少顷，植鬐鼓鬣，颇有生意"。王寂叹曰："尔相濡以沫，相呴以湿，苟延斯须之命，何如相忘于江湖哉！"于是他命仆人"持送于辽河之中流"，而且作诗曰："我哀濡

---

① 贾敬颜：《王寂〈辽东行部志〉疏证稿》，载贾敬颜《五代宋金元人边疆行记十三种疏证稿》，中华书局 2004 年版，第 266 页。

② 具体分析参见尤李《辽代高僧思孝与觉华岛》，《中央民族大学学报》2012 年第 1 期，第 47—51 页。此文已经收入本书。

③ 详见《杂阿含经》卷 23、《增一阿含经》卷 49，［日］高楠顺次郎等编：《大正藏》第 2 册，大正一切经刊行会 1924 年版，第 161—170、814—821 页。

呴辍晨羞，持送东城纵急流。此去更饥须闭口，莫贪香饵弄沈钩。"①王寂的放生行为，符合佛教戒杀生食肉的戒律。

王寂为进士出身，不仅信奉佛教，也熟知道教理论，结交高道，出入于儒、释、道三教之间。这不仅是他自身精神生活的反映，也是当时三教合一的社会趋势的写照②。其实，在王寂留下的诗文作品中，不仅有为佛教所作诗文，还有为道教、民间神（如城隍等）所写的作品③。从本文的分析可以看出：王寂为觉华岛所作的诗歌中，体现了多元信仰交融的意境。这些诗文虽然主要落脚点在佛教，但遣词造句中却包含多种神灵。王寂心目中的觉华岛，有多种文化或信仰势力接触，呈现出一幅多元化的信仰图景。

对于王寂的觉华岛作品，从选材、风格和技法来看，王寂作为诗人，对自然之美有高度的敏悟。他精致地选取了现实中的和自己精神世界中的艺术形象来再现自然美景和个人心境。自然景物起到比兴的作用，为诗人的感情活动渲染出一种气氛。用佛家语汇来写景，然后抒发情感，寓个人情兴于景致之中，融佛境于山水之中。在王寂的笔下，现实的景物和个人观念中的神灵被赋予鲜活的生命和开阔的气势，使自然美景与文人的兴致、情趣、信仰世界和感触浑然一体。客观的自然景象和主观的情灵心神交融互渗，由景见情。诗歌熟练运用光、色构成和谐的情调，处理动静、虚实关系巧妙、恰到好处。总之，王寂的觉华岛诗体现了文人的审美观念与宗教信仰的一脉相承。

除了王寂的作品，金代中期的文人赵秉文作《桃花岛回寄王伯宜》曰：

> 冰破村桥拥，春寒旅雁低。
> 远山封雾小，高浪与云齐。
> 岛寺明松雪，潮船溅藕泥。
> 诗情吟不尽，寄语画中题。④

---

① 贾敬颜：《王寂〈辽东行部志〉疏证稿》，载贾敬颜《五代宋金元人边疆行记十三种疏证稿》，中华书局 2004 年版，第 285—286 页。

② 郭锐：《金代文学家王寂与佛教》，《北方文物》2011 年第 1 期，第 89 页。

③ 详见王寂《拙轩集》，《丛书集成初编》本，中华书局 1985 年版。

④ 赵秉文：《闲闲老人滏水文集》卷6，《四部丛刊》本，第 8 页背面、第 9 页正面。

桃花岛即觉华岛。赵秉文的这首诗在选景构图方面显示出画家的匠心。从艺术手法来看，作者采用动静结合的方式写景，景物特色鲜明，然后再抒发感情。诗歌对景物精心组织，依次呈现出不同的境界，清晰地显示出自然之美景和诗人的雅兴。总之，作者寄托情兴于自然景物之中，体现了清丽的诗风。

综合上文对金代文人（主要是王寂）的觉华岛诗文的分析，可以看出：在王寂的心目中，觉华岛不仅是佛教圣地，还是人间美景，蕴含着多种神祇和多元文化。

对汉传佛教而言，采取度化民间神的手段，一方面是吸纳信众的有效做法，另一方面却使佛教蒙上一层民间信仰的色彩。随着时间的推移，佛教的民间信仰化或者说所谓"民间佛教"现象，越来越兴盛。其根源是本土民众多元化、实用性的信仰心态①。王寂的觉华岛诗文恰恰体现了这一点。

本文还从文学的角度考察了王寂、赵秉文两位文人官僚对觉华岛形象的塑造，感受觉华岛在金代文人心中留下的印象。王寂的诗不仅蕴涵对自然美景的描述，还包罗信仰层面的涵义。其审美关照、艺术表现手法与诗人的精神世界联成一气。而赵秉文的诗却长于从现实的自然风光中取景选材，融自然之美与自身兴致于一体。

（本文是楼宇烈先生主持的"觉华岛佛教历史与文化"项目的阶段性成果，得到纳通医疗集团、辽宁省葫芦岛市政府和觉华岛旅游度假区管委会的大力支持、资助，谨此致谢！）

（原载《葫芦岛日报》2012 年 5 月 25 日、6 月 8 日）

---

① 魏斌：《宫亭庙传说：中古早期庐山的信仰空间》，《历史研究》2010 年第 2 期，第 64 页。

辽《三河县重修文宣王庙记》考释

　　儒学不仅对辽朝的制度建设和政治文化产生了重大影响，也是促使契丹人迈向汉化的重要因素之一。学者对辽朝的儒学探讨不少①。概括起来，以往的研究注重不同族群之间的文化交流、融合，侧重于描述契丹统治者对儒学的政策、崇儒的现象及原因，儒家的思想观念，汉族儒士群体与契丹统治者的关系及历史地位，儒学在辽代的作用、影响，儒学教育与科举制，儒学典籍的编撰与流传，等等。

　　辽天祚帝乾统七年（1107）的《大辽国析津府蓟州三河县重修文宣王庙记》是在辽朝后期汉化较深的时代南京道地区留存的一块典型的与儒学有关的石碑，其中关涉到契丹统治之下汉人社会的儒学及地方社会的情况，很值得仔细剖析。至于碑额题《大辽国析津府蓟州三河县重修文宣王庙记》，实因辽道宗咸雍二年（1066）之后，辽朝的汉文国号从"大契丹"改为"大辽"，这在南京道地区的汉文碑刻中也有所反映②。本文选取《三河县重修文宣王庙记》和三河县（今河北三河市）地方社会作为切入点，采取微观研究法，希望通过对《重修文宣王庙记》的精细解读，比对其他材料，能管中窥豹，更深入地理解在异族统治下的汉人地方社会的文化面貌及日常政治。

---

　　① 专著有孟广耀的《儒家文化——辽皇朝之魂》，哈尔滨出版社1994年版，主要论文详见刘浦江的《二十世纪辽金史论著目录》，上海辞书出版社2003年版，第78—79页。

　　② 关于辽朝国号的复杂性，目前最新最全面的研究见刘浦江《辽朝国号考释》，原载《历史研究》2001年第6期，此据刘浦江《松漠之间——辽金契丹女真史研究》，中华书局2008年版，第27—51页。

一 三河县的地理及经济状况

《三河县重修文宣王庙记》位于辽南京道蓟州三河县①。据《辽史·地理志》,"蓟州,尚武军,上,刺史……三河县,本汉临朐县地,唐开元四年(716)析潞州置。户三千"②。《三河县重修文宣王庙记》曰:"粤若北方开统,尊居天地之中;燕壤割都,雄据尾风之分。燕京经界,辖制六州,总管内外二十四县。"③向南先生据《辽史·地理志》所载燕京辖六州二十五县,认为此碑"二十四县"之说有误④。其实《辽史》的记载本来就疏漏、错误甚多,而且辽代的地方建置又常因时、因地、因事而设官,变化频繁。因此《三河县重修文宣王庙记》说在天祚帝乾统七年(1107)南京道辖二十四县也是可能的,其中某些县或许有并省。而且,宋金"海上之盟"时,当时很多史料都说宋朝收复的是燕京六州二十四县。

《三河县重修文宣王庙记》又载:"县贯三河者,古之名邑也。左附流渠,背连黍谷。作大都之襟带,为上郡之脣膰。户版颇多,赋调益大。"⑤陈述先生早就提出:燕云地区是人口稠密的农业财富之区,对契丹的经济文化具有重大意义⑥。据韩茂莉先生研究,燕云十六州是南、西两京道的主要农耕区,也是辽全国的经济核心。燕云十六州内又以南京析津府为中心的平原地带自然条件优越,良田沃壤,人口最集中,农业生产发展水平最高⑦。而三河县恰好位于这一平原地区。

按《三河县重修文宣王庙记》,三河县"历经操割,随用有殊。自迁徙已来,逮五十载,事所未便者多矣。亦效兴废补弊,完缮未尽,力不及

---

① 向南辑:《辽代石刻文编》,河北教育出版社 1995 年版,第 577—579 页。笔者曾努力寻找该碑的拓片未果,本文根据向南先生的录文进行讨论纯属无奈之举。

② (元)脱脱等:《辽史》卷 40《地理志四》,中华书局 1974 年标点本,第 499 页。

③ 向南辑:《辽代石刻文编》,河北教育出版社 1995 年版,第 577 页。

④ 同上书,第 579 页,注释 1。

⑤ 同上书,第 577 页。

⑥ 陈述:《汗国性质与社会经济的发展》,载陈述《契丹社会经济史稿》第 1 篇,生活·读书·新知三联书店 1963 年版,第 26 页。

⑦ 韩茂莉:《辽王朝新增境域内的农业生产》,载韩茂莉《辽金农业地理》第 4 章,社会科学文献出版社 1999 年版,第 90—97 页。

者，孰后继焉？"① 大约 50 年前，即辽道宗清宁三年（1057），三河县县址迁徙。据《辽史·道宗纪》，清宁三年"秋七月甲申，南京地震，赦其境内"②。即在这一年，南京道全境都受到地震的影响和破坏，三河县应该也不例外。按常理，遭受地震破坏的区域土质疏松，不再适宜人居住。可能是这一原因迫使三河县县址迁移。县址迁徙之后 50 年仍然是"事所未便者多矣"，"兴废补弊，完缮未尽"。换言之，经历了半个世纪，三河县的灾后重建仍不令人满意。刘瑶正是在这样的背景下，于乾统五年（1105）出任蓟州长官，并着手进行一系列基础设施建设，其中一项就是重修当地的文宣王庙③。

二 祭祀孔子的方式和背景

唐玄宗开元二十七年（739），皇帝下诏册孔子为文宣王，还"内出王者衮冕之服以衣之"④。唐朝册封孔子为文宣王，辽代仍然沿用。包括辽道宗寿昌六年（1100）《龙兴观创造香幢记》也称孔子为"宣王"⑤。

《三河县重修文宣王庙记》接着记录刘瑶在文化方面的活动："公暇宴闲，常以虚怀待士。领袖生徒，纪纲文会，因集宣圣庙。见轩墀促窄，床座不正。法象之服，少依古制。历岁换代，栋朽橑崩，久致凋弊，多是习常，鲜有改作。公嗟叹不足，遂动葺卮之愿。"⑥ 这段文字说明三河县的文宣王庙本来就有塑像，采用偶像崇拜。"历岁换代"，暗示此文宣王庙初创于前朝，可能初建于唐。唐代孔庙祭祀的一个突出特点是将其向全国推广，并每年进行常祀⑦。蓟州三河县的文宣王庙可能就是在唐代国家向全国推行孔庙祭祀的潮流中建立的。《重修文宣王庙记》又说"历岁换代，栋朽橑崩，久致凋弊，多是习常，鲜有改作"，表明这一孔庙被破坏后，长期无人修缮。直到辽末，刘瑶跟当地文化人士聚集在这里，发现房

---

① 向南辑：《辽代石刻文编》，河北教育出版社 1995 年版，第 577 页。
② （元）脱脱等：《辽史》卷 21《道宗纪一》，中华书局 1974 年标点本，第 255 页。
③ 向南辑：《辽代石刻文编》，河北教育出版社 1995 年版，第 577—578 页。
④ （后晋）刘昫等：《旧唐书》卷 24《礼仪志四》，中华书局 1975 年标点本，第 921 页。
⑤ 向南辑：《辽代石刻文编》，河北教育出版社 1995 年版，第 508 页。
⑥ 同上书，第 578 页。
⑦ 雷闻：《隋唐国家祭祀的神祠色彩》，载雷闻《郊庙之外——隋唐国家祭祀与宗教》第 1 章，生活·读书·新知三联书店 2009 年版，第 66—67 页。

屋破坏严重，堂前屋檐下的平台、台阶上面的空地太狭窄，庙堂里的屏风及孔子像的座位不正，孔子像的衣服不依古制，所以打算修缮这座孔庙。

出现这种现象，跟辽朝社会文化气候的变迁有一定关系。"辽以用武立国。"① 辽朝前期尚武轻文，只在幽云地区实行科举制。这一制度不被统治阶级所看重，也不以此作为选拔汉族官僚的主要途径，开科取士人数很少。科举制对辽朝没有什么重要影响，连幽云地区的士大夫也不以应举为要务。澶渊之盟后，社会风气转变，由崇武转向尚文。科举应试之人增多，科举取士之数日渐增多，科举在辽代政治、社会上作用增大。到了道宗、天祚帝朝，取士常常一次多达百数十人②。辽朝初年，科举制在选官中作用很小，可能影响到各地的儒学教育和对孔子的认同，导致蓟州三河县的孔庙长期无人修葺。到辽末，蓟州长官刘瑶能组织三河县的地方人士重修孔庙，应当跟辽中后期科举制在选官制度中日益重要、成为入仕的重要途径（尤其是对汉人）有关。统和十二年（994）十一月庚戌，辽圣宗"诏郡邑贡明经、茂才异等"③。这表明皇帝亲自提倡儒学。这种社会风气促进了人们对孔子祭祀的认同和对文宣王庙的崇拜。这必定对儒学教育有推动作用。因此不难理解直到科举制大力发展、取士人数很多的天祚朝，三河县才积极重修文宣王庙。

刘浦江先生认为：燕云汉人经过契丹人的长期统治和胡风濡染，在文化风尚、生活习俗、服饰、民俗、姓名方面都存在胡化的倾向④。但是辽朝末期，燕地三河县的文宣王庙在多年废弃后得到修缮，似乎是传统儒学复振的信号。学界普遍认为：辽朝中后期汉化程度较深，汉官作用更大，儒学和科举制日益重要。国家的这种统治政策也会渗透到地方。到辽朝末年，在这一大背景之下，很可能传统的汉文化又反哺南京道地区，刺激了三河县文宣王庙的重修。因此，契丹统治者的文化政策，无论是"胡化"还是"汉化"，都对燕云地区产生了影响。

《三河县重修文宣王庙记》称：刘瑶重修孔庙时，"及示先师圣容，

---

① （元）脱脱等：《辽史》卷61《刑法志上》，中华书局1974年标点本，第935页。

② 杨若薇：《辽朝科举制度的几个问题》，载杨若薇《契丹王朝政治军事制度研究·附录二》，中国社会科学出版社1991年版，第279—280、282页。

③ （元）脱脱等：《辽史》卷13《圣宗纪四》，中华书局1974年标点本，第145页。

④ 刘浦江：《说"汉人"》，原载《民族研究》1998年第6期，此据刘浦江《辽金史论》，辽宁大学出版社1999年版，第113—120页。

《三礼图》为准。绘丹腆龙衮，玄冕黼黻，珠旒交映，金碧已至。粹容圆备，垂拱响明，位以当宁。左右具侍立，前列十哲，簪绂精饰，壁图七十二贤"①。修缮后的三河县孔庙仍然采取庙享、偶像崇拜的祭祀方式。孔子和左右从祀的十哲是塑像，七十二弟子是画像。

唐玄宗开元八年（720）三月，皇帝下诏曰："颜生等十哲宜为坐像从祀，曾参大孝，德冠同列，特为像坐于十哲之次，因画七十子及二十二贤于庙堂壁。以颜回亚圣，亲为制赞，以书于石，乃命当朝文士分为之赞，题其壁焉。"② 唐玄宗开元二十七年（739），皇帝下诏册孔子为文宣王，并规定了天下孔庙塑像的方位："自今以后，两京国子监及天下诸州，夫子南面坐，十哲等东西列侍。"③ 按唐玄宗的旨意，孔子、颜回等十哲、曾参都是塑像，其他从祀者则均为画像。看来，辽末三河县重修的文宣王庙，其偶像布置也延续了唐朝官方规定的模式。

至于三河县文宣王庙中孔子之像"绘丹腆龙衮，玄冕黼黻"，也参照了唐朝官方的规定，服帝王之衮冕。唐玄宗开元二十七年，皇帝下诏册孔子为文宣王的同时，还"内出王者衮冕之服以衣之"④。据《周礼注疏》卷四〇，"画缋之事，杂五色。东方谓之青，南方谓之赤，西方谓之白，北方谓之黑，天谓之玄，地谓之黄……白与黑谓之黼，黑与青谓之黻"⑤。画缋之事，指在衣服上绘画。黼黻即指古代礼服上所绣的黑白相间的花纹。

这次修缮文宣王庙，孔子圣容以《三礼图》为粉本。东汉时期，郑玄融会贯通，集前人之成就，遍注三礼，三礼之学由此奠定。之后，三礼之学郑注成为主流。从唐代起，三礼之学在法定上只有郑玄一家。好些经学家注释三礼，绘制《三礼图》⑥。不知三河县文宣王庙的孔子圣容取法哪家的《三礼图》。

毫无疑问，在契丹的统治下，重修后的三河县文宣王庙在供享方式、布局陈设方面仍然受中原文化、尤其是唐风的深刻影响。据麦大维（Da-

① 向南辑：《辽代石刻文编》，河北教育出版社1995年版，第578页。
② （宋）王钦若等编：《册府元龟》卷50《帝王部·崇儒术二》，中华书局1960年影印本，第560页。
③ 同上。
④ （后晋）刘昫等：《旧唐书》卷24《礼仪志四》，中华书局1975年标点本，第921页。
⑤ 台湾"国立"编译馆主编：《周礼注疏》，新文丰出版公司2001年版，第1776页。
⑥ 钱玄：《三礼通论》，南京师范大学出版社1996年版，第55—61页。

vid McMullen）先生研究，唐初国家重建儒学教育系统的热情超过以往的
分裂时代和隋代，与前代相比，儒学在唐前期前所未有的繁荣①，特别是
安史之乱前夕，国家性的儒学崇拜在中国历史上远超以往的规模。正是唐
玄宗做了比其他君主更多的努力来推广儒学。其中就包括在各地推广建孔
夫子庙②。玄宗时，标准孔庙的设置、壁画、神龛受佛、道的影响③。

但是，偶像崇拜不合儒教的礼制。按儒家礼制，供奉孔子应设木主，
而不是偶像④。但在具体实践中，唐代以前，民间就有供奉孔子及弟子像
的情况。直到唐代，孔子的塑像才得到官方的支持和推行⑤。在唐代，
《大唐开元礼》规定释奠礼设先圣先师的神主，但从中央到地方，孔庙中
都供奉着孔子与其弟子们的塑像或画像⑥。对孔子及弟子的偶像崇拜，有
受佛教影响和对民间信仰方式的模仿两种说法⑦。但是，大家基本都承
认：佛教的偶像崇拜对孔庙的偶像崇拜起了推波助澜的作用。

三河县重修之后的文宣王庙的布局是："正殿前厦三间，若干楄子，
门四扇。东廊房两间，户牖六事，门屋一座，束阶砌全。梁有碑，碑有
颂，明公亲笔。供具台床四条，祭器等备用。能栋宇瑰丽，藻井雕甍，势
若飞动。成其大壮，艰拟其功。"⑧本文前面已经论及蓟州经济发达，它所
在的南京道为辽朝汉文化的中心区。因此当地可以支撑重修孔庙的巨额费
用。孔庙的规模壮观、装饰豪华、摆设精致，折射出地方政府对文宣王庙
和儒学的重视程度。

---

① David McMullen, "The school system and the cult of Confucius", *State and Scholars in T'ang China*, Cambridge：Cambridge University Press, 1988, p. 37.

② Ibid, p. 43.

③ Ibid, p. 45.

④ ［日］小岛毅：《儒教的偶像观——说祭礼》，载东大中国学会编《中国的社会与文化》第 7 号，1992 年，第 69—82 页；［日］吾妻重二：《关于木主——以朱子学为中心》，收入《福井文雅博士古稀纪念论集——亚洲文化的思想与仪礼》，春秋社 2005 年版，第 143—162 页。

⑤ 雷闻：《隋唐国家祭祀的神祠色彩》，载雷闻《郊庙之外——隋唐国家祭祀与宗教》第 1 章，生活·读书·新知三联书店 2009 年版，第 65 页。

⑥ 同上书，第 62—65 页。

⑦ 陈登原：《国史旧闻》卷 13《孔子造像》，生活·读书·新知三联书店 1958 年版，第 363—365 页；David McMullen, "The School System and the Cult of Confucius", *State and Scholars in T'ang China*, Cambridge：Cambridge University Press, 1988, p. 43；黄进兴：《权力与信仰：孔庙祭祀制度的形成》，载黄进兴《优入圣域：权力、信仰与正当性》，允晨文化实业股份有限公司 1994 年版，第 178 页。

⑧ 向南辑：《辽代石刻文编》，河北教育出版社 1995 年版，第 578 页。

值得注意的是：重修时在文宣王庙的"前坤兑隅，特建土地堂"①。为什么还要在孔庙内特地建土地堂？实际上，动土会冒犯土地的说法在民间由来已久。在《说郛》所收甘公、石申《星经》卷下中，土公被看作"主营造宫室起土之官等类也"②。在占卜术中，某某神祇"出行图"、"出游图"之类极为常见。土公的职权被认为是"主管造宫室起土"，所以在修造过程中必须避开这些"出游图"所标明的某一间土公所在的方位，以免触犯土公③。在敦煌地区，僧人修建佛寺，担心触犯中国本土的神灵土地公公，专门"发露忏悔"，以令"罪障消灭"④。三河县重修文宣王庙，应该也是怕动土冒犯土地神，因此"特建土地堂"。在唐宋之际，土地神具有禳灾的神力和职责是全国共同的观念⑤。这或许也是三河县重修孔庙之时仍然特建土地堂的原因⑥。

土地堂的位置选在"前坤兑隅"。兑是易卦之名。在唐代，地方上建文宣王庙，也有选址于"兑隅"的。刘禹锡《许州文宣王新庙碑》曰："岁在丙辰，元曰开成，许州牧尚书杜公作文宣王庙暨学舍于兑隅，革故而鼎新也。"⑦

按《重修文宣王庙记》，"贤圣一门九重，门屋一座。院西广至城闉，两庙墙共七十堵"⑧。文宣王庙和土地庙面积很大，西边到达城门外的曲城。这似乎暗示宣王庙位于三河县城的西边。据《辽史·地理志》，辽上京"西南国子监，监北孔子庙"⑨。上京城的孔庙也建在西边。辽圣宗统和二十八年（1010）的《涿州移建孔庙碑阴记》曰："旧庙本在城南东北

① 向南辑：《辽代石刻文编》，河北教育出版社 1995 年版，第 578 页。

② 涵芬楼本《说郛》卷 108，载（明）陶宗仪等编《说郛三种》，上海古籍出版社 1988 年影印本，第 8 册，第 4983 页。

③ 余欣：《众神赴会：诸种信仰在敦煌的交融》，载余欣《神道人心——唐宋之际敦煌民生宗教社会史研究》第 1 篇，中华书局 2006 年版，第 86 页。

④ 同上书，第 85 页。

⑤ 同上书，第 89 页。

⑥ 辽代的南京道和西京道地区虽是汉族聚居区，佛教色彩十分浓郁，尤其是南京道系辽代佛教文化的中心。但是，从辽代石刻材料来看，南京道和西京道地区的汉人的信仰世界仍然是多元的，民间神（如"泰山府君"、"蒿里老人"、"土地公"等）仍有影响。这一问题容另文讨论。

⑦ （唐）刘禹锡：《刘禹锡集笺证》，瞿蜕园笺证，上海古籍出版社 1989 年版，第 77 页。

⑧ 向南辑：《辽代石刻文编》，河北教育出版社 1995 年版，第 578 页。

⑨ （元）脱脱等：《辽史》卷 37《地理志一》，中华书局 1974 年标点本，第 441 页。

隅，是年刺史高公移置南城东南隅康庄之左。"① 这说明涿州（今河北涿州市）的孔庙一直位于城的东部。这牵涉到辽人的风水观念。

敦煌文书 P. 2005《沙州都督府图经卷第三》曰：

> 州学，右在城内，在州西三百步。其学院内，东厢有先圣太师庙堂，堂内有素（塑）先圣及先师、颜子之像，春秋二时奠祭。
>
> 县学，右在州学西，连院。其院中东厢有先圣、太师庙堂，内有素（塑）先圣及先师、颜子之像，春秋二时奠祭。②

初唐时期，沙州的州学和敦煌县的县学都建有先圣先师庙，在城西边。

在两宋时期，地方上很大一部分孔庙和地方学选址在城市的东部和东南部，可能是出于风水的考虑，这种传统一直延续到明代③。金代的孔庙和地方学受宋代的影响，也几乎往城内东南隅迁移④。但是，辽代三河县和上京的孔庙依然选址城市西边，可能是延续唐代的习惯。在唐宋之际，中原地区关于孔庙的风水理念已经发生变化，但某些辽人的观念却没有改变。

三　刘瑶与蓟州地方事务

《三河县重修文宣王庙记》不仅涉及当地的祭孔和儒学，同时还包含地方日常政治的关键信息。

撰写《三河县重修文宣王庙记》的是"布衣王鉴"，即未入仕或没有取得科举功名的文化精英。《重修文宣王庙记》云："洎乾统五祀秋九月，

---

① 向南辑：《辽代石刻文编》，河北教育出版社 1995 年版，第 138 页。

② 李正宇录文：P. 2005《沙州都督府图经卷第三》，载李正宇《古本敦煌乡土志八种笺证》，新文丰出版公司 1998 年版，第 24—25 页。据池田温先生考证，本件《图经》是永泰二年（766）后以武周时代编纂的《沙州图经》为蓝本增补而成的（［日］池田温：《沙州图经略考》，榎博士还历纪念东洋史论丛编纂委员会编《榎博士还历纪念东洋史论丛》，山川出版社 1975 年版，第 70 页）。那么，其中的内容反映的是唐前期或之前敦煌社会的情况。

③ 成一农：《唐末至明中叶中国地方建制城市形态研究》，博士学位论文，北京大学，2003 年。

④ 成一农：《宋、辽、金、元时期庙学制度的形成与普及》，载张希清等主编《10—13 世纪中国文化的碰撞与融合》，上海人民出版社 2006 年版，第 178、180—182 页。

宰君刘公管领是邑。公讳瑶。"①刘瑶自天祚帝乾统五年（1105）开始担任蓟州长官。他不是通过进士及第入仕。因为辽末有推崇进士的社会风气，《重修文宣王庙记》的主旨就是歌颂刘瑶修庙的德政和功绩。如果他是进士出身，碑文不太可能漏掉这一段光辉经历。因此，刘瑶很可能出自燕地四大家族韩、刘、马、赵之一的刘氏家族②。辽朝的汉人世家大族（如韩、刘、马、赵四大家族），基本都是靠荫补而世代做官。辽圣宗朝以后的汉人重要官僚，大都是进士出身。由于科举取士的强烈冲击，有荫补特权的汉族显贵也开始不以荫补得官为满足，而以获取科场之名为荣耀③。既然碑文没有写刘瑶是进士出身，那么他很可能通过荫补得官。

刘瑶"下车之后，便尽创规革故。干事之谋，可谓珮服忠义，砥砺廉平，和而不流，宽而能断，动发百为，道存利物。数其政迹，实序如后"④。可见刘瑶一上任，就立规矩，办实事。

刘瑶的政绩之一是"有渔阳定躬治，岁春修桥路数十处，计用千功，三县轮配"⑤。渔阳县是蓟州的属县，有鲍丘水，户四千⑥。刘瑶在渔阳县亲自督促修桥、修路，所谓"计用千功，三县轮配"，即在蓟州所辖的三县渔阳、三河、玉田⑦之间分配劳力。在这一过程中，"每至，役人惧专领者妄幸陵逼，故不自执。愿赎庸给价，日系三缓。积久伤财害民"⑧。负责修桥、修路工程的"专领者"到各县去征发役人，逼迫民众的情况时有发生。因此民众愿意"赎庸给价"，即出绢、帛来减缓服役。对这种"伤财害民"之事，刘瑶"痛心疾首，矜恤生聚，于尚武告限。亲率丁夫，无避暴露。令伐木凿石，山谷桥道，刻期修毕。元计千功，以百代之，损少益多。泽民之心，孰与于此？"⑨ 刘瑶亲自具体管理和监督修桥、

---

① 向南辑：《辽代石刻文编》，河北教育出版社 1995 年版，第 577 页。
② 王恽的《秋涧先生大全集》卷 48《卢龙赵氏家传》云："赵氏自五季迄今，三百余年，子孙蕃衍，几于千人，忠传学继，世济其美……与韩、刘、马共称为燕四大族，至比唐李、郑、崔、卢。"（《四部丛刊》本，第 11 页正面、背面）
③ 杨若薇：《辽朝科举制度的几个问题》，载《契丹王朝政治军事制度研究·附录二》，中国社会科学出版社 1991 年版，第 284 页。
④ 向南辑：《辽代石刻文编》，河北教育出版社 1995 年版，第 577 页。
⑤ 同上。
⑥ （元）脱脱等：《辽史》卷 40《地理志四》，中华书局 1974 年标点本，第 499 页。
⑦ 同上。
⑧ 向南辑：《辽代石刻文编》，河北教育出版社 1995 年版，第 577 页。
⑨ 同上书，第 577—578 页。

修路之事，安排组织合理，节省了人力。

在征发徭役过程中，"往者或不拒事繁，致勾遣接手者众。专使交杂，蠹耗乡栅。驱良民如婢使，取私货若己产，深为不道。今止转帖，执状者多判自勾，摈斥制外。弹纠司局，以断蚕毒之尾，犹拔虎噬之牙。合境安静，秋毫不犯"①。以前修桥、修路的管理方式是"勾遣接手者众"，"专使交杂"，有"政出多门"、欺压民众、贪污之事。刘瑶改用"转帖"，由执状者来"判"和"勾"，即采用新的公文书运作方式。无论在中央还是地方，"帖"在辽代似乎都是重要的下行公文。按《辽史·营卫志》的记载，皇帝四时捺钵之时，"宰相以下，还于中京居守，行遣汉人一切公事。除拜官僚，止行堂帖权差，俟会议行在所，取旨、出给诰敕……五月，纳凉行在所，南、北臣僚会议。十月，坐冬行在所，亦如之"②。这暗示平时在中京居守的南面朝官除授官僚用"堂帖"，这种下行公文的性质只是临时差遣。直到冬、夏捺钵，在皇帝的"行帐"举行南、北臣僚会议，商议国家大事之时，才由皇帝和中央政府颁发"诰"、"敕"，正式确认"堂帖"所除拜的官僚。从这可以看出，在人事权方面，南面朝官机构自己独立处理官员任命的公文——"堂帖"作用很大③。"诰"和"敕"作为"王言"，在很大程度上只是形式上对"堂帖"内容的进一步认可④。蓟州长官刘瑶管理当地的工程，采用"转帖"这种公文来分配和指挥，由执状者来"判"和"勾"，可以理解为"判事"、"押署"和"签发"，即利用文字和行政规范来整顿和明确划分当地的具体细务。这样权责分明、事务专一，革除了以往的流弊，起到了良好的作用。遗憾的是，《重修文宣王庙记》对蓟州地方上"转帖"这种公务运行方式语焉不详，又没有其他相关材料对照，我们无法确知其中的详细过程。

---

① 向南辑：《辽代石刻文编》，河北教育出版社 1995 年版，第 578 页。

② （元）脱脱等：《辽史》卷 32《营卫志中》，中华书局 1974 年标点本，第 376 页。

③ 对《辽史·营卫志》的这段文字，傅乐焕先生认为：辽帝每年冬夏捺钵召开两次大政会议，会议完毕后，赴春水秋山，契丹官员全体及汉官一部扈跸同行，汉官大部返于中京居守，处理汉人事务。汉宰相先行堂帖权差，"其权殆为不小"。汉人之事由辽帝转委汉大臣统治之（傅乐焕：《辽代四时捺钵考五篇》，原载《中央研究院历史语言研究所集刊》第 10 本第 2 分，1942 年，此据傅乐焕《辽史丛考》，中华书局 1984 年版，第 96 页）。

④ 目前从文献和石刻材料，我们可以知道：辽朝的公文书有"诰"、"敕"、"帖"、"谕"、"册"、"制"、"牒"、"书"、"奏"、"状"、"表"、"疏"、"札子"。各类公文书在辽代各级官府和政治运作中发挥的作用，值得进行系统、通盘地考察。只是现有材料匮乏，全面研究的时机尚不成熟。

刘瑶"又南开通达,有桥若干。间至夏,河路暴涨,西泛东沂,怒涛断岸,多致摧坏,板木散失,及秋修完"①。水灾冲坏桥梁,在修复过程中,"动有率民,乃计议诱化,及出赎罚之资,易石数十载,漫覆盖压,得以坚固。后免科配烦挠"②。刘瑶组织民众出资,用石块加固桥梁。"凡差发,立排门历,量见在随户物力,遂定三等,配率均平。有权称贫乏小户,必得饶裕。所兴事用,亦非动众妨农。"③辽代文献中的家业钱、物力与宋一样,都是指民户资产④。刘瑶在蓟州当地征发劳役,以民户的资产为标准来配置赋役,改变赋役不均的状况。正所谓"配率均平","贫乏小户,必得饶裕"。辽代的赋役标准很不一致,其中杂徭通常按物力支配⑤。

碑文又继续赞誉刘瑶学识渊博、筹划治理有方、为民众谋福利:"公识通今古,学际天人。言出而理幽,事行而利大。力于公不劳于私,心于民无计于己。琅琅国器,磊磊天才。既殊抚字之能,便见经纶之略。伫期亨会,累席宠荣。当权造物之柄,别底庸绩。"⑥

从碑文反映的情况来看,蓟州地方官刘瑶在当地公共事务、行政运作和赋役摊派上享有很大的自主权。

《重修文宣王庙记》说刘瑶"领袖生徒,纪纲文会,因集宣圣庙"⑦,以及他亲自主持修茸孔庙,都表明他重视当地的文化精英和儒学。在修缮文宣王庙过程中,"固商略于诸吾道,聚谋兹事,移位修建"⑧。大家商议的结果是在新地方重建。"度所用经费,计钱三十万。艰其给出,公先输己俸。后疏有道心者及诸科前名等,扣得消使之数。"⑨重修费用达 30 万钱,筹款不易,刘瑶先捐献自己的俸禄。"疏有道心者及诸科前名等,扣得消使之数",似乎应理解为由崇拜孔子之信徒和科举考试名列前茅者捐

---

① 向南辑:《辽代石刻文编》,河北教育出版社 1995 年版,第 578 页。

② 同上。

③ 同上。

④ 刘浦江:《论金代的物力与物力钱》,原载《中国经济史研究》1995 年第 1 期,此据刘浦江《辽金史论》,辽宁大学出版社 1999 年版,第 260 页。

⑤ 同上书,第 278 页。

⑥ 向南辑:《辽代石刻文编》,河北教育出版社 1995 年版,第 579 页。

⑦ 同上书,第 578 页。

⑧ 同上。

⑨ 同上。

献一部分钱。钱筹集得差不多之后，"遂卜日命工，度木构材。系时必茸□□，亲临防未尽妙"①。在古代社会，动土修建房屋，都要通过仪式选择吉日。

在三河县重修孔庙的过程中，地方官实居主导势力，"重修孔庙"即是权力所在。刘瑶作为地方长官在灌输意识形态和宣扬教化方面扮演着重要角色。

作者王鉴"窃以鉴艺愧寡闻，词亏绝妙。顷辱佐尉刘公澈暨□□□□□□□请，用录县侯治效。安敢牢让，直笔其文，以贻于后者也。乾统七年十一月八日"②。碑名虽然题《大辽国析津府蓟州三河县重修文宣王庙记》，其实内容主要是详细记录刘瑶的政绩，相当于"德政碑"。这块碑原来嵌在三河县庙学明伦堂内壁③。王鉴书写这块碑，目的就是"贻于后者"。而且刘瑶又是蓟州地方长官，因此此碑当放置在文宣王庙的显要位置。在公共空间，能达到宣传效果。重修之后的孔庙和这块石碑都是刘瑶任职此地的特殊纪念品。

四　"国家的在场"与"民众的在场"

在三河县重修文宣王庙的具体过程中，地方政府享有高度的自主性，中央政府没有实质介入。但碑文的表述中仍然有"国家"的影子。

重修这座文宣王庙的理由是："我先师孔子，生于周末，有大圣之才，训导三千徒，游聘七十国。皇皇行道，汲汲救蹇，大经大本，博照今昔，实百代帝王之师。开仕进门，缉人伦纪。万化之原，由此涂出。天下被罔极之恩，率皆仰敬。苟不兴起，非忠于国。"④这体现了传统汉族文化精英的想法和汉人的伦理道德观念。其中"苟不兴起，非忠于国"，显示了兴儒学、修孔庙与忠诚于国家之间的联系。

《三河县重修文宣王庙记》指出：修文宣王庙"可以固士民祈福之所，莫不阐扬儒教，辅助国风"⑤。此庙作为"士民祈福之所"，即是超越

---

① 向南辑：《辽代石刻文编》，河北教育出版社1995年版，第578页。
② 同上书，第579页。
③ 同上书，第577页。
④ 同上书，第578页。
⑤ 同上书，第579页。

阶层的公共空间。不仅民众在这里祈福消灾，还"阐扬儒教，辅助国风"，体现民众信仰与国家教化的统一，地方社会中"民众的在场"和"国家的在场"。公开的祭孔仪式有助于凝聚民心，有效的将官、民整合在一起。"辅助国风"也是作者王鉴或蓟州长官刘瑶（甚至可能代表当地民众）对契丹人统治的合法性的体认。

对重修的文宣王庙，"新众目之观瞻，增一邑之壮丽。功待人兴，人与时会，能事毕矣。鉴新据旧，远追泗水之碑；以往知来，又勒三河之记云尔"[1]。此段溢美之词表明这一重建的孔庙已经成为三河县的一张新"名片"和标志性建筑。作为先圣先师的孔子祭祀也被普通百姓认可、深入人心。由此可见孔子之教的社会凝聚力、孔庙的象征力量。

刘瑶的声望和地位，通过在当地修桥、修路、组织重修孔庙的过程中得到加强。这些事务运行过程中牵涉到制度运作、人事以及文宣王庙作为公共空间、象征符号在建构和维系三河县地方日常秩序中的重要作用。重修文宣王庙及立碑，成为沟通"国家"和"民众"的桥梁。

另外，刘瑶使用公文书"转帖"来处理蓟州地方的日常细务，他作为国家的代表来指挥当地官吏和民众。"转帖"的形成与运行过程可以说连接了"国家"与"民众"。

五　结语

本文选取辽朝南京道蓟州《三河县重修文宣王庙记》作为一个观察点，延伸至其地区历史的研究，同时关照到宏观大背景，来了解辽末三河县的人文景观和当地社会的日常政治。这在某种程度上可说是契丹统治下汉人地方社会历史的一个"缩影"。

蓟州三河县位于辽朝农业发达、汉人聚居的南京析津府平原地带，在道宗朝可能因为地震，县址被迫迁徙。当地经济繁荣、汉人众多及地方官的倡导促成了文宣王庙的重建。

辽朝前期重武轻文，三河县文宣王庙在这样的氛围下未得到修缮。随着中后期国家重视文教，科举制度日益重要，到辽末，蓟州三河县地方官开始和当地文化精英一起修葺当地的孔庙。这次重修，庙堂的设计理念和

---

[1]　向南辑：《辽代石刻文编》，河北教育出版社1995年版，第579页。

布局都体现出浓郁的"唐风"。

在异族统治下，南京道地区汉人的地方社会仍然保持了很强的传统文化。尽管经过契丹人的长期统治，燕云地区的汉人具有胡化倾向，但是到辽中后期，在国家的统治政策日益汉化的大背景之下，三河县可能受此影响，重修孔庙。历史是复杂多样的。异族统治对燕云地区的影响，可能很多时候不能以"胡化"或"汉化"来简单概括，这两种文化倾向往往是交织在一起的。

刘瑶在蓟州担任长官期间，对当地的政治、经济和文化事业几乎是"事必躬亲"，他在地方行政、公共事务和文化建设方面均有较大的自主权。

刘瑶采用"转帖"的原因、实施过程和效果，有助于理解辽代汉族基层社会的政治秩序及政务运行的复杂过程。刘瑶有自行改变公文运作方式的权力，以保证日常行政的规范化和高效运行。修缮文宣王庙也是地方官的一种统治策略。刘瑶通过重修文宣王庙的活动，不仅积累了声望，还运用孔庙来构建社会秩序。他和《三河县重修文宣王庙记》的作者王鉴都是儒家文化的传播者。这是地方官树立爱民的形象，能起到移风易俗的作用。

当然，回到当时的历史现场，在三河县重修文宣王庙及立碑的前前后后，既有"国家的在场"，也有"民众的在场"。只是对前者仅仅在碑文中点到为止，具体到地方日常细务，地方官、地方文化精英和民众更活跃，发挥的作用更大。孔庙在"国家"、"地方社会"和"民众"之间发挥着特殊的桥梁和纽带作用。

文献与历史

试析《四库全书》对《契丹国志》的改编

  《契丹国志》是目前辽史领域除《辽史》之外最系统、最具参考价值的文献。自 20 世纪以来，国内外史学界对《契丹国志》及其相关问题作过一些研究，主要集中在考辨作者事迹、其书真伪、史料来源、史料价值以及与《辽史》的关系等方面。清乾隆年间修《四库全书》时，四库馆臣按照清高宗的意图对此书进行了较为彻底的改编。对于这个问题，学术界尚无专门研究。本文拟就《四库全书》对《契丹国志》的改编问题作一个初步的探讨。不当之处，敬请师友指正。

一 改编的缘起

  《四库全书》陆续缮校完毕并庋置以后，清高宗乾隆仍察察为明，不时抽阅，对一些书籍中存在的讹误，时时予以指责；对偶然发现的某些"违碍"之处，更是抓住不放、大做文章，从而导致在四库书成之后，又发生了一系列撤毁改补的事件①。

  乾隆四十六年（1781）十月，当第一份《四库全书》文渊阁本即将全部抄缮完毕之际，清高宗抽阅《契丹国志》时发现了他所认为的严重问题。馆臣遂请撤出此书，但高宗不同意这种做法，于是下旨改纂此书。

  乾隆四十六年十月十六日内阁奉上谕：

    《四库全书》馆进呈书内，有宋叶隆礼奉敕所撰《契丹国志》。
    其说采摘《通鉴》、《长编》及诸说部书，按年胪载，抄撮成文。中

---

  ① 参见黄爱平《四库全书纂修研究》，中国人民大学出版社 1989 年版，第 183 页。

间体例混淆，书法讹舛，不一而足。如书既名《契丹国志》，自应以辽为主，乃卷首年谱，既标太祖、太宗等帝，而事实内或称辽帝，或称国主，岂非自乱其例？又是书既奉南宋孝宗敕撰，而评断引宋臣胡安国语，称为胡文定公，实失君臣之体。甚至大书辽帝纪元于上，而以宋祖建隆等年号分注于下，尤为纰缪。夫梁、唐、晋、汉、周僭乱之主，享国日浅，且或称臣、称儿、称孙于辽，分注纪元尚可。若北宋则中原一统，岂得以春秋分国之例，概予分注于北辽之下？又引胡安国论断，以劫迫其父、开门纳晋军之杨承勋，谓变而不失其正。时承勋同父被晋围，虑祸及身，乃劫其父，致被晋戮，而己受晋爵赏。夫大义灭亲，父可施之子，子不可施之父，父即（既）背叛，子惟一死，以答君亲，岂有蔑伦背义，尚得谓之变而不失其正？此乃胡安国华夷之见芥蒂于心，右逆子而忘天经，诚所谓胡说也！其他乖谬种种，难以枚举。朕详加披览，经指驳者数十条，馆臣乃请撤出此部书。朕以《春秋》天子之事，是非万世之公，昨曾著《正统辨》，论断甚明。今《契丹国志》既有成书，纪载当存其旧，惟体例书法讹谬，于《纲目》大义有乖者，不可不加厘正。

著总纂纪昀等详加校勘，依例改纂。其志中之事迹，如祭用白马、灰牛、毡中枯骨变形视事及戴野猪头披皮之类，虽迹涉荒诞，然与《诗》、《书》所载简狄吞卵、姜嫄履武，复何以异？盖古人神道设教，以溯发祥，义正如此，又何信远而疑近乎？其余辽帝过举，如母后擅权诸事，足为后世鉴戒者，仍据志实书，一字不可易。

该总裁等覆阅进呈，候朕亲定，录入《四库全书》，并将此旨书于简端，以昭纲常名教、大公至正之义。特谕。钦此。①

高宗认为该书存在的主要问题是"体例混淆，书法讹舛"，内宋外辽，辽纪年之下附注宋纪年等，特别是书内某些有关纲常名教的议论及正统问题、华夷之见更使高宗难以容忍。于是他谕令总纂纪昀等人将原书"重加厘正、改纂成编"。纂修官在对原书作了删改之后，再经高宗"钦

---

① 《钦定重订契丹国志卷首附上谕》，文渊阁《四库全书》本，台湾商务印书馆1982年影印本，第383册，第655—656页；《谕内阁〈契丹国志〉体例书法讹谬著纪昀等依例改纂》，中国第一历史档案馆编：《纂修四库全书档案》下册，上海古籍出版社1997年版，第1417—1418页。

定",才录入《四库全书》①。根据乾隆四十九年（1784）七月二十日军机处上谕档："遵查《契丹国志》于四十六年奉旨改纂,四十八年二月办竣进呈。谨将四库馆写出正本呈览。谨奏。"②文渊阁本《钦定重订契丹国志》所署校毕时间是乾隆四十九年十一月。

四库馆征集的《契丹国志》共有四种本子:

（1）《两江第一次书目》:《契丹国志》[二十七卷],宋叶隆礼著,[抄本]四本。

（2）《浙江省第四次鲍士恭呈送书目》:《契丹国志》二十七卷,宋叶隆礼著,四本。

（3）《山东巡抚呈送第一次书目》:《契丹国志》二十七卷,宋叶隆礼著,六本。

（4）《浙江采集遗书总录简目》:《契丹国志》二十七卷（知不足斋写本）,宋秘书丞嘉兴叶隆礼撰。③

按照《四库全书总目》的记载,四库馆臣最终选择了浙江鲍士恭的家藏本作为底本④。

《契丹国志》收入《四库全书》过程中,馆臣以高宗的《上谕》为指导思想,作了大量的删改。在实际操作过程中,其改编范围远远超出了高宗在《上谕》中所提出的问题。本文限于篇幅,每种情况限举几例。

二 解决华夷之见及宋辽金的正统问题

《上谕》指出《契丹国志》辽帝纪年下附注宋纪年极为纰缪,这是清

---

① 文渊阁本《四库全书》、《四库全书简明目录》（上海古籍出版社 1985 年排印本）于该书均题为《钦定重订契丹国志》,但《四库全书总目》（中华书局 1965 年影印浙本）仅题为《契丹国志》。《总目》和《简目》提要内容也有所不同。

② 《军机大臣奏遵查〈契丹国志〉办竣情形并将正本呈览片》,中国第一历史档案馆编《纂修四库全书档案》下册,上海古籍出版社 1997 年版,第 1790 页。

③ 吴慰祖校订:《四库采进书目》,商务印书馆 1960 年排印本,第 33、88、149、247 页。

④ （清）永瑢等撰:《四库全书总目》卷 50《史部六·别史类·契丹国志》,中华书局 1965 年影印浙本,第 449 页。

高宗下旨改纂此书的直接动因，因为这不仅是体例问题，还暗含正统问题。高宗认为北宋是统一的中原正统王朝，其纪年自然不应附于辽之下。于是，四库馆臣完全删除了附注于辽纪年之下的宋纪年。

《契丹国志》一书所折射出的华夷之见及正统观念是高宗认为非同小可的问题。清高宗本人是北族王朝的帝王，按一般人的推断，他应该承认辽金的正统地位。实际情况是不是这样呢？

清朝刚入主中原时还站在北方族群的立场，有意提高辽金的地位。在顺治、康熙年间，满洲统治者把辽金帝王像搬进庙里供奉，时人以为"欲伪宋而正辽金"。这种情形到乾隆时代发生重大变化。此时满洲人的汉化已经相当深入。修《四库全书》时，因杨维祯的《正统辨》贬抑辽金，贯穿"独尊宋统"的思想，四库馆臣本不打算收入，但高宗极力推崇此书的这一观点，要求必须收入四库，还亲自为《正统辨》作提要①。乾隆题《大金德运图说》曰："夫宋虽南迁，正统自宜归之宋。至元而宋始亡，辽金固未可当正统也。"②高宗非常坦率地表明了自己的态度：正统在宋而不在辽金。这说明清高宗从北族王朝立场完全转变为中原帝制王朝立场。

与之极为相似的是金章宗的态度。金章宗也是北族王朝的君主，但他完全站在中原王朝一边来考虑问题，他的立场是内华外夷。他认为正统在宋，而不愿意承认辽为正统。清高宗只承认宋为正统而不承认辽金的正统地位。不同的是金章宗不便公开承认，而清高宗坦率地表明自己的意见。对于这一点，刘浦江先生在《女真的汉化道路与大金帝国的覆亡》一文中分析得很清楚③。金章宗处于与南宋对峙的分裂时代，自然不便公开说宋为正统。而清高宗在大一统的形势下可以毫无顾忌地发表自己的言论，公开独尊宋为正统王朝。

尽管如此，高宗仍不喜欢胡安国狭隘的华夷观，斥之为"胡说"。胡

① 关于清高宗乾隆对宋辽金正统问题的态度，详见刘浦江《德运之争与辽金王朝的正统性问题》，《中国社会科学》2004 年第 2 期，此据刘浦江《松漠之间——辽金契丹女真史研究》，中华书局 2008 年版，第 1—26 页。

② 《大金德运图说》卷首，文渊阁《四库全书》本，台湾商务印书馆 1982 年影印本，第 648 册，第 309 页。

③ 刘浦江：《女真的汉化道路与大金帝国的覆亡》，原载《国学研究》第 7 卷，北京大学出版社 2000 年版，此据刘浦江《松漠之间——辽金契丹女真史研究》，中华书局 2008 年版，第 252—253 页。

安国生活的时代，因南宋与金的关系紧张，宋人的华夷观念很强，其中尤以胡安国的《春秋传》为代表。胡安国强调华夷之防，认为华夷的界限永远不能改变。而高宗认为不管血缘如何，只要接受了中原文化就是华。《上谕》提到胡安国对杨承勋开门纳晋军之事的评语，高宗认为胡安国存有华夷之见。于是四库馆臣改编时删去了这段评语。而且，胡安国的其他有华夷之见的议论也被四库馆臣完全剔除。

三　规范体例，解决忽而"内辽"忽而"内宋"的问题

《契丹国志》忽而"内辽外宋"、忽而"内宋外辽"，是高宗在《上谕》中着重强调的一个问题，《四库全书总目》和《四库全书简明目录》都指出了这一点。《总目》曰：《契丹国志》"惟其体例参差、书法颠舛。忽而内宋，则或称辽帝或称国主。忽而内辽，则以宋帝年号分注辽帝年号之下。既自相矛盾"①。《简目》称："惟书中忽内宋外辽，忽内辽外宋，茫无体例。"②于是，四库馆臣对此书进行了划一体例的工作。在改编时，全部规范为"以辽为主"，许多语句里省去了作为主语或宾语的"辽"、"契丹"字样，改"辽师"为"我师"，改"夷"为"国"等。

如原本卷二○中的澶渊誓书《契丹圣宗誓书》、关南誓书《契丹致宋书》、《宋回契丹书》、《契丹回宋誓书》及议割地界书《宋回契丹书》，《钦定重订契丹国志》分别改为《圣宗回宋誓书》、《兴宗致宋书》、《宋朝回书》、《兴宗致宋誓书》、《宋朝回书》。

又如原本卷二《太宗嗣圣皇帝纪上》作：辽太宗会同八年（944）二月，"晋帝自将兵，及遣李守贞等分道击之，辽师败绩"。《钦定重订契丹国志》将"辽师"改为"我师"。原本所载会同八年三月"辽帝北归，所过焚掠，民物殆尽"一句，《钦定重订契丹国志》改为"帝北归，留赵延照为贝州留后"。

不仅如此，辽帝年号之下完全删去了宋帝纪年。《钦定重订契丹国志》没有任何一处在辽帝年号之下附注宋纪年的情况，但是仍然把五代

① （清）永瑢等撰：《四库全书总目》卷50《史部六·别史类·契丹国志》，中华书局1965年影印浙本，第450页。
② （清）永瑢等著：《四库全书简明目录》卷5《史部四·别史类》，上海古籍出版社1985年排印本，第209页。

年号附注于辽纪年之下。四库馆臣说明了其处理原则："五代十主篡窃相寻，覆亡接踵。至石晋，而遂称臣、称儿、称孙于辽，圣训谓尚可分注纪元。今仅依《纲目》列国之例，仍以五代年号夹注于下。但隆礼原书俱按年详系。今案此书以辽为主，与编年之史不同。凡一号而数年者，自毋庸逐岁缕列，今止载其改元。首载以备考核，余俱从略。"①

另外，《钦定重订契丹国志》将原本卷一四《诸王传》的"东丹王"改称"文献钦义皇帝"，这也属于规范体例。其按语说："按原书以东丹王标传目，据下文自在太子称皇帝，隆祐称皇太弟，皆追加之号，不应托云②独异，今改称文献钦义皇帝，以符体例。"

又因高宗指出此书"为奉宋孝宗敕所撰，而所引胡安国说，乃称安国之谥，于君前臣名之义，亦复有乖"③。于是《钦定重订契丹国志》删除了胡安国的所有评语。

四 据其他史料进行考订、辨误、补正

高宗《上谕》载："其说采摘《通鉴》、《长编》及诸说部书，按年胪载，抄撮成文。"《四库全书简明目录》称此书"大抵掇拾传闻，不能有所考证，诞妄疏漏，皆所不免"。《四库全书总目》说得更为具体："今观其书，大抵取前人纪载原文，分条采摘，排比成编。穆宗以前纪传，则本之《资治通鉴》。穆宗以后纪传及诸杂记，则本之李焘《长编》等书。其胡峤《陷北记》，则本之欧史《四夷附录》。《诸番记》及达锡、伊都等传，则本之洪皓《松漠记闻》。杂记则本之武圭《燕北杂记》……皆全袭其词，无所更改。间有节录，亦多失当……仅据宋人所修史传及诸说部钞撮而成，故本末不能悉具。"

关于《契丹国志》的史料渊源，顾吉辰先生认为主要取材于如下几个方面："五代时期有关契丹史事，抄撮于司马光《资治通鉴》和薛居正

---

① 《钦定重订契丹国志》卷1《太祖大圣大明神烈天皇帝》，文渊阁《四库全书》本，台湾商务印书馆1982年影印本，第383册，第665页。四库馆臣按语。

② 托云：即突欲。四库馆臣按《钦定辽金元三史国语解》将"突欲"改称"托云"。对此问题，本文后面有专门论述。

③ （清）永瑢等撰：《四库全书总目》卷50《史部六·别史类·契丹国志》，中华书局1965年影印浙本，第450页。

《旧五代史》、欧阳修《新五代史》。北宋太祖朝至哲宗朝这七朝有关契丹
的史事，抄撮于李焘《长编》。北宋徽、钦二朝时期有关契丹史事，则抄
撮于徐梦莘《会编》、洪皓《松漠记闻》等。除上述之外，叶氏还利用了
宋人对契丹的一些著述。如王称《东都事略》、史愿《亡辽录》、武圭
《燕北杂记》以及无名氏《契丹疆域图》等。"①实际上四库馆臣早已注意
到了这些问题。他们根据《通鉴》、《长编》、《会编》、《辽史》等史料对
原书作了大量地考订、辨误和补正。

（一）补原书之缺漏

如原本《契丹国初兴本末》对契丹源流的记载非常简略："契丹之始
也，中国简典所不载。远夷草昧，复无书可考，其年代不可得而详也。"
而《钦定重订契丹国志》则根据其他史料对契丹的源流作了补充："契丹
本炎帝之后，先世保鲜卑山以居，号鲜卑氏，为慕容燕所破，析其部曰宇
文、曰库莫奚、曰契丹。契丹之名昉见于此。"小注曰："叶隆礼原书契
丹之始，简册不载，无得而详。今考《辽史·世表》载辽先世传国源流
颇具，不得云无可考见，今据改正。"

又如原本卷一《太祖大圣皇帝纪》载："太祖击黄头室韦还，七部劫
之于境上，求如约。"《钦定重订契丹国志》改为："太祖为王，不肯受
代。久之，太祖击黄头室韦还，七部共劫之于境上，求如约。"小注曰：
"隆礼此文本袭《资治通鉴》，而删削失当。如七部求如约者，因太祖不
肯受代之故。原书乃删去不肯受代之文，遂致情事首尾不明，今据《通
鉴》改正。"

另外，《钦定重订契丹国志》对原本的缺漏有时仅提出质疑，对正文

---

① 参见顾吉辰《关于〈契丹国志〉几个问题的考证》，《东北地方史研究》1991 年第 1 期。
按：《契丹国志》一书的真伪一直是史学界有争议的问题。《四库全书总目》认为此书确为叶隆
礼所作，而《四库全书简明目录》则认为此书是伪书。清人程晋芳最早发现此书《进书表》有
漏洞（参见其〈《契丹国志》跋〉，《勉行堂文集》卷 5，清嘉庆二十五年刻本）。余嘉锡先生在
《四库提要辨证》卷 5《史部三·别史类》（科学出版社 1958 年版）中也曾指出《进书表》中的
矛盾。20 世纪 40 年代，中法汉学研究所编纂的《〈契丹国志〉通检》（1949 年版）的序言大胆
断言《进书表》的错误。李锡厚先生认为《契丹国志》确为叶隆礼所作，伪的仅是进书表（参
见其《叶隆礼和〈契丹国志〉》，《史学史研究》1981 年第 4 期）。顾吉辰也持类似观点。但刘浦
江先生详细分析了该书的内容，认为此书是元人所作伪书（参见其《关于〈契丹国志〉的若干
问题》，《史学史研究》1992 年第 2 期，此据刘浦江《辽金史论》，辽宁大学出版社 1999 年版，
第 323—334 页）。

不作更改，而在小注中指出其疏漏之处。

如原本《契丹国初兴本末》载："至阿保机为众所立，后并七部而灭之，契丹始大。"《钦定重订契丹国志》在此处加了一段按语："《通鉴》及《五代史》皆言契丹八部大人相代为王，然考之《辽史》，契丹自太祖以前，约尼氏①世为君长，初无别部更立之事。《通鉴》于梁开平元年（907）载太祖自言为王九岁。考《辽史》，是年太祖始受国主钦德之禅。未受禅时钦德为王自若，岂容一国有二主乎？疑《通鉴》、《五代史》所谓传旗鼓相代者，特八部大人之主国事者，异国传闻，遂以为王耳。隆礼书于此篇及《太祖纪》所载，皆承《通鉴》及《五代史》之说，未免失实。因其说相承已久，故姑仍其旧，而辨正于此云。"

又如原本卷二《太宗嗣圣皇帝纪上》载：辽太宗会同元年（937）七月，"辽以幽州为南京，大都为上京，渤海夫余城为东京"。《钦定重订契丹国志》有按语云："辽东京乃辽阳，本渤海金德县地；扶余城本扶余国，渤海为扶余城，辽改为黄龙府，又改为通州，虽并为渤海旧地，实非一所。前以扶余城为东丹国，此又以扶余为东京，均与《辽史·地理志》不合。今姑仍旧文而辨正之云"。

（二）修正纪年之误

《契丹国志》存在大量的纪年错误，《四库全书总目》指出："又帝纪中凡日食星变诸事，皆取《长编》所记，案年胪载。然辽、宋历法不齐，朔闰往往互异。如圣宗开泰九年，辽二月置闰，宋十二月置闰，宋之七月，在辽当为八月。而此书仍依宋法，书七月朔日食。此类亦俱失考。"《契丹国志》为什么会出现纪年之误？沈括称："契丹书禁甚严，传至中国者，法皆死。"②刘浦江先生认为"辽朝书禁甚严，不准本朝书籍流入宋境，宋人有关辽朝的一星半点的知识，差不多都是从那些所谓的归正人或归明人所写的笔记杂著中得来的。即便像辽朝纪年这样一个并非很隐秘的问题，宋人的了解也是相当有限……《契丹国志》因为主要取材于宋人著作，所以书中的辽朝纪年与《辽史》歧异甚多，这是应当引起我们

---

① 约尼氏：即遥辇氏。四库馆臣按《钦定辽金元三史国语解》将"遥辇氏"改称"约尼氏"。对此问题，本文后面有专门探讨。

② （宋）沈括：《梦溪笔谈》卷15，《四部丛刊》本。

充分注意的。"而且他认为"至于两书纪年的是非，除了道宗寿昌年号《辽史》误为寿隆，当从《契丹国志》外，我没有发现第二处《志》是而《史》非的地方，辽朝纪年仍当以《辽史》为准"①。现存的辽代碑刻和钱币都作"寿昌"，"隆"字犯圣宗名"隆绪"讳，可以确定《辽史》是错误的。疑金陈大任修《辽史》时为避金代之讳而将"寿昌"改为"寿隆"。

纪年之误确实是《契丹国志》的一个通病，四库馆臣已经注意到了这个问题，并对原本的纪年作了大量的改动。

如原本《契丹国九主年谱》载："太祖大圣皇帝，（讳亿，番名阿保机）。梁均王贞明二年（916）丙子称帝，国号大契丹，改元神册，辛巳改元天赞，至丙戌天赞六年（后唐明宗天成元年）。秋七月崩，在位十一年。"《钦定重订契丹国志》改为："太祖大圣大明神烈天皇帝，丁卯岁正月即皇帝位，称元年，国号大契丹，丙子改元神册，壬午改元天赞，丙戌改元天显。"小注称："太祖神册纪号凡六年，而叶隆礼原书神册至五年而止，较《辽史》少一年。又天赞改元在壬午岁，而原书以为辛巳，较《辽史》又多一年。又丙戌改元天显，而原书以为即天赞六年，不纪天显，均属舛误，今并据《辽史》改正。"

又如原本《契丹国九主年谱》载："（太宗）丙戌岁即位，丁亥改元天显，丁酉改元会同。"《钦定重订契丹国志》改为："（太宗）丁亥岁即位，仍太祖年号，称天显二年。至戊戌改元会同，丁未改元大同。"小注云："叶隆礼误以天显为太宗所改年号，故以丁亥为天显元年，与《史》差较一年。又沿《通鉴》丁酉为会同元年，而以丁未为会同十一年，不载大同年号，均与《辽史》参错不合，今并改正。"显然，这段纪年又是以《辽史》为准进行更改的。

刘浦江先生将《辽史》与《契丹国志》的纪年列了一个表，今胪列如下，以资比较②。

《辽史》	《契丹国志》
太祖　神册 6 年（916—921）	神册 5 年（916—920）

① 刘浦江：《关于〈契丹国志〉的若干问题》，载刘浦江《辽金史论》，辽宁大学出版社 1999 年版，第 332、334 页。

② 同上书，第 333 页。

	天赞 4 年（922—925）	天赞 6 年（921—926）
太宗	天显 12 年（926—937）	天显 10 年（927—936）
	会同 9 年（938—946）	会同 11 年（937—947）
	大同 1 年（947）	
世宗	天禄 4 年（947—950）	天禄 3 年（948—950）
穆宗	应历 18 年（951—968）	应历 17 年（951—967）
景宗	保宁 10 年（969—978）	保宁 6 年（968—973）
	乾亨 4 年（979—982）	乾亨 9 年（974—982）
圣宗	统和 29 年（983—1011）	统和 30 年（983—1012）
	开泰 9 年（1012—1020）	开泰 9 年（1013—1021）
	太平 10 年（1021—1030）	太平 10 年（1022—1031）
兴宗	景福 1 年（1031）	景福 1 年（1032 年）
	重熙 23 年（1032—1054）	重熙 22 年（1033—1054）
道宗	清宁 10 年（1055—1064）	清宁 10 年（1055—1064）
	咸雍 10 年（1065—1074）	咸雍 30 年（1065—1094）
	大康 10 年（1075—1084）	
	大安 10 年（1085—1094）	
	寿隆 6 年（1095—1100）	寿昌 6 年（1095—1100）
天祚	乾统 10 年（1101—1110）	乾统 10 年（1101—1110）
	天庆 10 年（1111—1120）	天庆 10 年（1111—1120）
	保大 5 年（1121—1125）	保大 4 年（1121—1124）

实际上，《钦定重订契丹国志》将辽朝的纪年几乎完全以《辽史》为准进行了改动，只是把《辽史》所作道宗的年号"寿隆"改为了"孝昌"。笔者估计文渊阁本《四库全书》可能在抄缮时将"寿昌"误作"孝昌"。

（三）修正史实

《四库全书总目》称原书"大抵取前人纪载原文，分条采摘，排比成编"。《四库全书简明目录》也称此书"大抵掇拾传闻，不能有所考证，诞妄疏漏，皆所不免"。四库馆臣把《新五代史》、《资治通鉴》、《续资治通鉴长编》、《辽史》等与《契丹国志》对勘，进行考源辨误，对原本中某些史实作了修改。

如原本卷一《太祖大圣皇帝纪》以后唐庄宗被弑、姚坤告哀二事叙于太祖攻渤海之前，先后颠倒，《钦定重订契丹国志》根据《辽史》对此作了调整。

又如原本卷一三《后妃传》载："海滨王文妃，本渤海大氏人。"《钦定重订契丹国志》改为："天祚帝文妃，国舅大父房之女。"小注曰："原书载文妃世系舛误，今据《辽史》改正。"

（四）删去重复、烦琐之处

《契丹国志》的另一显著缺点就是重复之处太多。这是《契丹国志》一书的作者不辨虚实，重复、机械抄书造成的。四库馆臣删去了原本许多重复、烦琐之处。

如原本卷一《太祖大圣皇帝纪》和卷一三《后妃传·太祖述律皇后传》中均出现葬太祖时述律后欲杀赵思温事，《钦定重订契丹国志》删除了《太祖大圣皇帝纪》中的这一段记载。

又如原本卷一四《诸王传·东丹王》叙立太宗事与卷二《太宗嗣圣皇帝纪上》相同，《钦定重订契丹国志》删除了《诸王传》中的这一段记载。

（五）改正原书中的常识性错误

《契丹国志》一书中存在某些常识性的错误，如尊号、谥号、庙号常混为一谈，尊号不全等①。四库馆臣更正了许多此类错误。

如原本卷一《太祖大圣皇帝纪》开篇小注称耶律阿保机"谥太祖"，显然把庙号当成了谥号。于是，《钦定重订契丹国志》删去了这句小注。

又如原本卷八《兴宗文成皇帝纪》云："庙号兴宗，谥曰文成皇帝。"《钦定重订契丹国志》改为："庙号兴宗，谥曰神圣孝章皇帝。"按："原书谥曰文成皇帝，考文成乃重熙二十三年（1054）所上尊号中二字，非谥也，今据《辽史》改正。"

又如原本卷九《道宗天福皇帝纪》云："庙号道宗，谥天福皇帝。"《钦定重订契丹国志》改为："庙号道宗，谥曰仁圣大孝文皇帝。"按："原书云谥曰天福皇帝，考道宗尊号曰天祐皇帝，隆礼误以尊号为谥，而

---

① 参见刘浦江《关于〈契丹国志〉的若干问题》，载刘浦江《辽金史论》，辽宁大学出版社 1999 年版，第 330—331 页。

又误天祐为天福也，今据《辽史》改正。"

　　总之，四库馆臣在改编此书时，做了大量考源辨误的工作，纠正了许多他们所认为的漏洞和纰缪。实际上，这带有很强的主观色彩。《契丹国志》虽系抄撮诸书拼凑而成，存在各种各样的错误，但它毕竟保存了许多我们从别处见不到的史料。《国志》与《通鉴》、《长编》、《会编》、《辽史》等不同的记载代表另一种史料来源，而四库馆臣完全参照这些史书删改《国志》等于消亡一种史料来源。而且他们任意挖改古籍，把原书弄得面目全非，这是非常不严肃的。

五　更改贬称，对人物不直称其名，改称其庙号、尊号或谥号

　　《钦定四库全书总目》卷首《圣谕》载："乾隆四十一年（1776）十一月十七日奉上谕……他如南宋人书之斥金、明初人书之斥元，其悖于义理者，自当从改……乾隆四十二年（1777）十月初七日奉上谕……又如南北朝彼此互相诋毁，南朝臣子称北朝主之名，宋之于金元、金元之于宋亦然，此皆局于其地之私心，虽非天下之公，尚无伤于正理。"①高宗下旨改编《契丹国志》在此之后，四库馆臣在改编过程中自然要考虑到这两篇《圣谕》。《钦定重订契丹国志》对涉及契丹政权及其他北方族群的贬称都进行了更改。凡是原本中的"夷"、"虏"、"胡"等字样，四库馆臣都用其他词语进行替换。

　　如原本卷一《太祖大圣皇帝纪》云："东北诸夷皆畏服之。"《钦定重订契丹国志》改为："东北诸国皆畏服之。"又如原本卷二《太宗嗣圣皇帝纪上》云：辽太宗会同八年（944），"夏四月，晋因辽国入侵，国用愈竭"。"辽国入侵"显然是贬义，于是《钦定重订契丹国志》将这四个字改为"出兵拒守"。又如原本卷三《太宗嗣圣皇帝纪下》云："侍中父子失计，陷身虏廷。"《钦定重订契丹国志》改"虏廷"为"北廷"。此外四库馆还将原本中的"胡主"改为"我主"等。

　　乾隆四十二年（1777）十月初七日《圣谕》进一步说："且朕御制诗文内，如周、程、张、朱皆称为子而不斥其名。又如韩昌黎、苏东坡诸人，或有用人诗文者，亦止称其号而不名。朕于异代之臣尚不欲直呼其

_____

① （清）永瑢等撰：《四库全书总目》卷首《圣谕》，中华书局1965年影印浙本，第4页。

名，乃千古以下之臣转将千古以上之君称名不讳，有是理乎？朕命诸臣办理《四库全书》，亲加披览，见有不协于理者（如关帝旧谥之类），即降旨随时厘正……此等背理称名之谬，岂可不为改正，以昭示方来？"①于是《钦定重订契丹国志》把原本中称呼帝王名字之处均改为称呼庙号、尊号或谥号。如将原文中的"阿保机"改为"太祖"，将"耶律德光"改为"太宗"。《钦定重订契丹国志》卷一《太祖大圣皇帝纪》中有一段按语说："又原书于五代诸主无庙号及谥者称梁均王、唐潞王、晋出帝之类，亦乖史法。今凡有庙号者称庙号，其无庙号及谥者，称梁主瑱、唐主从珂、晋主重贵，以从其实，庶不失《纲目》义例云。"

六 改译契丹语词

清高宗在《上谕》中虽然没有提到契丹语词的改译问题，但实际上在对《契丹国志》进行改编的过程中，契丹语词统统被改译。这得从高宗下令改译辽、金、元三史及编纂《三史国语解》说起。

乾隆四十三年（1778）四月五日的一道《上谕》说："前以辽、金、元三史内人名字义多未妥协，因命编纂诸臣遵照《同文韵统》所在，详加更正。盖缘辽、金、元入主中国时，其人既未必尽晓汉文，以致音同误用；而后此之为史者，因非本国之人，甚至借不雅之字，以寓其诋毁之私。是三史人名，不可不亟为厘定，而示大公之本意也。"②《钦定辽金元三史国语解》的书前提要说："考译语对音，自古已然……译语兼释其名义，亦自古已然……初非以字之美恶分别爱憎也。自《魏书》改柔然为蠕蠕比诸蠕动，已属不经。《唐书》谓回纥改称回鹘，取轻健如鹘之意，更为附会。至宋人武备不修，邻敌交侮，力不能报，乃区区修隙于文字之间。又不通译语，竟以中国之言求外邦之义……积习相沿，不一而足。元托克托等修宋辽金三史，多袭旧文，不加刊正……三史所附国语解颠舛支离，如出一辙，固其宜也……以索伦语正《辽史》。"③根据刘浦江先生考

① （清）永瑢等撰：《四库全书总目》卷首《圣谕》，中华书局1965年影印浙本，第4—5页。

② 《军机处上谕档》，中国第一历史档案馆编：《纂修四库全书档案》上册，上海古籍出版社1997年版，第810页。

③ 《钦定辽金元三史国语解》书前提要，文渊阁《四库全书》本，台湾商务印书馆1982年影印本，第296册，第1—2页。

证，改译辽金元三史的工作和纂修《三史国语解》是同步交叉进行的，《三史国语解》于乾隆四十七年（1782）正式编纂完成①，而文渊阁本《钦定重订契丹国志》的书前提要所署校毕时间是乾隆四十九年（1784）十一月。既然在此之前辽、金、元三史已全部改译过，《契丹国志》中的契丹语词自然也一并加以改译，并将所有改译的词汇辑成《译改国语解》，附在《钦定重订契丹国志》书后，作为第 28 卷。根据刘浦江先生的研究，《译改国语解》与《钦定辽史语解》出入不大，"可以肯定前者是参照后者编纂而成的"，个别有出入的条目可能是《钦定辽史语解》在乾隆四十九年（1784）以后又曾加以修改而造成的②。

高宗认定索伦是契丹后裔，故"以索伦语正《辽史》"成为编纂《钦定辽史语解》的指导思想。据刘浦江先生研究，索伦语属于阿尔泰语系满—通古斯语族通古斯语支，而契丹语是阿尔泰语系蒙古语族中最接近达斡尔语的一种语言，二者存在着相当大的距离。《钦定辽史语解》和《译改国语解》真正根据索伦语改译的词汇分别仅占 2.3% 和 3%，80% 以上是满语和蒙古语。以索伦语正《辽史》，实际上做不到，因为"《三史国语解》的编纂者恐怕没有一个人通晓索伦语，所以他们只好用满洲语和蒙古语来改译《辽史》"③。

《钦定辽史语解》卷一题注说："按辽以索伦语为本，语解内但释解义，概不复注索伦语，其中姓氏、地名、官名、人名无解义者，俱以今地名、《八旗姓氏通谱》、官名改字面订之。"④《钦定重订契丹国志·译改国语解》的体例、处理方式也和《钦定辽史语解》大致相似。如《钦定重订契丹国志》将"述律"改为"舒噜"。《译改国语解》曰："舒噜，满洲语珊瑚也，原作述律，今改正。"《钦定辽史语解》云："舒噜，满洲语珊瑚也，卷三作述律。穆宗字，卷四十六作述律。"《钦定重订契丹国志》和《钦定辽史语解》均将"于越"改为"裕悦"。《译改国语解》

① 参见刘浦江《从〈辽史·国语解〉到〈钦定辽史语解〉——契丹语言资料的源流》，原载《欧亚学刊》第 4 辑，中华书局 2004 年版，此据刘浦江《松漠之间——辽金契丹女真史研究》，中华书局 2008 年版，第 188—192 页。

② 同上。

③ 刘浦江：《从〈辽史·国语解〉到〈钦定辽史语解〉——契丹语言资料的源流》，载刘浦江《松漠之间——辽金契丹女真史研究》，中华书局 2008 年版，第 188—192 页。

④ 《钦定辽金元三史国语解》，文渊阁《四库全书》本，台湾商务印书馆 1982 年影印本，第 296 册，第 3 页。

称："裕悦，官名，原作于越，今据字面改正。"《钦定辽史语解》说："裕悦，卷一作于越，因无解义，但改字面。"

无论是《钦定辽史语解》还是《译改国语解》，对古籍的改译都相当随意和敷衍①。尽管四库馆臣对《契丹国志》的契丹语词做了大量修改，但在今天看来，并没有任何史料价值。

四库馆臣对《契丹国志》的改编工作从乾隆四十六年（1781）十月开始，一直到乾隆四十九年（1784）十一月才全部结束，前后共三年。馆臣对原书作了大量的删改，改编范围不仅包括高宗的《上谕》提到的问题，而且还远远超出这些范围。四库馆臣对《契丹国志》的改编，带有很强的人为因素。他们不仅秉承高宗的意旨删改了一些"违碍"之处，把"独尊宋统"的指导思想贯穿其中，按《钦定辽史语解》随意更改契丹语词，而且凭主观臆断挖改他们所认为的讹误。这样一来，《契丹国志》一书收入《四库全书》，并经"钦定"重订之后已远非原貌，史料价值大为降低。因此，我们在使用这部书时应尽量采用原书而不用四库本。

（原载《中华文化论坛》2005 年第 1 期）

---

① 《钦定辽金元三史国语解》在乾嘉时代是一部很有影响的著作，无人敢对它提出批评。最早对《钦定辽史语解》提出严厉批评的是日本学者白鸟库吉。他在大正初年发表的《东胡民族考·契丹篇》（参见［日］白鸟库吉《白鸟库吉全集》第 4 卷，岩波书店 1970 年版）中直言此书"极尽杜撰之能事，可信者很少"。1933 年，冯家升先生在《辽史初校序》（参见《辽史证误三种》，中华书局 1959 年版，第 86—87 页）中全盘否定了《钦定辽史语解》的学术价值。刘浦江先生也认为"《译改国语解》立论为文之率意，与《钦定辽史语解》并无二致"（参见刘浦江《从〈辽史·国语解〉到〈钦定辽史语解〉——契丹语言资料的源流》，载刘浦江《松漠之间——辽金契丹女真史研究》，中华书局 2008 年版，第 199—200 页）。

《焚椒录》及其史料价值考释

  《焚椒录》是现存为数不多的辽代私人著述之一，它记录了辽道宗宣懿皇后被诬陷的始末，并保留了她的部分诗文。前人的研究一般都集中于此书所记载的内容来考察宣懿皇后这个人物，并从政治史方面进行探讨①；或着力于书中的诗词，从文学史角度讨论这些作品的文学价值和精神风貌②；或论及此书的真伪③。本文将考察《焚椒录》一书的版本流传情况，把此书的内容与《辽史》、《契丹国志》进行系统对比研究，并从这一视角出发，考证此书的史料价值。

---

  ① 相关研究主要有：陈述：《宣懿诬案与后党再起》，载陈述著《契丹政治史稿》第7篇，人民出版社1986年版；田广林：《辽宣懿皇后评传》，《昭乌达蒙族师专学报》1991年第1期；蔡美彪：《辽代后族与辽季后妃三案》，《历史研究》1994年第2期；崔海正：《辽代女诗人萧观音论略》，《宋代文化研究》第6辑，四川大学出版社1996年版。学界大都认为宣懿皇后是被诬陷致死，只有黄震云的《"十香词案件"和辽代党争》（载黄震云著《辽代文史新探》，中国社会科学出版社1999年版）一文认为这不是冤狱，是王鼎撰《焚椒录》力辨其诬。他的观点仅限于假设，并没有提供很有说服力的证据。

  ② 相关论文主要有：姚从吾：《辽道宗宣懿皇后〈十香词〉冤狱的文化的分析》，《台湾大学文史哲学报》第8期；祝注先：《从〈回心院〉到〈绝命词〉》，《文史杂志》1988年第4期；林佩芬：《辽朝"十香词"的悲剧——个人因素、文化冲突与时代命运的交织纠葛》，《明道文艺》第258期；李正民、宋俊玲：《萧观音冤案及其文学成就》，载李正民、董国炎主编《辽金元文学研究》，文化艺术出版社1999年版；刘泽、刘风华：《〈焚椒录〉：辽代文学的一面宝镜》，文化艺术出版社1999年版。

  ③ 论及此书真伪主要见于清代及其之后的著作，如永瑢《四库全书总目·史部八·杂史类存目一》（中华书局1965年影印浙本）；王仁俊辑《辽文萃七卷·附辽史艺文志补证一卷》（《辽海丛书》本，辽沈书社1984年影印本，第52册）；黄任恒《补辽金元史艺文志》（载杨家骆主编《辽金元艺文志》上册，世界书局1976年版）等。

一

《焚椒录》是辽道宗时期进士王鼎所撰。但是，宋元明的目录书籍均未著录此书。清代的目录书才开始出现《焚椒录》一书。例如《千顷堂书目·别史类》①、《续文献通考》②、《四库全书总目》③。它也被明清的一些丛书收录。《焚椒录》现存以下6种版本④：

（1）《续百川学海》乙集；（明）

（2）《宝颜堂秘笈》（万历本、民国石印本）正集；（明）

（3）《津逮秘书》（汲古阁本、景汲古阁本）第十集；（清：毛晋）

（4）《说郛》（宛委山堂本）第一百十；（清顺治年间版本）

（5）《香艳丛书》第三集⑤；

（6）《续修四库全书》第 423 册《史部·杂史类》，据南京图书馆藏清抄本影印⑥。

上述版本，除《续百川学海》本与《说郛》本的版式相似之外，其他几个本子的格式无任何相同之处。《续百川学海》本与《说郛》本可能出自同一版本系统，其他几个本子肯定出自不同的版本系统。但是，现存所有版本的内容大致相同，只是个别无关宏旨的字、词有出入。《续百川学海》本、《宝颜堂秘笈》本、《说郛》本、《香艳丛书》本后有《国语解附》，无清代学者毛晋的题跋。而《津逮秘书》本、《续修四库全书》

① （清）黄虞稷：《千顷堂书目》，瞿凤起、潘景郑点校，上海古籍出版社 1990 年版。

② （清）官修：《续文献通考》，万有文库"十通"本，商务印书馆 1936 年版。

③ （清）永瑢等：《四库全书总目》，中华书局 1965 年影印浙本。下文所引《四库全书总目》皆为此版本，概不复注。

④ 中国古籍善本书目编辑委员会编：《中国古籍善本书目·史部上·杂史类》，上海古籍出版社 1993 年版，第 243 页。

⑤ 以上见于上海图书馆编《中国丛书综录》第 2 册《史部·杂史类》，上海古籍出版社 1986 年版，第 302 页。

⑥ 《续修四库全书》编纂委员会编：《续修四库全书》第 423 册《史部·杂史类》，上海古籍出版社 2002 年版，第 505 页。

本则有毛晋题跋，却无《国语解附》，毛晋的字体均与前文有所不同。

《焚椒录·国语解附》共有 15 个词条。黄任恒引周中孚《郑堂读书记》中的话说："书后附《国语解》即从《辽史》采入。"①笔者将这些词汇与《辽史·国语解》②对照，发现其中有 13 个词基本和《辽史》记载相同（参见表 2）：

表 2　　　　《焚椒录·国语解附》与《辽史》中相关词汇比较

与《辽史》相似的部分	词条数	具体相似的词语
《辽史》卷一一六《国语解》	8 条	耶律、萧氏、可敦、孤稳、女古、耨斡、虎斯、忒里蹇
《辽史》卷四五《百官志》一	2 条	南北面官、有用郎君
《辽史》卷三二《营卫志》中	1 条	四时捺钵
《辽史》卷五四《乐志·大乐》	1 条	四旦二十八调
《辽史》卷六一《刑法志》上	1 条	铁骨朵

《国语解附》中的"宫帐"一词虽和《辽史·国语解》所释有所不同③，但这个词在《辽史》中较常见，《国语解附》所释的基本意思也和《辽史》的记载吻合，只有"合缝靴"一词在《辽史》中没有出现。

从以上比照可以证明《焚椒录》与《辽史》有关部分的相似性。因此，可以肯定《国语解附》所列出的词条都是契丹人生活中特有的词汇，充分证明《焚椒录》不是伪书。但是，这种相似性是否能表明《国语解附》"从《辽史》采入"，下文将有专门讨论。

二

《焚椒录》的记载与《契丹国志》所述颇有出入，有人以此为据怀疑它是伪作。但也有人认为它不是伪作，而《国志》记载失实。

---

① 参见黄任恒《补辽史艺文志·杂史类》，载杨家骆主编《辽金元艺文志》上册，世界书局 1976 年版，第 49 页。

② （元）脱脱等：《辽史》卷 116《国语解》，中华书局 1974 年标点本，第 1533—1551 页。

③ 宫帐，《焚椒录·国语解附》释为"辽宫中亦有帐房"，《辽史·国语解》曰："斡鲁朵，宫帐名。"

如黄任恒以《焚椒录》与《国志》记载不同为由，怀疑《焚椒录》是伪书。他还引张金镛书后自记曰："此书仿王元美伪撰《杂事秘辛》，又祖世所传《飞燕外传》，语又秽亵，实不足据。"①

《四库全书总目》卷五二《史部八·杂史类存目一》这样评论《焚椒录》：

> 王士祯《居易录》曰：《契丹国志·后妃传·道宗萧皇后》本传云（宣懿皇后）性恬寡欲，鲁王宗元之乱，道宗同猎，未知音耗。后勒兵镇帖中外，甚有声称，崩葬祖州云云而已。《焚椒录》所纪，绝无一字及之。又《录》称后为南院枢密使惠之少女，而《志》云赠同平章事显烈之女。《志》云勒兵，似娴武略，而《录》言幼能诵诗、旁及经子，所载《射虎应制》诸诗及《回心院》词，皆极工，而无一语及武事。且本纪道宗在位四十七年，改元者三：清宁、咸雍、寿昌，初无太（大）康之号。而耶律乙辛密奏太（大）康元年十月云云，皆牴牾不合。按《辽史·宣懿皇后传》虽略，而与《焚椒录》所纪同，盖《契丹志》之疏耳。今考叶隆礼《契丹国志》，皆杂采宋人史传而作，故苏天爵《三史质疑》讥其未见《国史》，传闻失实。又沈括《梦溪笔谈》称辽人书禁甚严，传至中国者，法皆死。是书事涉官闱，在当日益不敢宣布，宋人自无由而知。士祯以《史》证隆礼之疏，诚为确论。或执《契丹国志》以疑此书，则误矣。

显然，关于宣懿皇后的生平，《焚椒录》与《辽史》代表一种记载，《契丹国志》则代表另一种记载。《总目》则认定《焚椒录》、《辽史》可信而《国志》记载有误。

文渊阁本《四库全书·钦定重订契丹国志》卷一三《后妃传·道宗宣懿皇后传》②根据《辽史》对原本《契丹国志·道宗萧皇后传》做了

---

① 参见黄任恒《补辽史艺文志·杂史类》，载杨家骆主编《辽金元艺文志》上册，世界书局 1976 年版，第 49 页。

② 《钦定重订契丹国志》，文渊阁《四库全书》本，台湾商务印书馆 1982 年影印本，第 383 册。按：文渊阁本《四库全书》、《四库全书简明目录》（上海古籍出版社 1985 年排印本。下文所引《简目》均为此版本，概不复注）于该书均题为《钦定重订契丹国志》，但《四库全书总目》仅题为《契丹国志》。《总目》和《简目》提要内容也有所不同。

一些改动；或者对原本的讹误仅存疑，对正文不作更改，而在小注中指出其错漏之处①。具体情况见表 3：

表 3　《契丹国志》与文渊阁本《钦定重订契丹国志》中的宣懿皇后传比较

《契丹国志·道宗萧皇后传》	《钦定重订契丹国志·道宗宣懿皇后传》
道宗皇后萧氏，平州人，赠同平章事萧显烈女也。	道宗皇后萧氏，钦哀皇后弟枢密使惠之女也（小注：按原书载后世系舛误，今据《辽史》改正）。
后生有神光之异，后入宫为芳仪，进位昭仪。生空古里，是为秦王，后名元吉。	后生有神光之异，后入宫为芳仪，进位昭仪。生崆郭啰②，是为秦王，后名元吉（小注：按《辽史》，宣懿皇后生一子，名濬，初封梁王，寻立为皇太子，以谗被废，薨。天祚立，追谥大孝顺圣皇帝，庙号顺宗。崆郭啰，疑太子濬之小字，而元吉则其字。与《史》言初封梁王、此言秦王亦不同，姑仍旧文以备参考）。
余子皆不育。道宗登位，后正位中宫，性恬淡寡欲。鲁王宗元之乱，道宗与同射猎，内外震恐，未知音耗，后勒兵镇帖中外，甚有声称。	余子皆不育。道宗登位，后正位中宫，性恬淡寡欲。鲁王宗元之乱，道宗与同射猎，内外震恐，未知音耗，后勒兵镇帖中外，甚有声称（小注：按《辽史》兴宗后传云重元及后亲督卫士破逆党，而道宗后无勒兵事。此云宗元之乱道宗后勒兵镇帖中外，疑邻国传闻误以兴宗后督战为道宗后勒兵也。今姑仍旧文而辨正之）。
后崩，葬祖州。	太（大）康元年为宫婢所诬，赐自尽。乾统初，追谥宣懿，合葬庆陵（小注：按《辽史》，道宗后被诬赐死，至天祚帝立，乃追谥合葬。原书但云后崩，葬祖州，殊为疏舛，今改正）。

四库馆臣任意挖改古籍是非常不严肃的，但是，从中可以窥见他们对这两种不同记载的判断和取舍。他们也认为《辽史》可信而《国志》有

---

① 乾隆四十六年（1781）十月，当第一份《四库全书》文渊阁本即将全部抄缮完毕之际，清高宗抽阅《契丹国志》时发现了他所认为的严重问题，其一是宋辽金的正统问题，其二是他认为书中的某些议论偏颇，存有华夷之见。于是馆臣遂请撤出此书，但乾隆不同意这种做法，遂下旨改纂《契丹国志》（见《钦定重订契丹国志卷首附上谕》，载文渊阁《四库全书》本，台湾商务印书馆 1982 年影印本，第 383 册；《谕内阁〈契丹国志〉体例书法讹谬著纪昀等依例改纂》，载中国第一历史档案馆编《纂修四库全书档案》下册，上海古籍出版社 1997 年版，第1417—1418 页）。改编工作直到乾隆四十九年（1784）十一月才全部结束（按：文渊阁本《四库全书·钦定重订契丹国志》所署校毕时间为乾隆四十九年十一月）。关于《四库全书》对《契丹国志》进行改编的原因、过程及结果，笔者曾撰文《试析〈四库全书〉对〈契丹国志〉的改编》（《中华文化论坛》2005 年第 1 期。此文已经收入本书）作过专门探讨。

② 崆郭啰：即空古里。四库馆臣按《钦定辽金元三史国语解》（文渊阁《四库全书》本，台湾商务印书馆 1982 年影印本，第 296 册）将"空古里"改为"崆郭啰"。

误。《辽史》、《焚椒录》突出宣懿皇后的文学、音乐才华。《辽史·道宗宣懿皇后萧氏传》说她"工诗，善谈论。自制歌词，尤善琵琶……好音乐"①。《焚椒录》写道："后幼能诵诗，旁及经子……复能歌诗，而弹琵琶尤为当时第一。"其后又花大量篇幅用具体事例证明这段文字。《契丹国志》则着重描绘她的军事才能：在重元（宗元）之乱中亲自率兵督战。笔者同意四库馆臣的看法，即《国志》将兴宗仁懿后的事迹误记为宣懿后之事。

《契丹国志》一书的真伪一直是辽史学界有争议的问题②。不过，此书抄撮众书拼凑而成，讹误甚多则为史学界公认③。《剑桥中国辽西夏金元史（907—1368年）》认为《焚椒录》是用非常有偏见的观点写成的，《契丹国志》几乎每件记载宣懿皇后的事情都是错误的，且并没有提到她被迫自杀④。关于宣懿皇后的情况，姚从吾、傅乐焕、蔡美彪、陈述等辽金元史专家还是倾向于《辽史》、《焚椒录》的记载⑤。

黄任恒以《契丹国志》这部极有问题的书来证明《焚椒录》是伪书，

① （元）脱脱等：《辽史》卷71《道宗宣懿皇后萧氏传》，中华书局1974年标点本，第1205页。

② 《契丹国志》一书的真伪，前人做过一些讨论。此书在笔者《试析〈四库全书〉对〈契丹国志〉的改编》一文中已详细说明，此不赘述。

③ 这一点前人多有论及。苏天爵的《三史质疑》（见苏天爵《滋溪文稿》卷25，陈高华、孟繁清点校，中华书局1997年版，第423页）称"其说多得于传闻。盖辽末金初稗官小说，中间失实甚多"。《四库全书简明目录》称此书"大抵掇拾传闻，不能有所考证，诞妄疏漏，皆所不免"。《四库全书总目》说得更为具体："今观其书，大抵取前人纪载原文，分条采摘，排比成编。穆宗以前纪传，则本之《资治通鉴》。穆宗以后纪传及诸杂记，则本之李焘《长编》等书。其胡峤《陷北记》，则本之欧史《四夷附录》。《诸番记》及达锡、伊都等传，则本之洪皓《松漠记闻》。杂记则本之武圭《燕北杂记》……皆全袭其词，无所更改。间有节录，亦多失当……仅据宋人所修史传及诸说部钞撮而成，故本末不能悉具。"许多学者在探讨《契丹国志》一书的真伪时也肯定了这一点。

④ 参见［德］傅海波、［英］崔瑞德（杜希德）编《剑桥中国辽西夏金元史（907—1368年）》，史卫民、马晓光等译，陈高华、史卫民等审校，中国社会科学出版社1998年版，第149页，注释4。

⑤ 如姚从吾《辽道宗宣懿皇后〈十香词〉冤狱的文化的分析》，《台湾大学文史哲学报》第8期；傅乐焕《辽代四时捺钵考》（载傅乐焕《辽史丛考》，中华书局1984年版）中的《秋山考》就引用了《焚椒录》中宣懿皇后率妃嫔从皇帝猎秋山，并作《射虎应制》之诗的记载；蔡美彪《辽代后族与辽季后妃三案》（《历史研究》1994年第2期）在考述宣懿皇后的世系及其被诬一案时，也引用了《焚椒录》；陈述《宣懿诬案与后党再起》（载陈述著《契丹政治史稿》第7篇，人民出版社1986年版）把《焚椒录》作为信史引用；陈述辑校《全辽文》卷3（中华书局1982年版）从《焚椒录》中辑录了宣懿（懿德）皇后的几篇诗词。

完全站不住脚。由于在明清以来的目录书或丛书中才开始出现《焚椒录》，于是有人怀疑它是后人伪造。据本文前面考证，此书中的许多词汇都是契丹人固有的。而且，书中描述的生活场景也是契丹族特有的，如四时捺钵。金末以降，人们对辽史已不甚了了，元好问曾经感慨："呜呼！世无史氏久矣……泰和中，诏修《辽史》。书成，寻有南迁之变。简册散失，世复不见。今人语辽事，至不知起灭凡几主，下者不论也。"①金末元初的人尚对辽史蒙昧到"不知起灭凡几主"的地步，明清之人对辽史的生疏程度可想而知。因此，明清时代的人不可能了解契丹人的具体生活场景。

从现存史料可以看出，"至少到了明代，世间对契丹文字的面目皆已遗忘，明清以降，契丹文字已成为一种无人可识的死文字了"②。因此，明清时代的人也不可能知道契丹语的常用词汇。所以《焚椒录》明清时代的版本多要附上《国语解附》，以解释契丹人的常用词语。《国语解附》从元末修成的《辽史》采入也是可能的。很难相信对辽朝历史如此生疏的人能煞有介事地炮制出《焚椒录》这本具有浓郁契丹族群特色的书。此其一。

关于作者王鼎，《辽史》卷一〇四《文学下》有传。据载，他是辽道宗清宁年间（1055—1064）进士，后累迁翰林院学士，当代典章多出其手，他与皇帝关系比较密切。寿昌初，王鼎"怨上不知己……杖黥夺官，流镇州（即可敦城）"③。《焚椒录》前有大安五年（1089）《自序》。在《自序》中，王鼎称其乳妪之女为耶律乙辛宠婢，知事情始末，自己就是从她那里得知真相，在待罪可敦城时方直书其事。王鼎是进士出身、精通文学之士，且与皇帝关系较近，又有来自目击者的信息，写成此书是完全可能的。此其二。

至于《焚椒录》书后姚叔祥的题跋对《辽史·王鼎传》"清宁五年（1059）擢进士第"和"（清宁）八年（1062）放进士王鼎等"的疑问，陈述先生做过相关研究。他对文献、碑刻中出现的辽道宗朝的三个王鼎作

---

① （金）元好问：《漆水郡侯耶律公墓志铭》，李修生主编《全元文》卷43，江苏古籍出版社1997年版，第1册，第682页。

② 清格尔泰、刘凤翥等编：《契丹小字研究》，中国社会科学出版社1985年版，第15页。

③ （元）脱脱等：《辽史》卷104《王鼎传》，中华书局1974年标点本，第1453页。

过区分①，并对清宁五年（1059）进士王鼎、清宁八年（1062）状元王鼎及受戒居士王鼎的相关情况及其作品作了详细梳理。可以肯定清宁五年进士王鼎撰写了《焚椒录》。此其三。

至于为何明清以前的目录不著录《焚椒录》，笔者认为这正如沈括所说："契丹书禁甚严，传至中国者，法皆死。"②《四库全书总目》对《焚椒录》一书也谈到："是书事涉宫闱，在当日益不敢宣布，宋人自无由而知。"所以，宋人目录书中无《焚椒录》也不奇怪。金灭辽后，辽代典籍散佚了不少，《焚椒录》忽然不见，而后又重现是完全可能的。此其四。

以上四点足可证明《焚椒录》确为辽道宗朝进士王鼎所撰，不是后人所作伪书。

三

《辽史·道宗宣懿皇后萧氏传》与《焚椒录》的记载相似，但情节比《焚椒录》简略。近年来，某些研究辽代文学的人假定《辽史·道宗宣懿皇后萧氏传》取材于《焚椒录》，但未提供任何依据③。其实，早在20世纪30年代，冯家升先生就经过严密论证，指出元代史官修《辽史》仅取材于辽耶律俨的《实录》、金陈大任的《辽史》以及《契丹国志》，并未采集其他别史、杂史、野史、笔记等④。因此，不能断言《辽史》的宣懿皇后本传采自《焚椒录》。

《契丹国志》错漏甚多，由于没有更多的材料，目前还无法判定其中《道宗萧皇后传》的史料来源。笔者初步推断系得自传闻。四库馆臣认为宣懿皇后勒兵平定重元（宗元）之乱的记载是宋人得自传闻，将仁懿皇后的事迹移植到宣懿皇后身上。这种说法有一定道理（见表3）。不过，《国志》系抄撮众书拼凑而成。因此，作者在抄书过程中混淆人物、事件

① 参见陈述《作者索引及事迹考》，陈述辑校《全辽文》附录2，中华书局1982年版，第397页。
② （宋）沈括：《梦溪笔谈》卷15，《四部丛刊》本。
③ 比如刘泽、刘风华《〈焚椒录〉：辽代文学的一面宝镜》，文化艺术出版社1999年版。
④ 冯家升：《〈辽史〉源流考与〈辽史〉初校》，《燕京学报》专号之5，哈佛燕京学社1933年版，此据冯家升《冯家升论著辑粹》，中华书局1987年版，第99—152页。

也是完全可能的。大多数辽史学者在研究中并不使用《国志》的这段史料①。

宣懿皇后的家系一直是一个谜，不仅文献记载模糊、相互矛盾，而且20世纪30年代出土的《宣懿哀册》无论是契丹小字册文还是汉字册文都未提及她的家族②。《辽史》、《焚椒录》载宣懿皇后之父为钦哀皇后之弟、枢密使萧惠，《国志》却说皇后之父是赠同平章事萧显烈。萧惠是辽朝中期的重臣，在《辽史》卷九三有本传，《圣宗纪》、《兴宗纪》中多次出现。据傅乐焕先生考证，萧惠即萧管宁、萧贯宁③。萧显烈之名，《国志》中仅此一见，《辽史》中从未出现，说他是宣懿皇后之父，并无其他旁证。近二十年来，一些学者把新出土的辽代墓志与《辽史》、《焚椒录》的相关记载比对，考证宣懿皇后的家系，主要有以下四种意见：

(1) 阎万章：宣懿皇后不是萧惠之女，是萧孝惠（即钦哀皇后弟萧孝忠）之女④。

(2) 冯永谦：宣懿皇后不是萧惠之女，是萧孝惠（即钦哀皇后弟萧高九）之女⑤。

(3) 蔡美彪：宣懿皇后之父确为萧惠，但《辽史》、《焚椒录》把萧孝惠（钦哀皇后之弟）误认为是萧惠，宣懿后与淳钦后、钦哀后不是一系，而属于承天后一系⑥。

(4) 魏奎阁、袁海波：宣懿皇后之父确为萧惠，但萧惠不是萧孝惠。萧惠是萧阿古只（淳钦后之弟）之后，但非钦哀后之弟⑦。

---

① 但也有极个别学者相信《国志》的这段记载，称赞宣懿皇后平定重元（宗元）之乱有功。见黄震云《"十香词案件"和辽代党争》，载黄震云著《辽代文史新探》，中国社会科学出版社1999年版。

② 清格尔泰、刘凤翥等编《契丹小字研究》第2章《契丹小字资料的整理和释文》（中国社会科学出版社1985年版）收录了《宣懿哀册》的契丹小字册文和汉字册文摹本。

③ 傅乐焕：《辽史复文举例》，载傅乐焕《辽史丛考》，中华书局1984年版，第288—289页。

④ 阎万章：《辽道宗宣懿皇后父为萧孝惠考》，《社会科学辑刊》1979年第2期。

⑤ 冯永谦：《〈辽史·外戚表〉补证》（上、下），《社会科学辑刊》1979年第3、4期。

⑥ 蔡美彪：《〈辽史·外戚表〉新编》，《社会科学战线》1994年第2期；蔡美彪：《辽代后族与辽季后妃三案》，《历史研究》1994年第2期。

⑦ 魏奎阁、袁海波：《辽外戚萧阿古只家族世系新补》，《辽海文物学刊》1995年第2期。

　　以上几种观点均没有非常充分的史料支持，其推理论证过程也并非无懈可击。因此，任何一种说法都未得到辽史学界的公认。目前，宣懿皇后的家系只能存疑。

　　综上所论，《焚椒录》确为辽道宗朝进士王鼎所作，它对宣懿皇后被诬事件的记载远详于《辽史》，还保留了她的部分诗文，给辽朝政治史和文学史的研究提供了重要材料。在辽史史料相当贫乏的今天，这部书显得弥足珍贵，值得我们给予足够的重视。

（原载《古籍整理研究学刊》2011 年第 6 期）

学术史

辽金元捺钵研究评述

　　捺钵是辽金元社会政治生活中的一件大事，向为中外历史学者所关注。自 20 世纪初叶起，日本东洋史学界对满蒙史研究表现出高度的热情，池内宏、津田左右吉等首先开始了有关辽代捺钵的研究。他们的研究以考史、补史为主，取得了不少成绩，中国史学者也受到他们的影响和启发。

　　20 世纪 40 年代，中国学者开始涉足这一领域，做了不少有价值的工作。傅乐焕、姚从吾等不满足于就事论事的探讨，而是全面、系统地研究辽代捺钵制度，其研究水平达到一个新的高度，尤其是傅乐焕的《辽代四时捺钵考》①堪称经典。

　　20 世纪 70 年代末至今，捺钵研究又取得一定进展，论文数量大幅增加。

　　总的来看，史学界对辽金元捺钵的研究主要集中在以下四个方面：

一　捺钵词源词义的探讨

　　关于"捺钵"的词源和词义，20 世纪以来，国内外学者利用文献、语言学方法进行了多方探讨。

　　20 世纪初，日本学者白鸟库吉在大正初年发表《东胡民族考》②，提出蒙古语称野营或住所为 nutuk，满洲语、日本语谓处所曰 ba，nutuk – ba 当为"捺钵"的拉丁文转写，意为行在所。

　　1942 年，傅乐焕的《辽代四时捺钵考》根据宋辽金元各种文献的记

---

　　①　傅乐焕：《辽代四时捺钵考》，《中央研究院历史语言研究所集刊》第 10 本第 2 分，1942 年。

　　②　［日］白鸟库吉：《东胡民族考》，《史学杂志》第 24 编第 1 号，第 19—20 页。

载，对"捺钵"一词的演化作了较为全面的考察。他认为"捺钵"一词原出自契丹语，清高宗用满语"巴纳"（即"地方"）一词与契丹语"捺钵"对音是不合适的。辽代捺钵指"行营"、"行帐"，即辽帝出行居止之帐幕，金代捺钵指皇帝行在，元代逐渐转为短期宿站之称。20 世纪 60 年代，中国台湾学者劳延煊又提出金熙宗以后的捺钵仅指皇帝的坐夏或冬猎，章宗时已逐渐有短期宿站之意。大蒙古国时期，蒙古人所称的斡耳朵（即斡鲁朵）与辽代捺钵意义相似；蒙古入主中原后，捺钵仅有短期顿宿所之意[①]。

对于行营是"捺钵"的本义还是引申义，史学界也存在不同看法。刘浦江的《金代捺钵研究（上）》[②]认为捺钵的本义为行宫、行营、行帐，后来引申为帝王四季渔猎活动。白俊瑞、李波的《析契丹语的"捺钵"》[③]从语言学角度对"捺钵"一词进行探索，认为阿尔泰语系诸语言普遍存在词首 n 减音为零声母的现象，因此契丹语的"捺钵"（nabo）与阿尔泰语言中表示"狩猎"的 aba ~ av 有对应关系，捺钵最初的含义为狩猎，后随着契丹族的发展壮大，演变为专指辽主游猎时的行营。这一假说存在一定问题。事实上，在各种语言中，阳声韵尾脱落是常见的语言现象，词首 n 减音为零声母的情况几乎没有。

周建奇把"捺钵"的"捺"与《辽史·道宗纪》中一个围场使名"涅葛"对音，意为"行"，"钵"与《辽史》中常见的人名"阿钵"、"阿不"对音，释为"在"[④]。这种解释未免有些牵强。"捺钵"在契丹语中是一个语素，单独抽出任何一字都无意义。作者把"捺钵"二字分别与两个契丹人名对音，不免让人感到惊讶。

中国台湾学者赵振绩先把捺钵假定为鲜卑语、蒙古语"播迁"之意，并把"钵"与鲜卑、契丹、女真、蒙古的政治、经济、宗教等许多方面都结合起来对音，试图证明其假设的合理性，不知这样的联系有何根据。另外，他把辽朝四时捺钵仅理解为"春水钩鱼、秋山打猎"，其实捺钵的活动远不止这些[⑤]。

---

① 劳延煊：《金元诸帝游猎生活的行帐》，《大陆杂志》第 27 卷第 9 期，1963 年 11 月。
② 刘浦江：《金代捺钵研究（上）》，《文史》第 49 辑，中华书局 1999 年版。
③ 白俊瑞、李波：《析契丹语的"捺钵"》，《内蒙古大学学报》1998 年第 4 期。
④ 周建奇：《辽金元史札记三则》，《内蒙古大学学报》1998 年第 4 期。
⑤ 赵振绩：《契丹捺钵文化的涵义》，《松州学刊》1993 年第 5 期。

姚从吾对"捺钵"一词的本义作了推广，把契丹族的文化（包括捺钵制度、军事组织、世选习惯、两元政治、特殊礼俗、宗教信仰）统称为捺钵文化①。

有关"捺钵"词源词义的探讨，傅乐焕利用文献所做的研究，史料充分、论证严密，最具说服力。但从总体上说，研究者往往受到语言学知识的制约，使此研究难以深入和扩展。

二 辽朝的四时捺钵

辽朝四时捺钵与契丹族的生活方式、国家体制、官僚组织、都城制度密切相关，历来受到辽史研究者的高度重视。

傅乐焕的《辽代四时捺钵考》是第一篇系统研究辽代四时捺钵的力作，也是傅乐焕的学术代表作。此文将辽代四时捺钵的地点分为东北组和西南组，见表4：

表4　　　　　　　　　　　辽代四时捺钵的地点

季 节	东北组	西南组
春捺钵	混同江、渔儿泊	鸳鸯泊
夏捺钵	永安山等（或纳葛泊）	炭山（或纳葛泊）
秋捺钵	庆州诸山	炭山
冬捺钵	广平淀	南京（或西京）

东北组是辽帝经常捺钵之地，即《辽史·营卫志》所载的捺钵，仅代表圣宗后的状况。他还通过本纪、墓志碑刻等其他史料补证记述每年捺钵活动的《辽史·游幸表》。陈述的《阿保机营建四楼说证误》② 认为辽帝并非按照四季捺钵，而是冬夏两地住坐。但是，他并没有充分的证据否定《辽史》本纪、《营卫志》、《游幸表》中多处有关辽帝四时捺钵的记载。

① 姚从吾：《辽朝契丹族的捺钵文化与军事组织、世选习惯、两元政治及游牧社会中的礼俗生活》，《中山学术文化集刊》1968 年第 1 期。

② 陈述：《阿保机营建四楼说证误》，《辅仁学志》1947 年第 15 卷第 1、2 期合刊。

关于辽代四时捺钵，有关文献记载过简，疏漏太多。一些学者围绕四时捺钵的地点、具体活动展开了一系列讨论。

（一）春捺钵

据文献记载，春捺钵的主要活动是钩鱼、捕鹅，地点在鸭子河、混同江、挞鲁河、长春州、渔儿泊等。

日本学者池内宏、津田左右吉等最早对春捺钵进行了较为细致的研究，主要集中于春水地点。池内宏的《辽代混同江考》① 认为辽帝春捺钵钩鱼最主要地点在鸭子河，圣宗时混同江通称鸭子河，后来专称生女真交通要路宾州的渡口，而下流依然称鸭子河。圣宗以后诸帝屡幸混同江，不单以春猎为目的，同时还受女真朝贺。同时他认为挞鲁河即洮儿河。津田左右吉的《达卢古考》② 对此也有所考论，意见与池内氏大致相同。池内宏的《辽代春水考》③ 详细考察了春捺钵钩鱼、捕鹅的具体情况及春水地点长春河、延芳淀、长泊等，并指出春水是长春河、鸭子河的别名。津田左右吉还详细考证了长春州的地理位置及附近的交通路线，他支持池内宏的观点"春水是长春河的略称"④。

傅乐焕认为挞鲁河即洮儿河、长春河的结论大致是正确的⑤。日本学者认为混同江是鸭子河的一部分，他认为鸭子河即混同江，长春河与鸭子河合流处为渔儿泊，即长春州之所在地，这是春猎的最主要地点。最初春水专指此地，后泛称一切春季狩猎地点，最后成为春猎的代名词。春水以捕鹅为第一要务，其次才是钩鱼。他的考证细致严密，得到学界公认。近年，杨中华的《辽代春捺钵地考》⑥、张旋如的《月亮泡与"四时捺钵"》⑦ 等文基本沿袭傅乐焕的说法。

---

① ［日］池内宏：《辽代混同江考》，《东洋学报》第 6 卷第 1 号，1916 年 2 月。
② ［日］津田左右吉：《达卢古考》，《满鲜地理历史研究报告》第 2 册，1916 年。
③ ［日］池内宏：《辽代春水考》，《东洋学报》第 6 卷第 2 号，1916 年 5 月。
④ 《达卢古考》对此有所论及，详细情况见 ［日］津田左右吉《关于辽代之长春州》，《东洋学报》第 7 卷第 1 号，1917 年 1 月。
⑤ 参见傅乐焕《辽代四时捺钵考》，《中央研究院历史语言研究所集刊》第 10 本第 2 分，1942 年。
⑥ 杨中华：《辽代春捺钵地考》，《黑龙江民族丛刊》1989 年第 1 期。
⑦ 张旋如：《月亮泡与"四时捺钵"》，《文史知识》1994 年第 6 期。

（二）夏捺钵

池内宏认为夏捺钵的地点主要在炭山、缅山（永安山）。箭内亘考订炭山的位置在察哈尔沽源县北石头城子黑龙山支脉的西北端①。傅乐焕对池内氏的观点作了进一步补证：炭山、永安山是夏捺钵最主要的地点，除此之外还有纳葛泊，并比定了它们的地理方位②。

（三）秋捺钵

秋捺钵又称秋山，辽帝一般在庆州（今内蒙古巴林右旗）附近诸山猎虎、鹿。池内宏认为秋山是太保山的别名，主要活动是狩猎③。而津田左右吉却认为秋山是庆州附近之山的总名，赤山、黑山及太保山只是局部名称④。傅乐焕则认为秋山最主要地点在庆州西境诸山，最初秋山是庆州西境诸山的专称，后泛称一切秋猎地点，最后成为秋猎的代名词⑤。

（四）冬捺钵

《辽史》对冬捺钵地点的记载最为混乱，不易搞清，许多研究者视为畏途。傅乐焕在《辽代四时捺钵考》、《广平淀续考》⑥对冬捺钵作了严密论证，这也是他对四时捺钵的研究最精彩之处。他爬梳各种史料，用宋人记载与辽代文献对照，对《辽史·营卫志》"广平淀本名白马淀"的记载存疑。他考出辽帝冬捺钵之地在潢、土二河合流之处，此地原无名称，时人似乎称为"大平地"，史官记录，或音译为"藕丝淀"、或意译为"广平淀"，或以地处两河之间，书为"中会川"，或取所在县名称"长宁淀"，宋人则称为"靴淀"，辽景宗时曾在此地置永州。姚从吾亦沿袭傅乐焕的说法。另外，姚从吾认为冬捺钵时间最长、处理国政最重要，因而

①　[日]箭内亘：《辽代的汉城和炭山》，《东洋学报》第1卷第3号，1921年8月。

②　傅乐焕：《辽代四时捺钵考》，《中央研究院历史语言研究所集刊》第10本第2分，1942年。

③　[日]池内宏：《辽代混同江考》，《东洋学报》第6卷第1号，1916年2月。

④　[日]津田左右吉：《达卢古考》，《满鲜地理历史研究报告》第2册，1916年。

⑤　傅乐焕：《辽代四时捺钵考》，《中央研究院历史语言研究所集刊》第10本第2分，1942年。

⑥　傅乐焕：《广平淀续考》，《六同别录》中册，《中央研究院历史语言研究所集刊》外编第3种，1945年。

地位特殊，"实与其他三捺钵不同"①。

（五）捺钵与四楼

辽初史料中频频出现东、南、西、北四楼的记载。捺钵与四楼的关系也是辽史研究者所关注的一个问题。

傅乐焕的《辽代四时捺钵考》对四楼没有专门研究，只在一条小注中说：楼即捺钵，东、南、西、北四楼即表示太祖四时捺钵之地。辽宋双方文献记载的西楼有上京临潢府（今内蒙古巴林左旗东南）、祖州（今内蒙古巴林左旗西南）两地。北川房次郎的《辽代西楼和北蕃地理志》②、《西楼续记》③ 把《武经总要·北蕃地理志》与《辽史·地理志》对照，考出西楼是上京临潢府，不是祖州。村田治郎的《西楼小记》④、《西楼再记》⑤ 根据文献所记西楼与临潢府、祖州的地理位置及相互关系，比定西楼是祖州。陈述的《阿保机营建四楼说证误》认为"四楼"之说纯属蕃、汉文人对契丹"西楼"的曲解和讹误，他用"西楼"与"迭刺"对音，认为西楼不是楼阁，是契丹大部落迭刺（移刺）的异译，"四楼"是根本不存在的、虚构的附会之谈。他的对音富于想象，并没有语言学根据。王树民的《略论契丹建国初期营建的四楼》⑥ 不同意陈述的观点，认为"四楼"确实存在，并且还应当是阿保机建国政策中的一项重大措施。任爱君支持王树民的观点，并作了一些补证、扩充。他的《契丹"四楼"及其名号考述》⑦ 认为"楼"是契丹语"斡鲁朵"一词的异译或省译，用"楼"与斡鲁朵的"鲁"对音，但这种对音违背了语言学常识。"斡鲁朵"（ordos）是一个语素，是契丹语的固有词"宫卫"的汉字译音。三个汉字构成一个语素，单独抽出任何一字都毫无意义。因此，"楼"不能直接和"斡鲁朵"的"鲁"对音。他的《契丹四楼源流说》⑧、《回鹘

---

① 姚从吾：《辽朝契丹族的捺钵文化与军事组织、世选习惯、两元政治及游牧社会中的礼俗生活》，《中山学术文化集刊》1968 年第 1 期。
② ［日］北川房次郎：《辽代西楼和北蕃地理志》，《收书月报》第 85 号，1943 年 2 月。
③ ［日］北川房次郎：《西楼续记》，《收书月报》第 88 号，1943 年 5 月。
④ ［日］村田治郎：《西楼小记》，《收书月报》第 82、83 号，1942 年 12 月。
⑤ ［日］村田治郎：《西楼再记》，《收书月报》第 88 号，1943 年 5 月。
⑥ 王树民：《略论契丹建国初期营建的四楼》，《文史》第 16 辑，中华书局 1982 年版。
⑦ 任爱君：《契丹"四楼"及其名号考述》，《昭乌达蒙族师专学报》1990 年第 1 期。
⑧ 任爱君：《契丹四楼源流说》，《历史研究》1996 年第 6 期。

"楼居"与契丹"四楼"之关系研究》① 详细论述了契丹"四楼"与鲜卑"白楼"、回鹘"楼居"的渊源关系，四楼对契丹国家建立的重大作用，这些观点虽然缺乏更有说服力的证据，但他的研究视角很具有启发性。

（六）四时捺钵的建置形式

辽代捺钵建置是行帐还是固定的宫殿，学界也有争议。有些学者认为是行帐。傅乐焕根据《辽史·营卫志》所载广平淀冬捺钵的详细情况以及宋人使辽者对广平淀的记录，勾勒出了冬捺钵辽帝行帐的构造。姚从吾根据《营卫志》"冬捺钵条"最后八个字"每岁四时，周而复始"，认定四时捺钵构造都如此。杨若薇的《契丹王朝政治军事制度研究》② 也认为契丹皇帝的捺钵建置是游动的庐帐。

李锡厚的《辽中期以后的捺钵及其与斡鲁朵、中京的关系》③ 认为辽朝冬夏捺钵是"半永久性的、蕃汉合璧式的建筑，因为此时辽帝是以皇帝身份主持冬夏捺钵；春水秋山时辽帝住毡帐，以可汗、部族首领身份主持各项活动"。但作者没有提供史料依据。

但也有学者认为辽代春捺钵之地有固定建筑。康广敏的《辽代春捺钵址刍议》④、郭珉的《月亮泡行宫始建年代推断》⑤ 均持这种观点，并对他们所认为的春捺钵行宫遗址作了推断。

其实，契丹是游牧族群，其生活方式决定了皇帝四时迁徙的行宫只可能是毡帐搭成的围幕，不可能像中原皇帝那样有固定的建筑。

四时捺钵必定有专门的侍卫亲军保卫皇帝的安全。傅乐焕提到《辽史·营卫志》"冬捺钵条"契丹兵四千人分四班轮番护卫的记载，姚从吾判定四时捺钵护卫情况都如此⑥。劳延煊则完全同意姚从吾的观点⑦。

---

① 任爱君：《回鹘"楼居"与契丹"四楼"之关系研究》，《西北民族研究》1997 年第 2 期。

② 杨若薇：《契丹王朝政治军事制度研究》，中国社会科学出版社 1991 年版。

③ 李锡厚：《辽中期以后的捺钵及其与斡鲁朵、中京的关系》，《中国历史博物馆馆刊》第 15、16 期合刊，1991 年 5 月。

④ 康广敏：《辽代春捺钵址刍议》，《博物馆研究》1992 年第 1 期。

⑤ 郭珉：《月亮泡行宫始建年代推断》，《博物馆研究》1998 年第 1 期。

⑥ 姚从吾：《说契丹的捺钵文化》，载《东北史论丛》下册，正中书局 1959 年版。

⑦ 劳延煊：《金元诸帝游猎生活的行帐》，《大陆杂志》第 27 卷第 9 期，1963 年 11 月。

三　金元捺钵

（一）金代捺钵

金朝的捺钵，其重要性虽不及辽朝，但也是金代历史上一个不容忽视的问题，它表现了女真生活习俗和族群文化的某些特性。不过在金代文献中捺钵一词并不常见，一般情况下多称行宫。

日本的池内宏、津田左右吉对金代的"春水秋山"略有提及。傅乐焕把金代捺钵划分为四个时期：都会宁期（基本沿袭辽制）、都燕前期（春季打猎、夏秋出塞、冬季驻中都）、都燕后期（京畿附近行"春水秋山"）、都汴时期（捺钵之风式微），并列出金代皇帝"春水秋山"的地点，这为后来的研究者提供了基本思路和研究范围[①]。都兴智基本沿袭傅乐焕的说法[②]。

刘浦江主要利用宋及金元的文献材料考述金朝皇帝历次"春水秋山"的时间、地点、具体活动、扈从队伍、随行人员、政治作用，以及给农业社会带来的不利影响，并指出：金代捺钵在制度化和规范性方面不如辽，主要是因为女真人和契丹人生活方式不同[③]。这篇文章把一向不太为史学界重视的金代捺钵的研究推向更深、更广的层次，在前人的研究基础上有所突破。

（二）元代捺钵

按傅乐焕的意见，元人捺钵可分为两个时期：入主中原前基本袭用辽制；入主中原后夏秋出塞，巡幸上都，冬春驻大都，亦即两都巡幸制[④]。

傅乐焕简略列举了蒙古前四汗的一些游猎之地。日本学者箭内亘的

---

① 傅乐焕：《辽代四时捺钵考》，《中央研究院历史语言研究所集刊》第10本第2分，1942年。

② 都兴智：《金代皇帝的"春水秋山"》，《北方文物》1998年第3期。

③ 刘浦江：《金代捺钵研究（上、下）》，《文史》第49、50辑，中华书局1999年12月、2000年7月版。收入刘浦江《松漠之间——辽金契丹女真史研究》，中华书局2008年版。

④ 傅乐焕：《辽代四时捺钵考》，《中央研究院历史语言研究所集刊》第10本第2分，1942年。

《元朝怯薛及斡耳朵考》①　在考述元代斡耳朵制时涉及大蒙古国时期的捺
钵问题。劳延煊指出：太祖四个斡耳朵所在地便是四季游猎之地，元太
宗、元宪宗时四季行宫局限于一个以和林为中心的不太大的区域之内。元
世祖定都大都后春猎在柳林，夏秋驻上都②。陈得芝考出元初诸帝在和林
城及周围地区的游猎、驻跸之地③。陈高华、史卫民的《元上都》④、叶
新民的《元上都研究》⑤　介绍了元代的两都巡幸制及上都的宫廷生活，政
治、经济、宗教活动。关于两都间的驿路，有袁冀的《元王恽驿赴上都
行程考释》⑥、《元代两京间驿路考释》⑦。

（三）金元捺钵的建置形式

　　史学界对金元捺钵的建置也存在不同看法。傅乐焕认为金初的捺钵建
置取法辽的冬捺钵，也是行帐。劳延煊则认为金代都会宁时的行在是游牧
式的穹帐，都燕以后，燕京周围大都有固定的建筑，塞外的金莲川仍是临
时行帐，蒙古诸帝的行帐是蒙古包。刘浦江根据《金史》的相关记载，
认定金朝皇帝金莲川驻夏的行宫是一座很简陋的建筑。

　　元朝皇帝每年夏秋巡幸上都，其附近的察罕脑儿行宫是皇帝经常驻跸
和游猎之处，行宫的地理位置也是元史学界讨论的热点。对此，箭内亘先
入为主的将 Rutten《蒙古地图》上的 Pain Chagan nor（今内蒙古宝昌县南
的小咸湖）定为元的察罕脑儿，然后用王恽《中堂事记》、周伯琦《扈从
诗序》的记载来证明他的看法⑧。箭内氏的论文发表五十年来，无人提出
异议，伯希和的名著《马可·波罗行记注》"察罕脑儿"条也采用他的结
论。直到 20 世纪 80 年代初，陈得芝撰文《元察罕脑儿行宫今地考》⑨　指
出箭内亘的考证方法没有摆脱同名今地比定古地名的束缚，为了迁就既定

　　①　［日］箭内亘：《元朝怯薛及斡耳朵考》，中译本，商务印书馆 1932 年版。
　　②　劳延煊：《元朝帝王季节性的游猎生活》，《大陆杂志》第 26 卷第 3 期，1963 年。
　　③　陈得芝：《元和林城及其周围》，《元史及北方民族史研究集刊》第 3 期，1978 年 12 月。
　　④　陈高华、史卫民：《元上都》，吉林教育出版社 1988 年版。
　　⑤　叶新民：《元上都研究》，内蒙古大学出版社 1998 年版。
　　⑥　袁冀：《元王恽驿赴上都行程考释》，《大陆杂志》第 34 卷第 12 期，1970 年。
　　⑦　袁冀：《元代两京间驿路考释》，《政治学术季刊》第 3 卷第 1 期。
　　⑧　［日］箭内亘：《元朝怯薛及斡耳朵考》，附《察罕脑儿考》，中译本，商务印书馆 1932
年。
　　⑨　陈得芝：《元察罕脑儿行宫今地考》，《历史研究》1980 年第 1 期。

结论作毫无根据的假设。他主要利用辽金元三史地理志、元人文集和元明清地方志比定察罕脑儿行宫在金莲川凉陉一带，即今沽源县五兰城中的大宏城古城。他的研究多从文献入手。尹自先、郑绍宗、郭郛运用考古调查材料分别写成《元代察罕脑儿行宫及明安驿故址辨》①、《考古学上所见之元察罕脑儿行宫》②、《元察罕脑儿行宫实地考辨》③。他们基本肯定陈得芝的观点，同时又纠正说：察罕脑儿行宫应在五兰城的小红城（即小宏城）古城，而陈得芝误以为在大宏城。

金元皇帝捺钵也有一定数量的扈从军。刘浦江认为金朝皇帝规模大、时间长的"坐夏"有时多达数万人之众；规模小、时间短的秋猎、冬猎扈从规则则小得多。傅乐焕认定元代四怯薛轮番宿卫斡耳朵仿自辽。箭内亘详细考察了元朝斡耳朵四怯薛轮番护卫的情况。

四　捺钵与辽金元政治

捺钵不仅是契丹、女真、蒙古生活方式的反映，而且是辽金元政治生活中的一件大事，国家政治体制运作的核心。

（一）辽代四时捺钵下的政治运作方式

傅乐焕根据《辽史·营卫志》的记载，认为辽朝每年冬夏捺钵召开两次国政会议，全体契丹官员及部分汉官扈从皇帝四时捺钵，宰相以下的南面官员在中京留守。北面官帐、部族、属国之政由辽帝及北面官僚随时处理，南面汉人、渤海人由辽帝转委汉大臣统治。姚从吾肯定了傅乐焕的说法，并借用津田左右吉的观点④，把它称为两元政治。

杨若薇完全否定《营卫志》"行营条"中一部分汉官还于中京居守的记载。她推测这或许是元代史官拼凑了某些现成史料添加到"行营"中的；或只是某一时期某一次的情形，不是辽朝的通例。她对文献材料及金

　①　尹自先：《元代察罕脑儿行宫及明安驿故址辨》，《河北师范大学学报》1984 年第 4 期。

　②　郑绍宗：《考古学上所见之元察罕脑儿行宫》，《历史地理》1983 年第 3 辑。

　③　郭郛：《元察罕脑儿行宫实地考辨》，《张家口文史资料》1987 年第 11 辑。

　④　［日］津田左右吉：《辽朝制度之二重体系》，《津田左右吉全集》第 12 卷，岩波书店 1964 年版。

石碑刻中的有关记载进行考察，力图证明枢密院、中书省官署及所有官员是与皇帝宫帐一同移动的。但是，她所引的史料多是南面高级官僚扈从行宫的记载。其实，傅乐焕、姚从吾并没有否认南面高级官僚跟随皇帝四时捺钵。其后她又说有一些无关紧要的南面官员还于中京居守，这就等于承认中京有一套汉官机构，只不过是中、低级汉官"居守"而已。这又与她否认中京有一套汉官机构的观点相矛盾。

（二）辽代捺钵与斡鲁朵、五京的关系

辽代捺钵与斡鲁朵的关系一直是辽史学界探讨的热点。《辽史·营卫志》序称："居有宫卫，谓之斡鲁朵，出有行营，谓之捺钵。"对此，日本的箭内亘解释说：捺钵是一时的牙帐，斡鲁朵是永久性的宫殿，且作为陵庙或御容殿，是皇帝陵所在地。姚从吾在《契丹汉化的分析》中指出：捺钵是定期停留的宫帐，斡鲁朵是出行居止的宫帐①。李锡厚则认为捺钵和斡鲁朵在空间上完全分开：捺钵是皇帝所居之地，斡鲁朵是由契丹诸部族中分离出来的小于部族的组织组合而成、并隶属于诸宫卫的部族，与政治中心无关。这种说法从根本上否定了《辽史》对捺钵、斡鲁朵下的定义。杨若薇利用宋人使辽语录、石刻材料与《辽史》互证，表明在四时捺钵中，当朝皇帝的斡鲁朵组成小禁围，前帝诸斡鲁朵跟从在当朝皇帝斡鲁朵附近，组成大禁围，共同保卫其安全。费国庆的观点介于箭内亘和杨若薇之间，主张皇帝在世时斡鲁朵扈从皇帝四时捺钵，皇帝死后则置于陵寝之地②。

自20世纪80年代以来，辽后期是否迁都的问题引起了很大争议，争论的实质是探究辽的政治中心。谭其骧撰文《辽后期迁都中京考实》③，首先提出辽前期首都是上京，后期虽然没有正式宣布，但事实上徙都中京。这引起了对辽后期是否迁都问题的讨论。林荣贵撰文《辽后期迁都中京说驳议——与谭其骧教授商榷》④ 提出反对意见，他认为

---

① 姚从吾：《契丹汉化的分析》，《大陆杂志》第4卷第4期，1952年2月。

② 费国庆：《辽朝斡鲁朵探索》，《历史学》1979年第3期。

③ 谭其骧：《辽后期迁都中京考实》，《中华文史论丛》1980年第2辑。

④ 林荣贵：《辽后期迁都中京说驳议——与谭其骧教授商榷》，《中华文史论丛》1983年第1辑。

定都、迁都必须有法律认可，上京是有辽一代的法定首都，中京在法律上和事实上均非首都。葛剑雄又发表《也谈辽后期迁都中京问题——读林荣贵同志〈辽后期迁都中京说驳议〉》①，基本重申谭其骧的意见，并未提出任何新证据。李锡厚则主张：辽中期后，中京虽是统治汉地的最高行政机构所在地，是名义上、礼仪上的首都，但仍隶属于捺钵，辽的实际政治中心仍在捺钵。其实，早在 20 世纪 40 年代，傅乐焕、姚从吾就已经提出辽的政治中心不在汉人式的五京，而在游牧式的捺钵。五京之设仅是为了安置汉人和渤海人俘户，任何一京都未起到政治中心的作用。杨若薇进而提出辽的政治中心在游动的斡鲁朵中。她举出了一些很有说服力的证据：中央政府、议政及处理政务一年四季都在斡鲁朵；放进士仪、接待朝贡使节、重大朝廷礼仪都在斡鲁朵。她的《契丹王朝政治军事制度研究》一书中专门有一节"五京的建置及在辽朝政治中的作用"，探讨了五京和辽后期是否迁都的问题。她认为五京是地区的首府，五京留守实际上是高级地方官。她还敢于质疑富有权威性的学者的观点，对谭其骧提出的辽后期迁都中京的所有论据一一加以辩驳，证明辽国政治中心一直在四时迁徙的斡鲁朵中，位居五京之首的上京自始至终是象征性、徒有其名的皇都，辽后期"无论从名义上、法律上、还是事实上都没有迁都中京"。谭其骧以中原王朝建都模式作引申，认为"任何国家不可能没有一个中央政府的常驻地"。实际上，北方游牧族群与中原汉族的制度、礼仪、习俗及心理特征相去甚远，完全用中原汉族的模式来推断契丹社会显然是不合适的。

（三）金代捺钵与政治

按傅乐焕的说法，金代捺钵完全出于嬉游，与政治无关。都兴智则认为金代捺钵不完全是"寓乐于山水之中"，也有政治目的——通过渔猎活动练兵习武，皇帝借机考察官吏、体察民情。刘浦江经过深入论证，表明金代的捺钵之制既是女真人生活本色的体现，又受政治环境影响。都会宁期，统治重心在上京地区，捺钵基本袭辽制；都燕前期，政治中心已转入

---

① 葛剑雄：《也谈辽后期迁都中京问题——读林荣贵同志〈辽后期迁都中京说驳议〉》，《中华文史论丛》1983 年第 1 辑。

中原，但仍需在塞外坐夏、秋猎以巡边耀武，威慑北边各族；都燕后期，女真汉化日渐深入，且北方边患严重，皇帝仅在中都周围行"春水秋山"；都汴后，捺钵之风尽废，但仍在开封附近游猎。金代"春水秋山"除了娱乐避暑之外，还有操习骑射的目的。在此期间，国家权力机构随皇帝转移到行宫，朝廷百官大都要扈从皇帝。因此，不能说金代捺钵与政治完全无关。

（四）元代斡耳朵与两都巡幸制

大蒙古国时期，大汗像辽帝一样四时捺钵，大汗的斡耳朵便是四季游猎地点。入主中原后，受辽金捺钵之制遗风的影响，采用两都巡幸制。无论是大蒙古国时期还是元朝，政治中心都跟随皇帝行踪转移。这一点基本上是没有争议的。相关文章本文前面已提到，兹不赘述。

五　结语

综上所述，辽金元捺钵不少问题值得深入研究。但从 20 世纪 70 年代以来，本领域的研究还基本处在有限的表层平推阶段，难见突破性进展。在今后的研究中，以下四个方面值得关注：

（一）史料的发掘和利用

不可否认，一方面史料的贫乏制约了对捺钵进行研究；而另一方面，对现有史料的挖掘还不充分，对于前人的成果，包括日本学者的研究成果利用得也不够。一些论述，虽有"大胆的假设"，但"小心的求证"明显不足，其结论自然难以令人信服。因此，史料及前人研究成果的发掘与利用仍然是本研究面临的重要问题。

（二）关注差异

"关注差异"是研究民族史必不可少的重要手段。一些学者在研究中，自觉或不自觉地用中原汉族模式来比附北方族群的现象时有发生。这在讨论捺钵建置和辽代政治中心上表现得尤为明显。北方族群固然在许多方面仿效中原，但决非该模式的简单复制，他们同时也保留着自己的特色。而把中原汉族的思维定式套用到辽金元史的研究上可能是一个陷阱。

（三）寻求共同点

在中国古代，北方各族群之间存在着许多共同点，各族群相关材料可以互相补充和启发。国内外学者在寻求宏观、中观层面的共同点上作了不少工作，但在探讨微观共同点方面则相对欠缺。民族史的多样性、复杂性决定了只有将这三者有机结合进行研究，才能更深刻地揭示问题的本质、本貌。有些学者在这方面已经做过尝试，但更深入的研究有待继续。

（四）重视语言学

研究民族史，不可避免地要运用语言学知识和方法。研究者这方面的不足将使很多问题难以突破。对"捺钵"词源词义和"四楼"的探讨要取得进展，有赖于语言学知识和方法的充分运用。

辽金元三代是中国历史发展的一个重要阶段。然而，对三朝捺钵的研究与其他朝代政治制度的研究相比，成果还不多，与其重要性极不相称。推进辽金元捺钵研究，我们寄希望于新的文献和考古材料的发现，对现有史料的充分利用，语言学知识和方法的支撑，并希望在研究思路上寻求新的架构。

（本文的写作得到北京大学历史系刘浦江老师的指导，中国社会科学院历史所的康鹏、地方志办公室的王超提出了宝贵意见，在此一并致谢！）

（原载《中国史研究动态》2005 年第 2 期）

辽代佛教研究评述

契丹王朝上、下阶层皆笃信佛教,佛教对整个国家的政治、经济、文化、社会诸方面都产生了深刻影响。在中国佛教史研究中,长期以来,辽代佛教是一个不太被注意的领域。20世纪初,日本史学界对中国满蒙史研究表现出强烈的兴趣,做了大量的考古调查、资料搜集和研究工作,对辽代佛教的探讨才真正开始。20世纪前半期有分量的研究几乎都是日本学者做出的;20世纪后半期则以中国学者的成果居多。对这一问题的研究主要集中在佛学研究和佛教对社会的影响两大方面。

一 辽代佛学研究

(一)辽代佛学宗派、名僧及其著作

辽朝佛学宗派众多,佛学研究发达。学者们对辽代社会颇为流行的密教、华严宗等探求得较多。

日本学者胁谷揭谦的《辽代之密教》① 介绍了日本当时仅存的辽僧觉苑的《大日经义释演密钞》、道殿的《显密圆通成佛心要集》二书,提出辽代佛教华严思想里包含密教因素。松永有见论述辽朝密教的代表人物觉苑、道殿在佛学思想史上的地位,提出辽代密教传统上属善无畏系,也有不空系,是两大密教系统的统一,并肯定了其在密教史上的地位②。野上俊静的《辽代佛教研究》③ 介绍了觉苑、道殿的思想,指出

---

① [日]胁谷揭谦:《辽代之密教》,《无尽灯》1912年1月号。
② [日]松永有见:《宋辽时代的密教》,《密教研究》第38号,1930年。
③ [日]野上俊静:《辽代佛教研究》,《摩由罗》第2号,大谷大学圣典语学会,1933年。

辽朝华严教义里包含金刚顶系密教。吕建福的《中国密教史》①一书专用一节讨论辽代密教。他全面考察了辽代皇室的密教信仰、密教在社会各方面的广泛影响、密教著名学僧及其著作，并总结出其特点："遥承唐密，近取新传，融会华严之学，倡导显密圆通。"辽代密教的情况，文献记载很少。霍杰娜根据近年出土的考古材料探讨密教在辽代盛行的状况②。日本的野上俊静认为密教的流行发端于契丹人固有的萨满教信仰③。

1913年，胁谷撝谦发表《辽金佛教的中心》④，最早提出辽代佛教教学的中心是华严学。1933年，野上俊静根据后人所补《辽史·艺文志》和高丽大觉国师义天编撰的《新编诸宗教藏总录》（以下简称《义天录》）所著录的辽代佛学著作中华严宗章疏居多，得出辽代佛教以华严宗为教学中心的结论⑤。野上俊静全面搜讨了当时所能见到的材料，其观点自然很有影响。此说一提出，长期成为定论。直到1983年，另一位日本学者竺沙雅章修正了此观点。1974年山西应县佛宫寺木塔发现的《契丹藏》残卷里有很多唯识学著作，房山石经题记中有很多辽朝唯识学僧的记录，辽代碑刻材料中有很多寺庙开"唯识论"讲习的记载，竺沙雅章据此提出唯识宗（即法相宗、慈恩宗）居于与华严宗相匹敌的地位，两个宗派都是辽代佛教的中心⑥。

竺沙雅章根据应县木塔、房山石经发现的华严宗典籍，分述圣宗朝、兴宗朝、道宗朝华严学说在佛典刊行、教学方面的繁盛。他还详细考述了辽代华严学典籍及其向高丽、宋流传的情况⑦。

野上俊静认为禅宗未传入辽。竺沙雅章认为辽代佛教的主要材料房山石经、应县木塔《契丹藏》残卷中均不见与禅宗有关的资料，说明辽朝

① 吕建福：《中国密教史》，中国社会科学出版社1995年版。
② 霍杰娜：《辽墓中所见佛教因素》，《文物世界》2002年第3期。
③ ［日］野上俊静：《辽代社会与佛教》，《史学研究》第5卷第3号，1934年。
④ ［日］胁谷撝谦：《辽金佛教的中心》，《六条学报》第135号，1913年。
⑤ ［日］野上俊静：《辽代佛教研究》，《摩由罗》第2号，大谷大学圣典语学会，1933年。
⑥ ［日］竺沙雅章：《宋元时代的慈恩宗》，载竺沙雅章《宋元佛教文化史研究》第1部之第1章，汲古书院2000年版。按：这一部分内容最早发表于《南都佛教》第50号，1983年。
⑦ ［日］竺沙雅章：《新出土资料与辽代佛教》、《辽代华严宗的考察——以新出土华严宗典籍的文献学研究为中心》，载竺沙雅章《宋元佛教文化史研究》第1部之第4章、第5章，汲古书院2000年版。

禅宗不盛①。实际上辽僧道殿的著作《显密圆通成佛心要集》② 已提及禅宗。可见禅宗已传入辽佛学界，只是在社会上影响不大。而且禅宗的传播本来就是不重文字的，完全以佛教典籍来判断禅宗在辽的流传情况，似乎不太全面。

辽代名僧辈出，佛学著作颇丰，其佛学著译学术化特征鲜明。胁谷揭谦的《辽金时代的佛教》及《华严经要义·附录》③ 主要采用《佛祖历代通载》、《释氏稽古略》介绍辽代名僧觉苑、道殿、行均、常在、法均及其著作。野上俊静的《辽代佛教研究》根据文献记载列举辽朝佛学著作，并介绍了现存著作的内容、著者的情况。他提出由于华严思想包容的特性，辽僧兼通诸宗的倾向浓厚；而且佛教教学内部有三教并包的倾向，带有近世色彩。这是中国近世宗教史不应忽视的一个方面。中国台湾学者王吉林据出土碑文作《辽僧补传》④。蓝吉富的《〈显密圆通成佛心要集〉初探》⑤ 探讨了此书的内容、思想特色，提出作者新编的准提法仪轨是"中国式"的，这使佛教界对准提菩萨的信仰大幅提升，对后世影响很大。竺沙雅章详细介绍了慈恩宗大师诠明的著作，称誉他是"国际型"的学者。

有关辽朝佛学的探讨，野上俊静和竺沙雅章成就突出。尤其是竺沙雅章运用的资料最多，对华严学、慈恩宗的研究非常深入。但是，密教的研究还多停留在表象，从宗教角度挖掘密宗仪轨及其与契丹人原始信仰的关系还做得很不够。

（二）辽刻房山石经与《契丹藏》（即《辽藏》）

房山石经的续刻和《契丹藏》的雕造是辽朝佛教的两大事业，在佛

---

① ［日］竺沙雅章：《新出土资料与辽代佛教》，载竺沙雅章《宋元佛教文化史研究》第 1 部之第 4 章，汲古书院 2000 年版。

② ［日］高楠顺次郎等编：《大正新修大藏经》第 46 册，大正一切经刊行会 1927 年版，第 989—1007 页。

③ ［日］胁谷揭谦：《辽金时代的佛教》、《华严经要义·附录》，《龙谷史坛》第 126 号，1912 年。

④ 王吉林：《今存辽文献中有关佛教史料之研究》，载张曼涛主编《现代佛教学术丛刊·中国佛教史专集之五·宋辽金元篇》下，大乘文化出版社 1977 年版。

⑤ 蓝吉富：《〈显密圆通成佛心要集〉初探》，杨曾文、方广锠编：《佛教与历史文化》，宗教文化出版社 2001 年版。

学界具有深远影响。

1924 年，法国汉学家戴密微（Paul Henri Demiéville）发现房山石经与宋、高丽的石经排列方式不同，像 930—940 年中原地区的佛经，进而认为它可能是辽太宗伐晋的战利品[①]。美国学者魏特夫（Karl A. Wittfogel）和中国民族史专家冯家升认为这种说法不正确。因为房山石经的雕刻早在隋代就开始了，而且把石经从开封运到辽国是事倍功半的事，辽政府决不会在这方面费力[②]。

日本学者塚本善隆的《石经山云居寺与石刻藏经》[③] 指出房山云居寺石经的雕刻从隋静琬开始，续刻于辽圣宗时。在契丹贵族保护、信徒施舍的基础上，有志之僧续刻，且所刻经典与《契丹藏》有关。王吉林探讨了辽以前的刻经、辽中期的刻经和辽末通理大师的刻经。其中，辽中期的刻经始于圣宗太平七年（1027），终于道宗清宁三年（1057），由政府出资，地方官提点，民间信徒捐赠。竺沙雅章考述了房山石经的版式特征及佚书。阎文儒、傅振伦、郑恩淮[④]、竺沙雅章等都认为辽代续刻的石经中包含契丹大藏经，这与塚本氏的观点相同。

20 世纪 70 年代之前，由于没有任何可供参照的实物资料，学者们只能通过记载不多的、模糊的文献材料去考定《契丹藏》。1974 年，山西应县木塔发现《契丹藏》实物，为它的研究开创了一个新局面。《文物》1982 年第 6 期上刊载了 6 篇相关的报道和论文。这些发现后来汇集起来，出版了《应县木塔辽代秘藏》[⑤]。

《契丹藏》的雕造时间一直存在争议。1912 年，日本学者妻木直良第一次精致地考证了《契丹藏》雕造的具体情况：这一事业大体从兴宗时代开始，觉苑大师主编，道宗初年完成[⑥]。此结论一提出，六十余年来，学界向无异议。直到 1974 年山西应县木塔发现《契丹藏》残卷，这种认识才有所改变。张畅耕、毕素娟根据应县木塔藏经中的题记证实《辽藏》

---

① ［法］戴密微：《弥烂陀王问经》，《法兰西远东学院学报》第 24 卷，1924 年。
② ［美］魏特夫、冯家升：《中国社会史：辽（907—1125）》第九部分《寺庙与僧院》，麦克米伦出版公司 1949 年版。
③ ［日］塚本善隆：《石经山云居寺与石刻藏经》，《东方学报》（京都）副刊，1935 年。
④ 阎文儒、傅振伦、郑恩准：《山西应县佛宫寺释迦塔发现的〈契丹藏〉和辽代刻经》，《文物》1982 年第 6 期。
⑤ 山西省文物局、中国历史博物馆主编：《应县木塔辽代秘藏》，文物出版社 1991 年版。
⑥ ［日］妻木直良：《论契丹大藏经的雕造》，《东洋学报》第 2 卷第 3 号，1912 年。

的雕印早于圣宗统和二十一年（1003），诠明是主持者①。阎文儒、傅振伦、郑恩淮、竺沙雅章也持类似观点。

20 世纪 80 年代，河北丰润县天宫寺塔又发现一批辽代刻经。陈国莹认为其中含有《契丹藏》②。竺沙雅章、李富华③同意这一观点。但朱子方却说不能肯定这批辽刻经卷中有《契丹藏》④。杨卫东考释了河北涿州歧天王院遗址出土的《新赎大藏经建立香幢记》，指出辽统治者在刊印《契丹藏》时广泛筹资，除鼓励佛教信徒捐助外，还以减免寺院田亩税逐年补偿的方式，让一些大寺院出钱⑤。

竺沙雅章通过比较《辽藏》、《开宝藏》、《高丽藏》和唐代敦煌写经的版式，首次提出《契丹藏》及辽朝诸宗章疏之版式是对唐长安佛教的继承⑥。他用应县木塔发现的《契丹藏》残卷与唐代敦煌佛经残卷进行对照，这也许不能代表《契丹藏》和唐代佛经的整体情况，但他的推测有一定依据，可能是正确的。李富华认为应县木塔发现的卷装本刻经与河北丰润县发现的册装本刻经是《辽藏》的两种版本。他还考述了《辽藏》的内容、学术价值。在写经版式问题上，他和竺沙雅章的观点相同。他所利用的唐代写经材料也仅限于敦煌写经，同时又说唐中央政府确曾向敦煌颁赐过写本大藏经，所以这些敦煌写经出自长安官方的抄经机构。

日本学界对房山石经、《契丹藏》的讨论一直十分热心。中国佛教协会编《房山云居寺石经》⑦ 和北京图书馆金石组、中国佛教图书文物馆石经组编《房山石经题记汇编》⑧ 这两部资料集的出版是佛学界的盛事，也为学者充分利用石经研究辽代佛教提供了方便。此后，中国学者的相关文

---

① 张畅耕、毕素娟：《论辽朝大藏经的雕印》，《中国历史博物馆馆刊》总第 9 期，1986 年 9 月。

② 陈国莹：《丰润天宫寺塔保护工程及发现的重要辽代文物》，《文物春秋》1989 年创刊号。

③ 李富华：《关于〈辽藏〉的研究》，杨曾文、方广锠编《佛教与历史文化》，宗教文化出版社 2001 年版。

④ 朱子方：《〈丰润天宫寺塔保护工程及发现的重要辽代文物〉一文读后记》，《文物春秋》1991 年第 2 期。

⑤ 杨卫东：《与〈契丹藏〉有关的一件石刻——辽咸雍四年刊〈新赎大藏经建立香幢记〉》，《文物春秋》2007 年第 3 期。

⑥ ［日］竺沙雅章：《契丹大藏经小考》，原载《内田吟风博士颂寿纪念东洋史论集》，1978 年版，收入竺沙雅章《宋元佛教文化史研究》，汲古书院 2000 年版。

⑦ 中国佛教协会编：《房山云居寺石经》，文物出版社 1978 年版。

⑧ 北京图书馆金石组、中国佛教图书文物馆石经组：《房山石经题记汇编》，书目文献出版社 1987 年版。

章也多起来。因此，辽刻房山石经的研究比较充分。遗憾的是，《契丹藏》只发现一些残卷，资料的匮乏制约了对它的深入探讨。

（三）辽朝佛学与周边的交流

辽代佛教不是孤立存在的，它与周边国家及地区的交往十分活跃。

日本学者松井的《契丹人的信仰》[①] 认为契丹人在信仰上受中原影响很深（包括佛教）。吕澂推断辽朝在圣宗太平元年（1021）得到宋朝颁赐的一部《开宝藏》天禧修订本，兴宗重熙以后遂在此基础上雕刻《契丹藏》[②]。应县木塔《契丹藏》实物的发现已证明吕澂的说法有误。竺沙雅章认为《契丹藏》里含有《开宝藏》的内容，《开宝藏》可能经高丽传入辽国。刘浦江先生《文化的边界——两宋与辽金之间的书禁及书籍流通》指出辽国佛学著作可能通过高丽传入北宋，虽然《开宝藏》传入辽缺乏直接文献依据，但《契丹藏》里可以发现《开宝藏》的踪迹，估计极有可能是宋朝赠与辽朝的[③]。徐时仪《开宝藏和辽藏的传承渊源考》[④]认为《契丹藏》在刊刻过程中可能参照了《开宝藏》天禧修订本，同时又根据当时北方流传的写本藏经而有所增补。

日本学者神尾弌春的《契丹佛教文化史考》[⑤] 是有关辽朝佛教综合体系的著作，此书首次发现高丽佛经题记提到辽，表明辽代佛教对高丽的影响。妻木直良指出高丽藏经雕造对《契丹藏》的重要影响，用辽、高丽双方的资料确证《契丹藏》传入高丽。池内宏的《高丽朝的大藏经》[⑥]论述《契丹藏》传入高丽不止一次，辽僧的著作多数流入高丽，并首次注意到《义天录》与辽朝佛教的关系。大屋德城在朝鲜海印寺藏经板木的杂板中发现时人尚不知晓的辽代佛教典籍：燕京僧澄渊撰《四分律删繁补缺行事钞评集记》十四卷，常真述《俱舍论颂疏钞》八卷[⑦]。实际

---

① ［日］松井：《契丹人的信仰》，《满鲜地理历史研究报告》第 8 册，1921 年。

② 吕澂：《契丹大藏经略考》，《现代佛学》第 1 卷第 5 期，1951 年。

③ 刘浦江：《文化的边界——两宋与辽金之间的书禁及书籍流通》，《中国史学》（东京）第 12 卷，2002 年 12 月。

④ 徐时仪：《开宝藏和辽藏的传承渊源考》，《宗教学研究》2006 年第 1 期。

⑤ ［日］神尾弌春：《契丹佛教文化史考》，伪满洲文化协会 1937 年版。

⑥ ［日］池内宏：《高丽朝的大藏经》，《东洋学报》第 13 卷第 3 号至第 14 卷第 1 号，1933 年。

⑦ ［日］大屋德城：《朝鲜海印寺经板考》，《东洋学报》第 15 卷第 3 号，1926 年。

上，常真是赵州开元寺僧，而赵州不在辽境，这与辽朝佛教无关。日本学者在朝鲜发现高丽版《龙龛手镜》，照片在 1929 年发表，并附有藤冢邻的解说①。朱子方根据高丽大觉国师义天的两部诗文集《大觉国师文集》、《大觉国师外集》等来探讨辽朝与高丽佛学的交流情况。辽僧非浊的著作、两部字书《续一切经音义》、《龙龛手镜》及《契丹藏》都对高丽佛学界产生了重大影响②。

塚本善隆的《在日本遗存的辽文学的影响》③ 一文认为名古屋真福寺留存的宋僧戒守的《往生传》和金泽文库所藏《汉家类聚往生传》受辽僧非浊的《随愿往生集》（今已不传）极浓厚的影响。

辽朝佛学与敦煌也有交流。毕素绢认为敦煌文书 P. 2159 背辽僧诠明著《妙法莲华经玄赞科文》是 1006—1020 年间传入敦煌的④。荣新江先生对此提出质疑。他认为：把辽僧诠明的著作传入敦煌放在 1006—1020 年间的根据，仅仅因为史料记载统和、开泰年间辽与沙州之间往来不绝，并无实证。据考，诠明此书完成于 965—1002 年间，995 年经敦煌向西天取经的僧道猷，曾把北京石壁沙门传奥的《梵网经记》带到敦煌，也不排除他将诠明的著作于此时一并带来的可能性⑤。

竺沙雅章对辽朝佛学与周边交流的研究最全面。他认为中国佛学存在唐→辽→金→元的传承关系，辽朝在当时的东亚佛教文化圈居于中心地位，而高丽是佛典流动的枢纽。这是在仔细梳理、研究各方材料的基础上提出的值得重视的新见解，对人们习以为常的"中原文化中心论"是一个突破。

二 佛教与辽朝社会

（一）佛教与世俗政权

统治阶层的扶植或压制是导致宗教地位升降的重要因素。辽朝社会佛

---

① ［日］藤冢邻：《高丽版〈龙龛手镜〉》，《斯文》第 11 编第 10 号，1929 年。

② 朱子方：《辽朝与高丽的佛学交流——读〈大觉国师文集〉、〈外集〉及其他》，载陈述主编《辽金史论集》第 5 辑，文津出版社 1991 年版。

③ ［日］塚本善隆：《在日本遗存的辽文学的影响》，《东方学报》（京都）第 7 册，1936 年。

④ 毕素娟：《辽代名僧诠明著作在敦煌藏经洞出现及有关问题》，《中国历史博物馆馆刊》总第 18、19 期合刊，1992 年 7 月。

⑤ 荣新江：《敦煌学十八讲》，北京大学出版社 2001 年版。

教兴盛与统治者的大力扶植是分不开的。

常盘大定①论述朝廷与佛教的关系，辽朝诸帝的崇佛、兴佛。此文很少涉及《辽史》、《契丹国志》以外的资料，几乎未使用金石材料。野上俊静的《辽朝与佛教》②考察两百余年间契丹朝廷与佛教的关系。他在《胡族国家与佛教》③一文中指出：胡族国家最适应的宗教是佛教，它是汉族与胡族的精神纽带。他还推测儒教和道教强调华夷有别，与胡族统治者矛盾，而佛教不讲族群差异，顺应多族群国家的需要。因而，契丹政权很快由建国初期的三教并举转变为独尊佛教。

魏特夫、冯家升认为强大帝国的建立为佛教的迅速发展铺平了道路。契丹统治者、贵族给寺院大量赏赐、捐赠，朝廷饭僧费用远超以往任何一个中原王朝和日本。刘浦江先生分析了辽朝对佛教的接受与崇奉过程：太祖朝只利用佛教的安抚作用；太宗朝开始信仰；太宗到圣宗朝，统治者对佛教既支持又限制；兴宗、道宗、天祚朝是佞佛的高峰。辽统治者对佛教的信仰非常虔诚，从不鬻卖空名度牒④。尤李认为阿保机为建立和巩固君主专制和中央集权制而以儒学为尊，辽太宗因本人非嫡长子而不喜儒学，用崇佛来消解儒学的影响；在中后期典章制度日益完备的情况下，统治者选择了不讲族群差异、各方都能接受的佛教作为国家的主流意识形态⑤。

据野上俊静研究，续刻房山石经得到皇室资助。齐心、王玲提出房山石经的刻凿，在辽代几乎全为官方经办。燕京有官方设立的印经院刻印大藏经⑥。《契丹藏》的雕造也得到皇室资助，相关文章本文前面已经提到，兹不赘述。

（二）佛教信仰的广泛

辽朝社会上至皇帝、贵族官僚、地方豪富，下到一般民众，无不对佛

① ［日］常盘大定：《契丹之佛教》，《宗教界》第10卷第2号，1913年。
② ［日］野上俊静：《辽朝与佛教》，《大谷学报》第13卷第4号，1932年。
③ ［日］野上俊静：《胡族国家与佛教》，《真宗同学会年报》第1辑，1943年。
④ 刘浦江：《辽金的佛教政策及其社会影响》，原载《佛学研究》第5辑，1996年，此据刘浦江《辽金史论》，辽宁大学出版社1999年版。
⑤ 尤李：《辽朝崇佛政策的确立与政局的变迁》，《中华文化论坛》2006年第4期。此文已经收入本书。
⑥ 齐心、王玲：《辽燕京佛教及其相关文化考论》，载北京市文物研究所编《北京文物与考古》（二）；燕山出版社1991年版。

顶礼膜拜。野上俊静的《辽代社会与佛教》论述辽朝僧侣地位之高、寺院之盛、契丹开国传说与观音信仰的结合、佛诞日的习俗，并提出佛装、火葬现象表明佛教浸润到整个社会。他的《辽代燕京的佛教》① 考察燕京造寺造塔的盛况、名僧的活动。燕京寺院、僧侣的数量最多，质量最好，密宗、华严宗、法相宗繁荣，续刻房山石经、雕造《契丹藏》均与燕京名僧有关，因此，燕京是辽朝佛教的中心。辽朝名僧均是汉人，且大半与燕京有关，辽代佛教本质是汉化佛教。鸟居龙藏的《辽上京城以南伊克山上之辽代佛刹》② 分三大区详细考述上京城南伊克山上的辽代佛寺，并认为此山是镇护国家的灵地，圣宗朝至辽末，此山相当于中原佛教圣地五台山的地位。

佛教还通过"千人邑"会向社会浸透。最早注意到这一现象的是塚本善隆。此后，田村实造③、神尾式春也进行过研究。他们的研究选取主要的、特定的千人邑会进行论证。第一次全面研究"千人邑"的组织形态及其运作问题的是野上俊静。他的《关于辽代的邑会》④ 一文主要通过散见于金石中的相关材料来考察辽代的千人邑会，指出千人邑是同一地方以佛教信仰为纽带结成的社会组织，会员对寺院有施财义务，这对佛教的普及作用很大。但邑会主要集中在燕云地区。中国台湾学者王吉林也对千人邑有研究⑤，但其采用的材料和研究思路均未超过日本学者。

（三）佛教习俗

辽代佛俗是备受学者们关注的又一领域。

冯家升的《契丹祀天之俗与其宗教神话风俗之关系》探讨佛教与契丹固有风俗的关系，指出圣宗以后杀牲祀天显著减少系受佛教信仰的影响⑥。

---

① ［日］野上俊静：《辽代燕京的佛教》，原载《支那佛教史学》第 2 卷第 4 号，1938 年，收入野上俊静《辽金的佛教》，平乐寺书店 1953 年版。

② ［日］鸟居龙藏：《辽上京城以南伊克山上之辽代佛刹》，载张曼涛主编《现代佛教学术丛刊·中国佛教史专集之五·宋辽金元篇》下，大乘文化出版社 1977 年版。

③ ［日］田村实造：《契丹佛教社会史的考察》，《大谷学报》第 18 卷第 1 号，1937 年。

④ ［日］野上俊静：《关于辽代的邑会》，《大谷学报》第 20 卷第 1 号，1939 年。

⑤ 王吉林：《辽代"千人邑"研究》，《大陆杂志》第 35 卷第 5 期。

⑥ 冯家升：《契丹祀天之俗与其宗教神话风俗之关系》，《史学年报》第 1 卷第 4 期，1932 年。

近年来，辽代考古材料层出不穷，其中不少包含佛教因素。霍杰娜的《辽墓中所见佛教因素》对近年来出土的辽墓中的佛教因素作了分类归纳。

辽代盛行火葬是否是佛教影响的结果？这一问题一直存在争议。归纳起来主要有以下几种意见：

1. 受佛教影响

冯家升认为契丹人受佛教影响实行火葬。但这很可能仅指圣宗以后的情况，而他的证据只有两座墓葬，显得单薄。野上俊静很谨慎地说火葬仅限于佛教徒，对一般民众不作判断。霍杰娜通过对辽墓的考古学分析，认为火葬墓从空间分布看几乎遍布辽地全境，从时间上讲辽中晚期才比较流行，这与佛教在辽地传播至极盛的时间相吻合。因此可以推断火葬墓基本上是受到佛教葬俗的影响。其说大致有理。

2. 契丹人火葬主要是原始葬俗遗留，汉人火葬与佛教影响有密切联系

杨晶的《辽墓初探》①、《辽代火葬墓》②持此说法。她的理由是辽代佛教盛行的中晚期，极少发现契丹人、特别是笃信佛教的契丹贵族的火葬墓。刘未也认为汉人因信仰佛教多采用火葬，特别是燕云地区，几乎没有土葬的。但辽中期以后，契丹墓室中可确指为火葬的例证极少③。

3. 原始信仰的火葬风俗与佛教影响相互作用的结果

此类观点的代表有：景爱的《辽金时代的火葬墓》④，宋德金的《辽金文化比较研究》⑤。

4. 受摩尼教葬俗影响

王小甫先生另辟蹊径，推测契丹建国后"改宗摩尼，风行裸葬、薄葬加火葬"⑥。

尤李《佛教对辽朝社会的影响管窥》⑦一文提及辽燕京地区元宵节燃灯供养佛塔和舍利的习俗，中元节与契丹游牧文化相互作用发生变异。辽

---

① 杨晶：《辽墓初探》，《北方文物》1985 年第 1 期。
② 杨晶：《辽代火葬墓》，载陈述主编《辽金史论集》第 3 辑，书目文献出版社 1987 年版。
③ 刘未：《辽代墓葬研究》，硕士学位论文，北京大学，2004 年。
④ 景爱：《辽金时代的火葬墓》，《东北考古与历史》第 1 辑。
⑤ 宋德金：《辽金文化比较研究》，《北方论丛》2001 年第 1 期。
⑥ 王小甫：《契丹建国与回鹘文化》，《中国社会科学》2004 年第 4 期。
⑦ 尤李：《佛教对辽朝社会的影响管窥》，《商丘师范学院学报》2007 年第 5 期。

朝的佛诞日是"二月八日"还是"四月八日"也存在分歧。其实这一问题历来在中原地区也有争议。《七修类稿》说："至于释迦生日，以今四月八日，亦非也。盖周正建子，今夏正当为二月八日矣。"①冯家升认为《契丹国志》四月八日的记载正确，而《辽史》二月八日的说法有误。野上俊静也取"四八"说，但又认为辽金通行"二八"佛诞。韩国学者李龙范提出佛诞日在回鹘佛教是二月八日，汉传佛教是四月八日，而辽金继承了双方的佛庆制②。林荣贵不同意李龙范的观点，认为汉文佛教典籍里"二八"、"四八"佛诞都存在，二者不同是历法换算差异造成的。"二八"佛诞系对印度佛生日之照搬采用，"四八"佛诞是因为周历以建子之月为岁首，四月八日相当于夏历二月八日③。张泽咸《唐代的节日》④ 一文考出唐代的佛节有"二月八日"、"四月八日"、"腊月八日"。笔者认为辽代佛教多继承唐朝传统，佛诞日承接唐朝习俗，"二八"、"四八"并行也不是不可能。

（四）佛教的社会影响

崇佛对辽朝社会产生重大影响是人们的共识。学者们从各层面探求佛教对辽朝社会的积极作用或消极影响。

魏特夫和冯家升首次论及辽朝佛寺的投资方式、慈善事业。寺庙通过出租土地、开当铺、放高利贷赢利，又建立谷仓赈济穷人。田村实造考述辽朝佛寺对都市发展的作用、辽代频繁建佛寺的经济背景及千人邑、二税户的问题。

野上俊静的《契丹人与佛教》⑤ 指出辽代佛教发展与契丹人汉化是并行的，续刻房山石经和雕印《契丹藏》都用汉文，其本质是汉人佛教，并提出一个值得注意的问题：辽代名僧均为汉人，虽然契丹人佛教信仰普遍、强烈，却未出现优秀学僧。其实，从种族上来说，佛学大师辽道宗、妙行大师等均是契丹人；但从文化角度来讲，他们几乎与汉人无异。陈述

① （明）郎瑛：《七修类稿》卷25《辩证类》佛考条，中华书局1959年版。
② ［韩］李龙范：《辽金佛教之二重体制与汉族文化》，载张曼涛主编《现代佛教学术丛刊·中国佛教史专集之五·宋辽金元篇》下，大乘文化出版社1977年版。
③ 林荣贵：《佛教在北疆》，载林荣贵《辽朝经营与开发北疆》下编，中国社会科学出版社1995年版。
④ 张泽咸：《唐代的节日》，载张泽咸《一得集》，兰州大学出版社2003年版。
⑤ ［日］野上俊静：《契丹人与佛教》，《佛教研究》第7卷第4号，1944年。

认为寺院是辽朝的文化阵地，既有精通佛典儒书的高僧的学术研究，又有面向社会的"俗讲"①。尤李提出寺院成为各阶层民众的精神文化中心，其教育和文化传播功能不在其他官方教育机构之下。郭康松提及辽代寺院的俗讲在宣扬中原伦理道德方面的作用②。张国庆《论辽代家庭生活中佛教文化的影响》③ 认为辽代家庭生活中有着广泛的佛教文化影响，表现在四个方面：在思想上以佛为本、佛儒相融；在家庭财产处置上捐资助佛；在日常行为上居家念佛、诵经立幢；在生活习俗上佛号名、佛装、佛诞等成为时尚。

王吉林考察了辽帝、贵族对佛教的信仰、寺庙财产和僧侣人数，并指出：佞佛是辽灭亡的原因之一。刘浦江先生认为辽代僧侣人口冗滥超出了社会正常承受能力，佞佛之风侵蚀了契丹人勇武雄健的精神，因此，"辽以释废"的结论大致不误。尤李提出大量贵金属用于造佛像和寺院是造成辽代"钱荒"的重要因素，在这种窘境下，辽统治者也未采取任何措施限制贵金属流向寺院。

（五）佛教艺术

图像是佛教传播的重要途径。近年来，从艺术史角度研究辽代佛教日益受到重视。如品丰、苏庆编《应县佛宫寺壁画·朔州崇福寺壁画》④。李清泉研究宣化辽墓的茶道壁画，认为这是墓主人生前以茶辅助诵经习禅的宗教生活的反映。宣化辽墓几乎都发现有装殓死者骨灰的木制棺箱表面墨书陀罗尼咒。李清泉以宣化辽墓为中心，选取《备茶图》、《备经图》、《三教会棋图》、真容偶像葬、多角形墓室与陀罗尼经幢分析，讨论了汉人的佛教文化对辽朝汉人、乃至契丹人的佛塔、墓葬的壁画、形制产生的深层影响⑤。张帆《王寂所著行部志中辽金美术史料举隅》利用王寂的《辽东行部志》和《鸭江行部志》整理分析了辽金美术史料，其中涉及辽

① 陈述：《辽代教育史论证》，载陈述主编《辽金史论集》第 1 辑，上海古籍出版社 1987 年版。

② 郭康松：《论辽朝契丹人的孝忠妇道观与中原文化的关系》，《北方文物》1999 年第 1 期。

③ 张国庆：《论辽代家庭生活中佛教文化的影响》，《北京师范大学学报》2004 年第 6 期。

④ 品丰、苏庆编：《应县佛宫寺壁画·朔州崇福寺壁画》，重庆出版社 2001 年版。

⑤ 李清泉：《宣化辽墓——墓葬艺术与辽代社会》，文物出版社 2008 年版。

金一些佛寺的书画①。另外还有李建廷的《涅槃中的宋辽金铜镜》②，李静杰的《中原北方宋辽金时期涅槃图像考察》③。

三 结语

对辽代佛学最深入、最系统的研究首推日本宗教史专家竺沙雅章的《宋元佛教文化史研究》。此书收录了本文前面提及的关于他的所有论文。这部书把唐、宋、辽、金、元的佛学、辽代佛学与东亚各国的交流进行了较为贯通的研究，厘清了辽朝佛学的知识背景。此书爬梳的史料非常全面，分析也很精当。他提出了一些值得注意的新见解，突破了"中原文化中心论"。

关于佛教对辽朝社会的影响，野上俊静的《辽金的佛教》④ 无疑是一部力作，其中收录了本文前面提及的关于他的所有论文。他用广义的文化史观分析，敏锐地洞察到佛教在辽朝复杂多元的社会背景中所独有的现象和发展轨迹，为后来进一步深入研究提供了思路和方向。但是，野上俊静的许多观点带有明显的"汉文化中心论"倾向。这当然与汉族地区材料相对丰富有关。但是缺乏记载的游牧社会的佛教文化是真的不如燕云地区，还是呈现出不同的风格，以另一种方式繁荣？随着考古材料的不断丰富，他的有些观点确有再探讨的必要。

前人研究辽代佛教，虽然涉及的范围比较广阔，但大多采用就事论事的具体实证性研究的范式，将这一研究提升到一定的理论概括高度的论文很少。而且局限于朝代的断限，能把它放入长时段背景关照之下分析和探讨其演变趋势的论著则少之又少。

佛教与辽代社会各方面的密切关系是显而易见的。在思想史研究领域，单纯探讨思想内容本身的研究套路已逐渐被当前学术界所摒弃。将思想意识放入社会运动的广阔背景下加以把握，从中发掘其深层次的东西，方能将此类课题的探讨引向深入。虽然有些学者在这方面做出了一些成果，但随着新史料的不断涌现，人们对新方法的不断探索，这些研究还可以继续。

---

① 张帆：《王寂所著行部志中辽金美术史料举隅》，《北方文物》2007 年第 4 期。

② 李建廷：《涅槃中的宋辽金铜镜》，《艺术市场》2008 年第 1 期。

③ 李静杰：《中原北方宋辽金时期涅槃图像考察》，《故宫博物院院刊》2008 年第 3 期。

④ ［日］野上俊静：《辽金的佛教》，平乐寺书店 1953 年版。

宗教社会史理论的创新和运用，欧美汉学界走在了前面。中国学者只有借鉴、选择性地吸收这些成果，实现本土化的转换，并提出富有自己特色的有创见的理论，才能把辽朝佛教的研究推向更高的水平。

（本文的写作得到北京大学历史系刘浦江老师的指导，北京准提文化中心的资助。北京师范大学历史学院的游彪老师和中国社会科学院历史所的康鹏对本文的材料搜集提供了重要帮助。在此一并致谢！）

（原载《中国史研究动态》2009 年第 2 期，中国人民大学书报资料中心复印报刊资料《宗教》2009 年第 3 期全文转载）

契丹北、南宰相府研究评述

　　北、南宰相府在契丹政权中占有重要地位。《辽史》中出现许多关于"北府宰相"、"南府宰相"、"北宰相"、"南宰相"的记载。北宰相、南宰相分别是北府宰相和南府宰相的简称，两宰相都是北面宰相，同属于北面官系统。自 20 世纪以来，日本学者对辽金史的研究倾注了大量精力。涉及北、南宰相府研究的有津田左右吉的《辽朝制度之二重体系》①、岛田正郎的《辽朝宰相考》②。中国学者也对北、南宰相府做了一些研究。中国台湾学者杨树藩著《辽金中央政治制度》③ 涉及二宰相府的问题。1978 年以来，大陆学者对北、南宰相府的研究取得较大进展。一些学者撰写了专题论文探讨辽朝宰相及北、南宰相府的问题，有李锡厚的《辽代宰相制度的演变》④、《论辽朝的政治体制》⑤，唐统天的《关于契丹北、南宰相府的几个问题》⑥、《辽代宰相制度的研究》⑦，何天明的《辽代北宰相府的设立及职官设置探论》⑧、《试探辽代北宰相府的职能》⑨，以及他与麻秀荣合写的《辽代南宰相府探讨》⑩。本文拟将 20 世纪以来契丹北、南宰相府的研究情况整理归纳如下：

　　① ［日］津田左右吉：《辽朝制度之二重体系》，《满鲜地理历史研究报告》第 5 册，1918年 12 月。

　　② ［日］岛田正郎：《辽朝宰相考》，《法律论丛》第 40 卷第 6 号，1967 年 8 月。

　　③ 杨树藩：《辽金中央政治制度》，台北商务印书馆 1978 年版。

　　④ 李锡厚：《辽代宰相制度的演变》，《民族研究》1987 年第 4 期。

　　⑤ 李锡厚：《论辽朝的政治体制》，《历史研究》1988 年第 3 期。

　　⑥ 唐统天：《关于契丹北、南宰相府的几个问题》，《民族研究》1988 年第 5 期。

　　⑦ 唐统天：《辽代宰相制度的研究》，《东北地方史研究》1992 年第 1 期。

　　⑧ 何天明：《辽代北宰相府的设立及职官设置探论》，《社会科学辑刊》1997 年第 5 期。

　　⑨ 何天明：《试探辽代北宰相府的职能》，《内蒙古社会科学》1998 年第 1 期。

　　⑩ 何天明、麻秀荣：《辽代南宰相府探讨》，《黑龙江民族丛刊》1999 年第 4 期。

一 北、南二府宰相的渊源

（一）来源于匈奴、突厥的左、右贤王

李锡厚《论辽朝的政治体制》认为：整个契丹部落联盟分属南、北二府。这种二分法设官的制度有着非常久远的历史。事物都是一分为二的，部族及其联盟过大时将其一分为二，这是很自然的事情。汉代的匈奴和隋唐时期的突厥都曾在单于、可汗之下设左、右贤王以统诸部，契丹早期的南、北宰相亦类此。他在《辽代宰相制度的演变》中提出北南二府的"宰相"称号是直接采用汉语官名。

（二）来源于汉族的名号、政治制度

唐统天《关于契丹北、南宰相府的几个问题》认为北、南二宰相府采自汉族地主阶级政治制度，因本身需要而发生了若干变化。何天明《辽代北宰相府的设立及职官设置探论》以及他与麻秀荣合写的《辽代南宰相府探讨》都认为两宰相府的设立直接受到唐代政治制度的影响，并根据契丹本族的情况加以继承与改造。

对北族王朝的政治制度及政治名号（上至匈奴、柔然，下至蒙古、满洲）有通盘性了解，才能深入推进对契丹北、南府宰相的渊源的探讨。

二 北、南二府建立的时间

（一）始建于遥辇时代

李锡厚《辽代宰相制度的演变》认为两宰相及两宰相府是遥辇时期固有的。唐统天《关于契丹北、南宰相府的几个问题》经过对《辽史》中相关部分的考证，推断出两府是阿保机的直系祖先雅里相阻午可汗之时建立的，并探讨了阿保机为取代遥辇氏夺两府宰相之权的过程。杨若薇《契丹王朝政治军事制度研究》①也认为两府在遥辇氏联盟时代就已设置，分统各部族。

---

① 杨若薇：《契丹王朝政治军事制度研究》，中国社会科学出版社 1991 年版。

（二）北、南宰相为建国前的创置，北、南宰相府是建国后设立的

日本学者岛田正郎在《辽朝宰相考》中说："（北、南二宰相）乃系源于建国前早已存在而可译成汉语'宰相'的官职……建国后大约在太祖即位四年（910）左右，始据此创置北、南两宰相府作为辽国的官制，并分设'北府宰相'及'南府宰相'为各府首长。"

（三）建国以后设立

何天明《辽代北宰相府的设立及职官设置探论》以及他与麻秀荣合写的《辽代南宰相府探讨》认为在没有更为有力的资料证明之前，将北、南宰相系于阿保机即位时任命，北、南二府创建于阿保机即位以后较为妥当。

两府建立的时间存在争议，其主要原因是史料的贫乏和对有限史料的不同理解。《辽史·兵卫志》记载"大贺氏中衰，仅存五部。有耶律雅里者，分五部为八，立二府以总之"[1]。唐统天等把二府理解为北、南二宰相府，并由此推断出两府设立于遥辇政权初建之时。而何天明等认为史料所提及的"二府"，没有明言北、南，也未点明是宰相府，就不能排除有其他意思的可能性。据《辽史·太祖纪》，太祖元年（907）春正月庚寅，"命有司设坛于如迂王集会埚，燔柴告天，即皇帝位。尊母萧氏为皇太后，立皇后萧氏。北宰相萧辖剌、南宰相耶律欧里思率群臣上尊号曰天皇帝，后曰地皇后"[2]。对于这条史料，国内外许多学者认为可以说早在耶律阿保机建国以前就已经设有"北宰相"和"南宰相"，唐统天《关于契丹北、南宰相府的几个问题》进一步指出："这两个宰相是遥辇政权的代表，他们率领群臣上天皇帝、地皇后尊号是遥辇氏拱手让出政权的标志。"何天明等认为也可以理解为萧辖剌和耶律欧里思系阿保机即皇帝位时任命的。

三 两宰相府的官员设置

据《辽史·百官志》记载，北、南宰相府各设左右宰相、总知军国

---

[1] （元）脱脱等：《辽史》卷34《兵卫志上》，中华书局1974年标点本，第395页

[2] （元）脱脱等：《辽史》卷1《太祖纪上》，中华书局1974年标点本，第3页。

事、知国事四等官职①。《辽史》纪、传中并未见北、南府宰相复分左右的情况，不少学者对《百官志》的记载提出质疑。唐统天《关于契丹北、南宰相府的几个问题》认为两府左、右宰相、总知军国事、知国事都不存在，他从《辽史·圣宗纪》和《辽史·太宗纪》发现两府的官员有司徒、敞史。何天明《辽代北宰相府的设立及职官设置探论》认为两府职官设置简单与契丹旧俗"事简职专"有关，并对两府是否存在左、右宰相存疑。

不过，在北方草原游牧社会，一般都有崇尚太阳的信仰和风俗，可汗牙帐向日朝东。契丹王朝也有"尚日"、"崇东"的习俗，皇帝的毡帐也是向着太阳的方向，朝东开。以此为基准，北南面官僚分列皇帝牙帐的左右两边。左边即是北，右边即是南。那么，照此推测，北府宰相就当为左宰相，南府宰相就当为右宰相。因此，北、南二府中，应该不再复分左、右宰相。

学者们基本认为北、南宰相府不像中原政权那样有固定的办事地点、办公衙署，而是随契丹皇帝的行帐移动的。

四 北、南二府的职权及变化

（一）两府宰相是部族官还是实权宰相？

岛田正郎《辽朝宰相考》认为北、南府宰相是部族官而非实权宰辅，二宰相的权力随君主权伸长而逐步消失。他说："与其认为（北、南府宰相）是国家宰相府的官职，不如认为系任一大部族首长的辅佐者较为妥当。"李锡厚《辽代宰相制度的演变》也说北、南宰相不是中原王朝宰相的翻版。明确地说，两府宰相并不是中原王朝那样的宰辅，而只不过是辽朝皇帝之下的部族官。但是李锡厚不认为两宰相随君主权的伸长而逐步消失，他认为两宰相在辽代始终存在。杨若薇《契丹王朝政治军事制度研究》也认为两府分掌契丹本族以及辽朝境内其他游牧部族的事务。这二府宰相尽管被《百官志》称为"掌佐理军国之大政"，而从他们的实际职掌来看，并未涉及南面的，即汉族、渤海等人民的事务。何天明《试探辽代北宰相府的职能》认为两府主要职能是管理契

---

① （元）脱脱等：《辽史》卷45《百官志一》，中华书局1974年标点本，第690页。

丹族事务，而涉及汉人、渤海人，甚至南面官系统的某些工作，两府也并非全然不管。两府下辖的部族中有大量的汉人、渤海人，两府宰相不会不重视对这部分人的管理。唐统天《关于契丹北、南宰相府的几个问题》提出两府宰相既是部族官又参与军国大事，既总理契丹等部族之政，又是中央决策大员之一。他在《辽代宰相制度的研究》中进一步指出："北、南宰相作为北面实权宰相一直延续到世宗朝北枢密院的建立。之后，两府宰相虽然不是实权宰相，但仍为参议大政的北面宰相。"李锡厚《辽代宰相制度的演变》提出两府宰相必须兼枢密使才能参议大政。唐统天《关于契丹北、南宰相府的几个问题》、《辽代宰相制度的研究》不同意这种说法，他从《辽史》的一系列记载中得出两府宰相始终参与军国大事的结论。李桂芝《契丹贵族大会钩沉》认为一年两次的大政会议，北、南宰相是当然成员，他们既参与决策，也是大会各项有关部族事务决议的直接贯彻、执行者①。

学者们基本认为辽世宗设立北、南枢密院后，北、南枢密使成为真正意义上的实权宰相，而北、南府宰相的地位相对下降。何天明《试探辽代北宰相府的职能》指出"枢密院制的建立，分割了北、南府宰相的部分职能"，"北、南宰相府显然达不到唐代宰相部门的地位和权力，军国大政的几个方面，如兵机、武铨、群牧、文铨、部族、丁赋等，都已划归契丹北、南枢密院职掌之中"。

（二）北、南二府的具体职掌

唐统天《关于契丹北、南宰相府的几个问题》主张北、南府的内部结构类似一个部族。何天明《试探辽代北宰相府的职能》以及他与麻秀荣合写《辽代南宰相府探讨》根据《辽史》记载的情况，列出了北、南府分别管辖的部族名称，各部族节度使所属，镇戍职责或司徒驻地。关于北、南二府的有关军政事务，由于史料的局限还不能勾勒出一个较为清晰的轮廓。何天明、麻秀荣《辽代南宰相府探讨》认为两府对所辖部族的行政、经济事务有直接管理权，负责各自所辖部族军的征调等具体事务。两府拥有一定数量的"本府兵"，在一些战事活动中，两府宰相担任军队指挥的角色。

① 李桂芝：《契丹贵族大会钩沉》，《历史研究》1999 年第 6 期。

（三）在中央政权中的地位

学者们一般认为：两府宰相的地位一直高于南面汉人宰相，在祭祀、礼仪中更是反映出其崇高地位。杨树藩《辽金中央政治制度》说道："因宰相为国之尊官，所以'册皇太后'时，'北府宰相押册'（《辽史·礼志》），'宋使见皇帝'致国书时，'枢密开封，宰相对皇帝读'（《辽史·礼志》），'柴册仪'时，则'北南府宰相，率群臣还立，各举边赞祝'。（《辽史·礼志》）此虽与政事少有关系，但专制时代视此事最重，非宰臣不得参与也。"唐统天《关于契丹北、南宰相府的几个问题》指出北、南宰相在契丹极为隆重的帝山之祭中起主要作用，世宗朝新建北、南两枢密院后，两宰相的地位仍很显赫。

其实，契丹建国后，两府所统辖的各部族的构成成分都不单纯，都是经过复杂的政治斗争、经过历史演变而形成的。皇帝把这些成分复杂的部族按什么标准划分给二宰相府分领？其背后又有什么动机呢？既然北、南府宰相在国家祭祀礼仪中居于重要地位，那么，他们在契丹王朝的意识形态及政治文化的构建中又扮演着什么样的角色呢？因此，对北、南宰相府的职权作进一步的深入研究，不仅需要贯通性地理解北族王朝的政治体制和游牧社会的生活特色，还需要将其纳入游牧族群贵族政治与中央集权制互动，北族王朝政治体制演进的大背景中进行分析。

五 北、南府宰相人选

《辽史·百官志》称北府宰相"皇族四帐世预其选"；南府宰相"国舅五帐世预其选"[①]。国内外史学界对此基本持一边倒的否定态度。从《辽史》纪、传所见，北府宰相多出自国舅五帐，南府宰相多出自皇族四帐，应该是"后族世预北府宰相之选，皇族世预南府宰相之选"。

两府宰相的世选制始于何时？岛田正郎《辽朝宰相考》认为这项制度是建国后才设置、确立起来的。李锡厚《辽代宰相制度的演变》认为世选制是契丹建国前早就存在的，建国后实行的世选制正是从前氏族社会的遗迹。何天明《辽代北宰相府的设立及职官设置探论》进一步指出：

---

① （元）脱脱等：《辽史》卷45《百官志一》，中华书局1974年标点本，第690页。

世选两府宰相是先于后族、皇族世选两府宰相的。辽太祖当政，对世选制予以继承和改造，才确立"后族世预北府宰相之选，皇族世预南府宰相之选"。根据《辽史·太祖纪》，后族世预北府宰相之选始于太祖四年（910）萧敌鲁任北府宰相，宗室世预南府宰相之选始于神册六年（921）耶律苏任南府宰相。

不少学者指出：北、南两府宰相并非全为后族、宗室。特别是辽世宗以后，不少汉人担任了两府宰相。杨树藩《辽金中央政治制度》举出了一些非后族、非皇族的两府宰相。唐统天《关于契丹北、南宰相府的几个问题》对有记载的两府宰相做了详细考证，其中有不少非后族、非皇族宰相。何天明、麻秀荣《辽代南宰相府探讨》也认为世选制在铨选南府宰相时所起的作用甚为平淡。对于这种情况，杨树藩评论道："政治制度尤其对人事的运用，原则为一事，运用上，多不适用原则。凡属不能掌握原则之政制，往往为一种招致纷乱之因素。"许多大陆学者对非后族、非皇族任两府宰相持肯定态度。唐统天提出：汉人担任两府宰相是契丹族接受汉族影响的表现，从侧面反映出契丹族与汉族之间不可能不出现的融合进程。何天明、麻秀荣认为这是"契丹统治者在用人路线方面把原则性与灵活性互相结合的思想与实践。汉人担任两府宰相削弱了契丹贵族的特权，有利于拓宽才路，是辽代社会进步的表现"。

实际上，北宰相府、南宰相府作为辽朝官僚体制中的"要害"部门，其人选不仅关涉到族群关系、胡汉互动的问题，还牵涉各种政治势力的博弈。契丹后族与皇族作为制度规定上两府宰相的主要"生产户"，在国家政权中具有"唇亡齿寒"的利害关系。但在具体政治运作和权力争斗中，二者之间的关系又非常复杂和微妙。两府宰相的人选其实也是这种复杂微妙关系的生动写照，值得结合契丹族的婚姻制度、贵族政治特点进行深入分析。

在 20 世纪以前，受民族偏见及封建正统观念的影响，契丹政治制度研究鲜有人问津，几乎无人研究在契丹政权中占有重要地位的北、南宰相府。自 20 世纪以来，国内外一些学者对北、南宰相府进行了专门研究。由于这块领地基础太差，加上史料贫乏，它的研究与其他断代史政治制度的研究相比，无论从数量上还是质量上来说，都处于相对落后状态。这也给后来的研究者提供了较为充裕的研究余地。

学者们在研究契丹北、南宰相府过程中，运用的主要材料还是《辽史》。探析辽朝的制度，精研这部最基本、最系统的《辽史》当然是必要的。但是，《辽史》本来就是元朝史官仓促修成，其中的错漏之处不少。即便是进行制度规定层面的分析，对《辽史·百官志》也要批判性利用。而且，近些年，刊布了不少辽代的考古材料，这也为探究辽朝官僚制度提供了一些生动事例。传世文献与考古资料相结合，分析辽朝政治制度的具体运作的条件已经成熟。

（北京大学历史系刘浦江老师对有关资料的搜集给予了大力帮助，谨此致谢！）

（原载《民族研究信息》2003 年第 1、2 期合刊）

2010 年辽金西夏史研究综述

2010 年是 21 世纪辽金西夏史研究的第一个十年。这一年新出的专著有佟柱臣《中国辽瓷研究》①，向南、张国庆、李宇峰辑注《辽代石刻文续编》②，杨军《契丹开国皇后》③，孙进己、孙泓《契丹民族史》④，黄震云《辽代文学史》⑤，孙进己、孙泓《女真民族史》⑥，杨忠谦《政权对立与文化融合：金代中期诗坛研究》⑦，兰婷《金代教育研究》⑧，杨浣《辽夏关系史》⑨，崔红芬《西夏河西佛教研究》⑩，孙伯君《西夏新译佛经陀罗尼的对音研究》⑪，杜建录、史金波《西夏社会文书研究》⑫，赵彦龙《西夏文书档案研究》⑬ 等；新出的论文集有杨果《宋辽金史论稿》⑭，辽宁省辽金契丹女真史研究会编《辽金历史与考古》第 2 辑⑮，杜建录主编

---

① 佟柱臣：《中国辽瓷研究》，社会科学文献出版社 2010 年版。
② 向南、张国庆、李宇峰辑注：《辽代石刻文续编》，辽宁人民出版社 2010 年版。
③ 杨军：《契丹开国皇后》，中国国际广播出版社 2010 年版。
④ 孙进己、孙泓：《契丹民族史》，广西师范大学出版社 2010 年版。
⑤ 黄震云：《辽代文学史》，长春出版社 2010 年版。
⑥ 孙进己、孙泓：《女真民族史》，广西师范大学出版社 2010 年版。
⑦ 杨忠谦：《政权对立与文化融合：金代中期诗坛研究》，人民出版社 2010 年版。
⑧ 兰婷：《金代教育研究》，吉林大学出版社 2010 年版。
⑨ 杨浣：《辽夏关系史》，人民出版社 2010 年版。
⑩ 崔红芬：《西夏河西佛教研究》，人民出版社 2010 年版。
⑪ 孙伯君：《西夏新译佛经陀罗尼的对音研究》，中国社会科学出版社 2010 年版。
⑫ 杜建录、史金波：《西夏社会文书研究》，上海古籍出版社 2010 年版。
⑬ 赵彦龙：《西夏文书档案研究》，宁夏人民出版社 2010 年版。
⑭ 杨果：《宋辽金史论稿》，商务印书馆 2010 年版。
⑮ 辽宁省辽金契丹女真史研究会编：《辽金历史与考古》第 2 辑，辽宁教育出版社 2010 年版。

《西夏学》第5、6辑①等。同时，这一年发表的论文数量丰富。笔者就自己搜集的信息，将这一年的辽金西夏史研究状况作一综述。如有遗漏，敬请补正。

一 政治史

在21世纪的第一个十年，传统的政治史研究仍然是"重头戏"。

（一）政治制度

杨军《契丹"四楼"别议》②认为：阿保机时代存在两种四楼。前期以辽上京为西楼、龙化州为东楼、木叶山以南的永州为南楼、山北的唐州为北楼；后期以祖州为西楼、降圣州为东楼、永州为南楼、庆州为北楼。这可能与阿保机保持游牧人的生活习惯有关。两种四楼可能在时间上有交叉。四楼在契丹建国后渐为斡鲁朵和捺钵制度取代，除西楼一直作为辽上京的别名存在，其他三楼之名在辽中叶以后逐渐不再使用。四楼是契丹由原始社会向国家演进过程中的产物。康鹏借助汉文、契丹文石刻史料，认为"五押"是辽西南边区特有的一种职官，一般由西南面招讨使兼任，"五押"实际上是"押五蕃落使"的省称，专门负责管押辽西南边疆的五个部族，很可能源自唐代的"押蕃落使"③。蒋金玲《辽代荫补制度考》④指出：辽代荫补主要分"常荫"和"难荫"，荫补范围广、员额多，承荫者多政治前途光明。荫补制导致北方文化落后，但促成汉族世家大族与契丹贵族联合，巩固辽的统治。另外，对辽朝政治制度的探讨还有刘本锋《试论辽朝"因俗而治"的国策及意义》⑤，郑毅《略论辽初中央军制的演变》⑥，靳静《辽朝殿前都点检探析》⑦，张国庆《辽代临时差遣

---

① 杜建录主编：《西夏学》第5、6辑，上海古籍出版社2010年版。

② 杨军：《契丹"四楼"别议》，《历史研究》2010年第4期。

③ 康鹏：《辽代"五押"问题新探》，《中国史研究》2010年第1期。

④ 蒋金玲：《辽代荫补制度考》，《史学集刊》2010年第2期。

⑤ 刘本锋：《试论辽朝"因俗而治"的国策及意义》，《江西教育学院学报》2010年第1期。

⑥ 郑毅：《略论辽初中央军制的演变》，《黑龙江民族丛刊》2010年第2期。

⑦ 靳静：《辽朝殿前都点检探析》，《河北北方学院学报》2010年第4期。

使职及其职掌考探》①，任仲书《辽朝地方制度建设与机构设置的演变》②，朱蕾《辽朝时期阜新地区的军事制度》③，陈晓伟、石艳军《〈契丹国志〉一则史料刍议：兼论契丹之旗鼓》④，王凤梅《西辽契丹人的社会经济及政治制度》⑤。

余蔚《金代地方监察制度研究——以提刑司、按察司为中心》提出：金代地方监察机构出于实用目的，导致建置繁复变迁，使其实际执行能力日趋低下，严重影响地方行政效果，导致中央集权不稳固，加剧金末的内乱⑥。冯金忠《新刊黑水城阜昌三年文书所见伪齐职官制度》利用俄藏黑水城文书研究金朝扶植的傀儡政权伪齐的官制，认为它基本照搬宋制，细节上有变动，以彰显独立性。它既有神宗熙丰之制，后期政和之制，也有宋早期制度，还远采唐制，多源杂糅⑦。对金朝官制的研究还有：靳静《金朝殿前都点检探析》⑧，孙建权《略论金末战马的供应与马政》⑨。

探讨西夏政治制度的文章有：陈旭《西夏驿路与驿传制度》⑩，兰天祥《黑城出土敕帖文书刍议》⑪，江菊玉、李晶、赵彦龙《简论西夏外交文书》⑫，翟丽萍《西夏蕃名官号异译考释》⑬。

（二）人物、群体、事件

邱靖嘉从版本、文献考察辽朝的"皇太子"名号，认为在太宗朝，

---

① 张国庆：《辽代临时差遣使职及其职掌考探》，《辽金历史与考古》第 2 辑，辽宁教育出版社 2010 年版。

② 任仲书：《辽朝地方制度建设与机构设置的演变》，《辽金历史与考古》第 2 辑，辽宁教育出版社 2010 年版。

③ 朱蕾：《辽朝时期阜新地区的军事制度》，《辽金历史与考古》第 2 辑，辽宁教育出版社 2010 年版。

④ 陈晓伟、石艳军：《〈契丹国志〉一则史料刍议：兼论契丹之旗鼓》，《东北史地》2010 年第 2 期。

⑤ 王凤梅：《西辽契丹人的社会经济及政治制度》，《吉首大学学报》2010 年第 2 期。

⑥ 余蔚：《金代地方监察制度研究——以提刑司、按察司为中心》，《中国历史地理论丛》2010 年第 3 期。

⑦ 冯金忠：《新刊黑水城阜昌三年文书所见伪齐职官制度》，《文献》2010 年第 1 期。

⑧ 靳静：《金朝殿前都点检探析》，《赤峰学院学报》2010 年第 2 期。

⑨ 孙建权：《略论金末战马的供应与马政》，《东北史地》2010 年第 3 期。

⑩ 陈旭：《西夏驿路与驿传制度》，《北方民族大学学报》2010 年第 1 期。

⑪ 兰天祥：《黑城出土敕帖文书刍议》，《宁夏社会科学》2010 年第 2 期。

⑫ 江菊玉、李晶、赵彦龙：《简论西夏外交文书》，《西夏研究》2010 年第 3 期。

⑬ 翟丽萍：《西夏蕃名官号异译考释》，《西夏学》第 6 辑，上海古籍出版社 2010 年版。

李胡作为太宗之弟确实被封为"皇太子",当时汉化不深的契丹人只知"皇太子"作为储君,而不理解中原的"皇太子"还跟皇帝有父子伦理关系。辽金元误用"皇太子"名号,是契丹、女真、蒙古等北族汉化不彻底的表现,辽代误用汉式名号是契丹汉化不彻底的重要表征①。蒋金玲《路振〈乘轺录〉所记"韩氏子"考辨》② 把《乘轺录》中的记录与宋代其他文献、《辽史》、《契丹国志》、辽代墓志对照考证,认为路振《乘轺录》中关于承天后与韩德让生有"韩氏子"之记载系无中生有,此"韩氏子"乃韩德让侄孙耶律宗福(滌鲁)。齐伟认为:在路振《乘轺录》中,"韩统军"为玉田韩氏家族韩匡美之子韩瑜,"齐妃"是承天太后萧绰之姊,即辽太宗之子齐王罨撒葛之妃③。高宇《契丹长寿公主婚姻考析》认为:辽景宗女长寿公主统和元年(983)下嫁萧吴留,统和七年改嫁萧排押。《辽史》的相关记述中,只有《圣宗纪三》所载有误,余者可信④。金永田《辽〈建冢塔记〉残碑考释》⑤ 据拓片录《建冢塔记》文,考察其中的官员系衔、地方的救灾措施、冢塔形成原因,扩展及道宗末年的政局及社会状况。

契丹后族持续受到学者的关注,相关论文有王连连《试析辽代述律后的后权和母权》⑥,张宏《辽代萧绰封建化改革略探》⑦,向南《契丹萧谐里家族》⑧,史风春《萧惠与萧孝惠事迹辨析》⑨,刘梓《辽代杰出的母后(皇太后)摄政》⑩,史风春《辽天祚帝元妃身世及诸子考》⑪,都兴

① 邱靖嘉:《辽太宗朝的"皇太子"名号问题——兼论辽代政治文化的特征》,《历史研究》2010 年第 6 期。

② 蒋金玲:《路振〈乘轺录〉所记"韩氏子"考辨》,《北方文物》2010 年第 2 期。

③ 齐伟:《路振〈乘轺录〉中"韩统军"与"齐妃"考》,《中国边疆史地研究》2010 年第 3 期。

④ 高宇:《契丹长寿公主婚姻考析》,《北方文物》2010 年第 2 期。

⑤ 金永田:《辽〈建冢塔记〉残碑考释》,《北方文物》2010 年第 2 期。

⑥ 王连连:《试析辽代述律后的后权和母权》,《江苏工业学院学报》2010 年第 1 期。

⑦ 张宏:《辽代萧绰封建化改革略探》,《东北史地》2010 年第 2 期。

⑧ 向南:《契丹萧谐里家族》,《辽金历史与考古》第 2 辑,辽宁教育出版社 2010 年版。

⑨ 史风春:《萧惠与萧孝惠事迹辨析》,《辽金历史与考古》第 2 辑,辽宁教育出版社 2010 年版。

⑩ 刘梓:《辽代杰出的母后(皇太后)摄政》,《辽金历史与考古》第 2 辑,辽宁教育出版社 2010 年版。

⑪ 史风春:《辽天祚帝元妃身世及诸子考》,《内蒙古大学学报》2010 年第 4 期。

智、赵浩《契丹女性参政及其原因浅析》①。

关于辽朝的渤海遗民及东丹国，也有文章探讨。康鹏通过对东丹国中台省的变迁、对外交往的探讨，认为东丹国废罢时间当在会同元年（938）。辽会同元年获得燕云十六州后，辽太宗将东丹国的南京改为辽之东京，将东丹国中央机构中台省划归东京，东丹国名存实亡。天禄五年（951），随着世宗被弑、安端被黜，东丹国名实俱亡②。渤海国时期，兀惹与渤海人之间互相融合；渤海亡国后，兀惹人在渤海遗民中所占比例不小。梁玉多《定安国小考》认为：兀惹是部族名，渤海国灭亡时，他们坚持抗辽，建立定安国。定安国的主要区域在今绥芬河中上游，其都城可能是今黑龙江省东宁县道河镇五排村西南的五排山山城。燕颇与定安国是对等合作、同盟关系，但燕颇的声势和实力显然超过定安国③。另外，还有张利锁、宫岩《辽代辽河流域渤海人的社会状况》④。

其他探讨辽朝政治人物、群体的文章有陈秀娟《耶律阿保机建国建制论略》⑤，王晔《临战持重：景德之役前后的王超：兼谈辽军的伏击战术》⑥，赵旭峰《辽代汉军的社会地位和历史作用》⑦，李宇峰《辽〈王师儒墓志〉考释》⑧。

赵永春、李玉君《〈金史〉婆卢火身份新证》⑨ 澄清学界一直以来将金初泰州都统婆卢火视为女真徒单氏的错误认识，通过梳理《金史》婆卢火的史料，认为金代至少有 5 个婆卢火。李秀莲《杨朴在〈金史〉中的隐遁与金初政治》⑩ 指出：《金史》不为金初重要谋臣杨朴立传，与金初贵族政治有关，与杨"献策"的现实价值和局限亦有关。另外还有宋

---

① 都兴智、赵浩：《契丹女性参政及其原因浅析》，《文化学刊》2010 年第 6 期。

② 康鹏：《东丹国废罢时间新探》，《北方文物》2010 年第 2 期。

③ 梁玉多：《定安国小考》，《北方文物》2010 年第 1 期。

④ 张利锁、宫岩：《辽代辽河流域渤海人的社会状况》，《东北史地》2010 年第 1 期。

⑤ 陈秀娟：《耶律阿保机建国建制论略》，《佳木斯大学社会科学学报》2010 年第 1 期。

⑥ 王晔：《临战持重：景德之役前后的王超：兼谈辽军的伏击战术》，《沧桑》2010 年第 2 期。

⑦ 赵旭峰：《辽代汉军的社会地位和历史作用》，《云南民族大学学报》2010 年第 2 期。

⑧ 李宇峰：《辽〈王师儒墓志〉考释》，《辽金历史与考古》第 2 辑，辽宁教育出版社 2010 年版。

⑨ 赵永春、李玉君：《〈金史〉婆卢火身份新证》，《黑龙江民族丛刊》2010 年第 1 期。

⑩ 李秀莲：《杨朴在〈金史〉中的隐遁与金初政治》，《黑龙江民族丛刊》2010 年第 4 期。

立恒《论金代前期的宗室贵族群体》①，李秀莲《杨朴劝阿骨打称帝及其历史意义》②，刘彦红、王凤英《女真历史发展脉络中的三次政权更迭》③，姜念思《金代〈宜州大奉国寺续装两洞贤圣题名记〉的撰者张邵》④，齐伟《金代〈圆通全行大师碑〉文考——兼论辽金时代的昌平刘氏》⑤，孙昊《孩懒水乌林荅部史事考》⑥，尚自昌《汝州的完颜姓与金兀术墓》⑦。

周伟洲《早期党项拓跋氏世系考辨》依据陕北榆林及内蒙古乌审旗出土的唐至北宋初期的拓跋氏墓志及史籍，分为隋至盛唐及唐末至北宋初两个阶段，分别考辨拓跋氏世系，最后列出隋代至元昊建立西夏之前党项拓跋氏之世系表⑧。其他论文有佟建荣《汉文史料中党项与西夏族名异译考》⑨，郑彦卿《党项宗族与封建化进程探析》⑩。

（三）法制

李玉君、杨柳《金代皇族赃罪考述》⑪ 主要根据《金史》的记载，提出金代皇族犯罪后主要给予贬责、杖责等惩罚形式，不见对皇族赃罪实行徒刑和赎刑。金朝对皇族赃罪处罚往往呈现矛盾：既想体现公平公正，又以亲亲之故对皇族予以照顾。金统治者也想出一些防范措施防止皇族的赃罪：督促监察官纠察、以俸养廉、照顾贫困。法制史的研究还有孙振江《辽朝职官管理法律制度探析》⑫，张志勇、孙振江《论金世宗的法律思想

---

① 宋立恒：《论金代前期的宗室贵族群体》，《满族研究》2010 年第 1 期。

② 李秀莲：《杨朴劝阿骨打称帝及其历史意义》，《满族研究》2010 年第 4 期。

③ 刘彦红、王凤英：《女真历史发展脉络中的三次政权更迭》，《辽金历史与考古》第 2 辑，辽宁教育出版社 2010 年版。

④ 姜念思：《金代〈宜州大奉国寺续装两洞贤圣题名记〉的撰者张邵》，《辽金历史与考古》第 2 辑，辽宁教育出版社 2010 年版。

⑤ 齐伟：《金代〈圆通全行大师碑〉文考》，《辽金历史与考古》第 2 辑，辽宁教育出版社 2010 年版。

⑥ 孙昊：《孩懒水乌林荅部史事考》，《白城师范学院学报》2010 年第 4 期。

⑦ 尚自昌：《汝洲的完颜姓与金兀术墓》，《文史知识》2010 年第 11 期。

⑧ 周伟洲：《早期党项拓跋氏世系考辨》，《西夏研究》2010 年第 1 期。

⑨ 佟建荣：《汉文史料中党项与西夏族名异译考》，《西夏学》第 6 辑，上海古籍出版社 2010 年版。

⑩ 郑彦卿：《党项宗族与封建化进程探析》，《宁夏社会科学》2010 年第 3 期。

⑪ 李玉君、杨柳：《金代皇族赃罪考述》，《北方文物》2010 年第 1 期。

⑫ 孙振江：《辽朝职官管理法律制度探析》，《东北史地》2010 年第 4 期。

与实践》①，魏淑霞、孙颖慧《西夏官吏司法审判的职责权限及对其职务犯罪的惩处》②。

（四）族群关系

在多族群政权并立、族群大融合的时代，族群关系的研究一直是热点。曹家齐《余靖出使契丹与蕃语诗致祸考议》③ 以余靖蕃语诗致祸切入，分析当时宋辽关系之实态。分析宋金关系的有李辉《南宋聘使制度研究：以南宋与金朝为中心的讨论》④。

有几篇文章专门探讨奚族。任爱君认为：乌马山奚族部落的形成与唐末奚族整体部落结构的分解存在密切联系。乌马山奚族部落最迟在 911 年前后与奚族主体部落彻底分离，并演变为辽初著名的"太祖二十部"之一，即楮特部，也就是今翁牛特旗境内发现的初鲁得部族⑤。还有任爱君《契丹对奚族的征服及其统治方略》⑥，姚德昌、李颖《浅谈奚国的建立——记一个转瞬即逝的王朝建立的主要因素》⑦。

其他探讨辽金时期族群关系的文章有：赵永春、厉永平《辽代女真与高丽朝贡关系考论》⑧，顾宏义《宋金采石之战考》⑨，李自然、周传慧《曷苏馆女真的几个问题》⑩，张儒婷《周边少数民族朝贡契丹初探》⑪，张碧波、张军《从中华历史文化生态学史的视角评论辽宋金的历史格

① 张志勇、孙振江：《论金世宗的法律思想与实践》，《辽金历史与考古》第 2 辑，辽宁教育出版社 2010 年版。

② 魏淑霞、孙颖慧：《西夏官吏司法审判的职责权限及对其职务犯罪的惩处》，《西夏学》第 6 辑，上海古籍出版社 2010 年版。

③ 曹家齐：《余靖出使契丹与蕃语诗致祸考议》，《文史》第 3 辑，中华书局 2010 年版。

④ 李辉：《南宋聘使制度研究：以南宋与金朝为中心的讨论》，香港大学饶宗颐学术馆 2010 年版。

⑤ 任爱君：《辽代的乌马山奚》，《北方文物》2010 年第 4 期。

⑥ 任爱君：《契丹对奚族的征服及其统治方略》，《内蒙古社会科学》2010 年第 2 期。

⑦ 姚德昌、李颖：《浅谈奚国的建立——记一个转瞬即逝的王朝建立的主要因素》，《辽金历史与考古》第 2 辑，辽宁教育出版社 2010 年版。

⑧ 赵永春、厉永平：《辽代女真与高丽朝贡关系考论》，《东北史地》2010 年第 2 期。

⑨ 顾宏义：《宋金采石之战考》，《东北史地》2010 年第 3 期。

⑩ 李自然、周传慧：《曷苏馆女真的几个问题》，《满族研究》2010 年第 4 期。

⑪ 张儒婷：《周边少数民族朝贡契丹初探》，《辽金历史与考古》第 2 辑，辽宁教育出版社 2010 年版。

局》①，王孝华《论金与蒙元的和亲》②，夏宇旭《论金朝后期契丹人对蒙古的投附及作用》③。

对西夏族群关系的探讨也有专著和论文。杨浣《辽夏关系史》从时代背景、辽对境内党项的经营、辽与定难军的关系、辽对外战略与对夏政策、西辽与西夏的关系、辽夏宗藩关系与东西贸易、辽对西夏的边防机构、通使制度、宋人的辽夏观及其北疆方略的变迁来系统分析辽朝与西夏的关系。相关论文有李浩楠《金朝与西夏关系研究的几个问题》④，金勇强《气候变化对宋夏战事的影响述论》⑤，杨文、高小强《试论西夏政权对北宋经略河湟区域民族政策的影响》⑥，张云《党项、吐蕃关系杂议》⑦，杨浣《从交聘仪注之争看西夏的政治地位》⑧。

二　经济史

在 2010 年，辽金西夏经济史研究虽不算热门话题，但这一方面也发表了一些文章。

李浩楠《山西屯留宋村金代壁画墓题记考释》⑨对山西屯留宋村发掘的金代壁画墓内数条题记进行考释，论及金初赋役、粮食价格、历法、抗金义军等诸方面，指出新出土资料与传统史料结合，是提高金史研究水平的必要之路。辛蔚《金代"北库合同"印考》⑩认为"北库合同"为金代交钞印章，南北两系官印通过合同印章趋于整合，金朝左藏机构承袭宋朝，"北库合同"是金中央政府直接参与纸币发行和金界壕建设的珍贵

---

①　张碧波、张军：《从中华历史文化生态学史的视角评论辽宋金的历史格局》，《辽金历史与考古》第 2 辑，辽宁教育出版社 2010 年版。

②　王孝华：《论金与蒙元的和亲》，《黑龙江民族丛刊》2010 年第 5 期。

③　夏宇旭：《论金朝后期契丹人对蒙古的投附及作用》，《黑龙江民族丛刊》2010 年第 5 期。

④　李浩楠：《金朝与西夏关系研究的几个问题》，《西夏研究》2010 年第 1 期。

⑤　金勇强：《气候变化对宋夏战事的影响述论》，《宁夏社会科学》2010 年第 1 期。

⑥　杨文、高小强：《试论西夏政权对北宋经略河湟区域民族政策的影响》，《宁夏社会科学》2010 年第 1 期。

⑦　张云：《党项、吐蕃关系杂议》，《西夏学》第 5 辑，上海古籍出版社 2010 年版。

⑧　杨浣：《从交聘仪注之争看西夏的政治地位》，《西夏学》第 6 辑，上海古籍出版社 2010 年版。

⑨　李浩楠：《山西屯留宋村金代壁画墓题记考释》，《北方文物》2010 年第 3 期。

⑩　辛蔚：《金代"北库合同"印考》，《北方文物》2010 年第 3 期。

文物。

　　孙长青遗址是白城市洮北区一处较为重要的金代聚落址，有灰坑、灰沟，出土了陶器、瓷器、铁镞、铜钱及动植物遗存①。《吉林省白城市孙长青遗址浮选结果分析报告》② 认为该遗址先民应属于以种植粟、黍为主的北方典型旱作农业。《吉林省德惠市李春江遗址浮选结果分析报告》指出：李春江遗址是一处金代中期的居住址。粟出土数量较多，说明当地在金代仍承续着以种植小米为特点的北方旱作农业传统③。

　　其他研究辽金经济史的论文有夏宇旭的《略述金代猛安谋克组织下契丹人的经济生活》④，孙立梅的《辽金元时期东北地区农业发展的原因》⑤，肖爱民的《辽朝契丹人牧养牲畜技术探析》⑥，秦星的《浅议辽代阜新地区社会经济的发展》⑦ 和杨雨舒的《简述辽金王朝在伊通河流域的发展》⑧。

　　有几篇文章专门讨论西夏的经济。如杜建录《俄藏西夏天庆年间典粮文契考释》就俄藏西夏天庆年间典粮文契及相关问题略作探讨⑨。另外有孙继民《俄藏黑水城西夏汉文文献数量构成及经济类文献的价值》⑩、姚轩鸽《西夏王朝捐税制探析》⑪。

---

　　①　吉林省文物考古研究所、白城市文物管理所、洮北区文物管理所：《吉林省白城市孙长青遗址发掘简报》，《北方文物》第 4 期。

　　②　杨春、徐坤、赵志军：《吉林省白城市孙长青遗址浮选结果分析报告》，《北方文物》2010 年第 4 期。

　　③　杨春、梁会丽、孙东文、赵志军：《吉林省德惠市李春江遗址浮选结果分析报告》，《北方文物》2010 年第 4 期。

　　④　夏宇旭：《略述金代猛安谋克组织下契丹人的经济生活》，《吉林师范大学学报》2010 年第 1 期。

　　⑤　孙立梅：《辽金元时期东北地区农业发展的原因》，《吉林师范大学学报》2010 年第 2 期。

　　⑥　肖爱民：《辽朝契丹人牧养牲畜技术探析》，《河北大学学报》2010 年第 2 期。

　　⑦　秦星：《浅议辽代阜新地区社会经济的发展》，《辽金历史与考古》第 2 辑，辽宁教育出版社 2010 年版。

　　⑧　杨雨舒：《简述辽金王朝在伊通河流域的发展》，《辽金历史与考古》第 2 辑，辽宁教育出版社 2010 年版。

　　⑨　杜建录：《俄藏西夏天庆年间典粮文契考释》，《西夏研究》2010 年第 1 期。

　　⑩　孙继民：《俄藏黑水城西夏汉文文献数量构成及经济类文献的价值》，《民族研究》2010 年第 3 期。

　　⑪　姚轩鸽：《西夏王朝捐税制探析》，《宁夏社会科学》2010 年第 2 期。

三　历史地理

肖忠纯《古代"辽泽"地理范围的历史变迁》[1] 认为：契丹和辽代文献中，"辽泽"主要指今西辽河冲积平原沼泽地。辽代西辽河平原由于气候干燥寒冷，加上移民修城和垦荒对生态环境造成的破坏，出现沙漠化。辽金元时期，辽泽扩展到辽河以东至沈阳西部地段。吴树国提出：辽代"黑龙江"并非指今天的黑龙江及其支流松花江、嫩江，而是指辽庆州境内的黑河（今内蒙古查干木伦河）。金元时期，"黑龙江"指称范围东移至松花江和嫩江流域，同时随着达斡尔人的北走而扩展至今黑龙江上游石勒喀河地区[2]。

任爱君《辽上京皇城西山坡建筑群落的属性及其功能——从辽太祖营建西楼与皇都的线索与动机说起》[3] 认定上京皇城西山坡建筑遗迹应该就是辽太祖时期修建的龙眉宫的遗址。松迪、丽娜《呼伦贝尔辉河流域古城群落遗址考》提出：呼伦贝尔辉河流域古城遗址是以白彦乌拉古城为中心相互相连的整体建筑遗址，为辽代"乌古敌烈部都统军司"所在地，1068 年左右建成城池[4]。

以往早就有学者关照到自然灾害对金朝的兴衰产生重大影响。2010年，武玉环专门就金代的灾荒发表了几篇论文。她在《论金朝的防灾救灾思想》[5] 一文中指出：金朝防灾救灾思想主要体现在重农、广积粮储、崇尚节俭的备荒思想，维护自然生态平衡的和谐自然观，唯心主义的天命观等方面。她认为：金代发生的自然灾害主要有水、旱、蝗虫、地震、风、冰冻霜雪寒、饥馑等。这些自然灾害的发生有鲜明的季节性与地域性特点，并呈现出灾害越来越频繁、间隔时间越来越短、数灾并发的规律，还表现出逐步蔓延、不断扩大的趋势。金代自然灾害频繁发生，既有客观原因，也有相关部门治理不力、不作为等人为因素[6]。她还撰有《金代的

①　肖忠纯：《古代"辽泽"地理范围的历史变迁》，《中国边疆史地研究》2010 年第 1 期。

②　吴树国：《辽代"黑龙江"考释》，《中国边疆史地研究》2010 年第 3 期。

③　任爱君：《辽上京皇城西山坡建筑群落的属性及其功能——从辽太祖营建西楼与皇都的线索与动机说起》，《北方文物》2010 年第 2 期。

④　松迪、丽娜：《呼伦贝尔辉河流域古城群落遗址考》，《北方文物》2010 年第 4 期。

⑤　武玉环：《论金朝的防灾救灾思想》，《史学集刊》2010 年第 3 期。

⑥　武玉环：《金代自然灾害的时空分布特征与基本规律》，《史学月刊》2010 年第 8 期。

防灾救灾措施述论》①、《论金代自然灾害及其对策》②。

其他相关论文有黄凤岐《历史上契丹族与承德地区摭议》③，苗天娥、景爱《金章宗西山八大水院考（上）》④、《金章宗西山八大水院考（下）》⑤，张士尊《千山灵岩寺考——〈鸭江行部志注释〉补正》⑥，邢启坤《辽金时期贵德州、凡河与大宝山考实》⑦，薛正昌《黑水城：不同历史时期的地位与影响》⑧。

四 社会史

2010 年社会史方面的研究成果很多，涉及的领域也很广泛。

（一）科举、教育

高福顺、陶莎《辽朝举进士、业进士考》⑨ 认为：在辽朝，"举进士"指获得参加礼部贡院举行的科举考试资格、尚未获得擢进士第的士人群体；"业进士"、"习进士"指以参加科举考试为目的而自幼研习儒家经史、尚未取得礼部贡院科举考试资格的士人群体。兰婷《金代私学教育》⑩ 指出：金代私学类型多样化、设置早于官学，教育对象比官学更广泛。私学对金代文化知识的传播和发展、科学文化教育的普及、交流，各族文化素质的提高，均起到重要促进作用。其他相关文章有高福顺《辽朝科举考试录取规模述论》⑪，高福顺《辽朝科举考试应试科目述论》⑫，

---

① 武玉环：《金代的防灾救灾措施述论》，《吉林大学社会科学学报》2010 年第 4 期。

② 武玉环：《论金代自然灾害及其对策》，《社会科学战线》2010 年第 11 期。

③ 黄凤岐：《历史上契丹族与承德地区摭议》，《辽金历史与考古》第 2 辑，辽宁教育出版社 2010 年版。

④ 苗天娥、景爱：《金章宗西山八大水院考（上）》，《文物春秋》2010 年第 4 期。

⑤ 苗天娥、景爱：《金章宗西山八大水院考（下）》，《文物春秋》2010 年第 5 期。

⑥ 张士尊：《千山灵岩寺考——〈鸭江行部志注释〉补正》，《北方文物》2010 年第 4 期。

⑦ 邢启坤：《辽金时期贵德州、凡河与大宝山考实》，《东北史地》2010 年第 6 期。

⑧ 薛正昌：《黑水城：不同历史时期的地位与影响》，《西夏学》第 5 辑，上海古籍出版社 2010 年版。

⑨ 高福顺、陶莎：《辽朝举进士、业进士考》，《北方文物》2010 年第 3 期。

⑩ 兰婷：《金代私学教育》，《史学集刊》2010 年第 3 期。

⑪ 高福顺：《辽朝科举考试录取规模述论》，《内蒙古社会科学》2010 年第 4 期。

⑫ 高福顺：《辽朝科举考试应试科目述论》，《辽宁工程技术大学学报》2010 年第 5 期。

桑秋杰、高福顺《辽朝教育的发展演变》①，高福顺、陶莎《辽朝蒙养教育述论》②，周峰《辽金时期的神童》③，兰婷、王伟《金代皇室教育》④，王德朋《论金代女真人的民族传统教育》⑤，兰婷、王成铭《金代女真官学》⑥，兰婷《金代医学和司天台学教育略探》⑦。

李西亚《金代刻书地点考》新考证出金代刻书地点 10 处，金代刻书范围研究从 9 路扩大到 11 路，并加强了对乡、村级刻书地的考察⑧。他还发表《试论金代图书的流通渠道——以学校为研究对象》⑨。

（二）社会生活、文化

宋德金《元杂剧中的金朝和女真人》⑩ 利用元杂剧这样较为形象的资料，探究金代职官、社会和女真风俗。讨论社会习俗的论文还有钱俊岭《〈辽史〉中的妇女形象》⑪，郑承燕《辽代丧葬礼俗举要：以辽代石刻资料为中心》⑫，李丽新《从考古发现看辽代契丹族的饮酒习俗》⑬，王伟《契丹族的民俗风情》⑭，夏宇旭《金代契丹人赐姓略议》⑮，佟建荣《中国藏黑水城汉文文献中的西夏姓氏考证》⑯，林雅琴《西夏人的婚姻与丧葬》⑰。

① 桑秋杰、高福顺：《辽朝教育的发展演变》，《社会科学战线》2010 年第 7 期。
② 高福顺、陶莎：《辽朝蒙养教育述论》，《东北史地》2010 年第 1 期。
③ 周峰：《辽金时期的神童》，《辽金历史与考古》第 2 辑，辽宁教育出版社 2010 年版。
④ 兰婷、王伟：《金代皇室教育》，《吉林师范大学学报》2010 年第 2 期。
⑤ 王德朋：《论金代女真人的民族传统教育》，《辽宁大学学报》2010 年第 2 期。
⑥ 兰婷、王成铭：《金代女真官学》，《社会科学战线》2010 年第 9 期。
⑦ 兰婷：《金代医学和司天台学教育略探》，《东北史地》2010 年第 5 期。
⑧ 李西亚：《金代刻书地点考》，《北方文物》2010 年第 2 期。
⑨ 李西亚：《试论金代图书的流通渠道——以学校为研究对象》，《吉林师范大学学报》2010 年第 6 期。
⑩ 宋德金：《元杂剧中的金朝和女真人》，《文史知识》2010 年第 9 期。
⑪ 钱俊岭：《〈辽史〉中的妇女形象》，《保定学院学报》2010 年第 1 期。
⑫ 郑承燕：《辽代丧葬礼俗举要：以辽代石刻资料为中心》，《内蒙古大学学报》2010 年第 1 期。
⑬ 李丽新：《从考古发现看辽代契丹族的饮酒习俗》，《辽金历史与考古》第 2 辑，辽宁教育出版社 2010 年版。
⑭ 王伟：《契丹族的民俗风情》，《辽金历史与考古》第 2 辑，辽宁教育出版社 2010 年版。
⑮ 夏宇旭：《金代契丹人赐姓略议》，《东北史地》2010 年第 2 期。
⑯ 佟建荣：《中国藏黑水城汉文文献中的西夏姓氏考证》，《宁夏社会科学》2010 年第 5 期。
⑰ 林雅琴：《西夏人的婚姻与丧葬》，《宁夏社会科学》2010 年第 6 期。

2010 年还发表了一些从宏观层面讨论辽金文化的论文。赵永春《试论辽人的"中国"观》认为：辽人的"中国观"具有辽宋同为中国、华夷懂礼即同为中国，以及"正统"与"非正统"都是"中国"等特点①。此外还有赵永春、李玉君《辽人自称"中国"考论》②，胡健《阜新契丹、辽文化研究的思考》③，郑毅《论儒、释、道在辽朝的地位和作用》④，李玉君、李鸿飞《金朝皇族文化产生的背景探析》⑤，王对萍《论金世宗挽救女真传统的措施》⑥。

李华瑞《西夏的历史与文化》⑦ 谈及西夏文、国家体制、统治方式深受儒家影响。其他文章有李华瑞《关于西夏儒学研究中的几个问题》⑧、胡玉冰《浅谈西夏与宋朝文献典籍交流》⑨。

（三）史学

霍艳芳《略论金代官方史书的编撰》提出：金统治者重视文治，设立国史院修史，记注院修起居注。因涉及国家机密，金朝起居注不甚完备，但金修了多部实录，并两次编撰《辽史》，还有译经所和益正院翻译或编撰一些史书。官方频繁修史，与统治者以史为鉴及丰富的国家藏书密切相关⑩。

（四）宗教信仰

对于辽金西夏宗教的研究，还是多集中于佛教。张其凡、熊鸣琴

① 赵永春：《试论辽人的"中国"观》，《文史哲》2010 年第 3 期。
② 赵永春、李玉君：《辽人自称"中国"考论》，《社会科学辑刊》2010 年第 5 期。
③ 胡健：《阜新契丹、辽文化研究的思考》，《辽金历史与考古》第 2 辑，辽宁教育出版社 2010 年版。
④ 郑毅：《论儒、释、道在辽朝的地位和作用》，《辽金历史与考古》第 2 辑，辽宁教育出版社 2010 年版。
⑤ 李玉君、李鸿飞：《金朝皇族文化产生的背景探析》，《吉林师范大学学报》2010 年第 1 期。
⑥ 王对萍：《论金世宗挽救女真传统的措施》，《沈阳大学学报》2010 年第 2 期。
⑦ 李华瑞：《西夏的历史与文化》，《文史知识》2010 年第 5 期。
⑧ 李华瑞：《关于西夏儒学研究中的几个问题》，《西夏学》第 6 辑，上海古籍出版社 2010 年版。
⑨ 胡玉冰：《浅谈西夏与宋朝文献典籍交流》，《西夏学》第 5 辑，上海古籍出版社 2010 年版。
⑩ 霍艳芳：《略论金代官方史书的编撰》，《史学史研究》2010 年第 2 期。

《辽道宗"愿后世生中国"诸说考辨》认为：辽道宗"愿后世生中国"之"中国"作"佛诞生地"理解，不论从文本语境、宗教逻辑，还是人物心态诸方面，都无一不合①。日本学者古松崇志著，姚义田译的《破解庆州白塔建立之谜——11世纪契丹皇太后奉纳的佛教文物》对建塔碑文所记建塔经过、创建白塔、奉纳塔刹的过程、参与创建之人进行考证，通过对白塔内出土文物的研究，探讨皇太后建塔的原因，提出创建白塔的首要目的是为先帝圣宗祈冥福②。刘鲲的《对锦州市博物馆馆藏的一件辽代石刻的研究》认为锦州市博物馆收藏的广济寺塔附近出土的石刻残件，应是辽道宗耶律洪基清宁三年（1057）所建造之梵文经幢幢身，并简要论述了此石幢的意义③。刘晓的《金元北方云门宗初探——以大圣安寺为中心》④指出：金统治下，云门宗在北方地区继续发展，形成以中都大圣安寺为核心的丛林集团。其他论文有陈晓伟《辽以释废：少数民族社会视野下的佛教》⑤，张国庆的《辽代佛教题材壁画考论》⑥，王新英的《从石刻史料看金代佛教信仰》⑦，张国庆、于航的《辽代民俗中的佛教因素——"佛教文化与辽代社会变迁"研究之五》⑧，徐效慧的《〈大辽兴中府安德州创建灵岩寺碑铭并序〉与辽代朝阳禅宗》⑨，张翠敏的《大连地区辽金时期佛教遗存考略》⑩，王剑、赵志伟的《朝阳辽代黄花滩塔》⑪，刘

① 张其凡、熊鸣琴：《辽道宗"愿后世生中国"诸说考辨》，《文史哲》2010年第5期。
② ［日］古松崇志著，姚义田译：《破解庆州白塔建立之谜——11世纪契丹皇太后奉纳的佛教文物》，《辽金历史与考古》第2辑，辽宁教育出版社2010年版。
③ 刘鲲：《对锦州市博物馆馆藏的一件辽代石刻的研究》，《辽金历史与考古》第2辑，辽宁教育出版社2010年版。
④ 刘晓：《金元北方云门宗初探——以大圣安寺为中心》，《历史研究》2010年第6期。
⑤ 陈晓伟：《辽以释废：少数民族社会视野下的佛教》，《世界宗教研究》2010年第1期。
⑥ 张国庆：《辽代佛教题材壁画考论》，《东北史地》2010年第1期。
⑦ 王新英：《从石刻史料看金代佛教信仰》，《东北史地》2010年第1期。
⑧ 张国庆、于航：《辽代民俗中的佛教因素——"佛教文化与辽代社会变迁"研究之五》，《辽金历史与考古》第2辑，辽宁教育出版社2010年版。
⑨ 徐效慧：《〈大辽兴中府安德州创建灵岩寺碑铭并序〉与辽代朝阳禅宗》，《辽金历史与考古》第2辑，辽宁教育出版社2010年版。
⑩ 张翠敏：《大连地区辽金时期佛教遗存考略》，《辽金历史与考古》第2辑，辽宁教育出版社2010年版。
⑪ 王剑、赵志伟：《朝阳辽代黄花滩塔》，《辽金历史与考古》第2辑，辽宁教育出版社2010年版。

雅婷、王剑的《喀左大城子塔》①，刘德刚的《论辽代契丹人的宗教信仰》②，吴梦麟、张永强的《金中都梵汉合璧二幢考》③，张桂华的《浅谈阜新地区金代宗教文化》④，贾杰、张旗的《金塔与金塔寺初探》⑤，周向永的《凡城双塔研究》⑥。妥善运用辽金时代大量的佛教石刻，选择恰当而有意义的题目，能使辽金史研究取得新突破。

史金波的《关于西夏佛与儒的几个问题》认为：西夏地区佛教强势、道教弱势，崇佛与用儒互补，精神慰藉、心理消解和政治实用、社会管理相结合。西夏佛教的特色在于：（1）用西夏文翻译大藏经；（2）发展藏传佛教；（3）兴建北五台山清凉寺；（4）大力续修莫高窟、榆林窟等石窟⑦。赵涛《承天寺西夏断（残）碑新证》⑧通过对西夏主要佛寺承天寺残碑铭的考释，诠释了残碑的一些历史问题。王瑞《宏佛塔建筑成就及出土文物价值探论》⑨认为：建于西夏仁孝后期的宏佛塔是"唯一见证西夏王朝佛教文化的最大活化石"。另外还有杨富学《西夏五台山信仰斠议》⑩，崔红芬《西夏僧人"德慧"师号考》⑪，聂鸿音《〈仁王经〉的西夏译本》⑫，K.J. 索罗宁《西夏佛教的"真心"思想》⑬，E.И. 克恰诺夫

①　刘雅婷、王剑：《喀左大城子塔》，《辽金历史与考古》第2辑，辽宁教育出版社2010年版。

②　刘德刚：《论辽代契丹人的宗教信仰》，《辽金历史与考古》第2辑，辽宁教育出版社2010年版。

③　吴梦麟、张永强：《金中都梵汉合璧二幢考》，《辽金历史与考古》第2辑，辽宁教育出版社2010年版。

④　张桂华：《浅谈阜新地区金代宗教文化》，《辽金历史与考古》第2辑，辽宁教育出版社2010年版。

⑤　贾杰、张旗：《金塔与金塔寺初探》，《辽金历史与考古》第2辑，辽宁教育出版社2010年版。

⑥　周向永：《凡城双塔研究》，《辽金历史与考古》第2辑，辽宁教育出版社2010年版。

⑦　史金波：《关于西夏佛与儒的几个问题》，《江汉论坛》2010年第10期。

⑧　赵涛：《承天寺西夏断（残）碑新证》，《宁夏社会科学》2010年第5期。

⑨　王瑞：《宏佛塔建筑成就及出土文物价值探论》，《宁夏大学学报》2010年第6期。

⑩　杨富学：《西夏五台山信仰斠议》，《西夏研究》2010年第1期。

⑪　崔红芬：《西夏僧人"德慧"师号考》，《宁夏社会科学》2010年第2期。

⑫　聂鸿音：《〈仁王经〉的西夏译本》，《民族研究》2010年第3期。

⑬　［俄］K.J. 索罗宁：《西夏佛教的"真心"思想》，《西夏学》第5辑，上海古籍出版社2010年版。

著、徐悦译《西夏国和僧侣》①，李翎《西夏施触地印佛像小考》②，汤君《俄藏黑水城文献之汉文佛经〈般若波罗蜜多经〉叙录》③，聂鸿音《俄藏西夏本〈拔济苦难陀罗尼经〉考释》④，林英津《透过翻译汉（译）文本佛学文献，西夏人建构本民族佛学思想体系的尝试：以"西夏文本慧忠〈心经〉注"为例》⑤，史伟《黑水城唐卡中的净土信仰》⑥，李灿、侯浩然《西夏遗僧一行慧觉生平、著述新探》⑦。

辽代的道教与佛教研究相比，仍然相形见绌。孙劢《辽代道教文化与信仰的考古学考察》提及辽墓壁画和出土器物中所见道教文化与信仰⑧。在金朝道教的研究中，仍然是全真道一枝独秀。杨讷提出：早期全真道利用方技传教，后来又掩饰自己利用方技的行为，被后人误以为早期全真道不尚符箓斋醮，不施方技。在近代，早期全真人物被称为"忠义"、"民族之救星"，不符史实⑨。王定勇的《全真教早期传播中的乐舞活动》⑩指出：全真教注重运用乐舞传教，作为贴近世俗、吸引民众的重要手段，这些也是金代舞蹈的重要史料。其他相关论文有张琰的《金元之际泰山全真道的兴衰》⑪，赵卫东的《金末全真高道范圆曦事迹考》⑫。宗教政策方面，有冯大北《〈金代官卖寺观名额和僧道官政策探究〉补正》⑬。

---

① ［俄］Е. И. 克恰诺夫著，徐悦译：《西夏国和僧侣》，《西夏学》第 5 辑，上海古籍出版社 2010 年版。

② 李翎：《西夏施触地印佛像小考》，《西夏学》第 5 辑，上海古籍出版社 2010 年版。

③ 汤君：《俄藏黑水城文献之汉文佛经〈般若波罗蜜多经〉叙录》，《西夏学》第 5 辑，上海古籍出版社 2010 年版。

④ 聂鸿音：《俄藏西夏本〈拔济苦难陀罗尼经〉考释》，《西夏学》第 6 辑，上海古籍出版社 2010 年版。

⑤ 林英津：《透过翻译汉（译）文本佛学文献，西夏人建构本民族佛学思想体系的尝试：以"西夏文本慧忠〈心经〉注"为例》，《西夏学》第 6 辑，上海古籍出版社 2010 年版。

⑥ 史伟：《黑水城唐卡中的净土信仰》，《西夏学》第 6 辑，上海古籍出版社 2010 年版。

⑦ 李灿、侯浩然：《西夏遗僧一行慧觉生平、著述新探》，《西夏学》第 6 辑，上海古籍出版社 2010 年版。

⑧ 孙劢：《辽代道教文化与信仰的考古学考察》，《中国道教》2010 年第 5 期。

⑨ 杨讷：《早期全真道与方技的关系及其他》，《中华文史论丛》2010 年第 4 辑。

⑩ 王定勇：《全真教早期传播中的乐舞活动》，《世界宗教研究》2010 年第 6 期。

⑪ 张琰：《金元之际泰山全真道的兴衰》，《中国道教》2010 年第 2 期。

⑫ 赵卫东：《金末全真高道范圆曦事迹考》，《中国道教》2010 年第 6 期。

⑬ 冯大北：《〈金代官卖寺观名额和僧道官政策探究〉补正》，《宗教学研究》2010 年第 3 期。

辽金西夏人的精神世界也不是完全由佛道一统天下，民间信仰也颇盛行。吴树国认为：辽代"黑龙江"名称的出现既源于契丹社会的龙文化和黑龙崇拜，又与辽道宗的汉化倾向及庆州黑河的地域特征相关①。探讨西夏民间信仰的文章有彭向前《西夏汉文写本〈卜筮要诀〉再探》②，黄杰华《大黑根本命咒：西夏大黑天信仰的一个侧面》③，К. Б. 克平著，王培培译《西夏文献中的"黑头"和"赤面"》④，陈于柱《武威西夏二号墓彩绘木板画"蒿里老人"考论》⑤。

（五）文学、艺术、技术

黄震云《辽代文学史》对辽代文学进行了全面、系统、深入地考察，展现了辽文学的过程特征、价值形态、精神风貌和文学史意义。相关专著还有杨忠谦《政权对立与文化融合：金代中期诗坛研究》。专门研究辽金文学的论文有王永《〈滹南遗老集〉版本源流考》⑥，王辉斌《辽金时期的乐府诗述论》⑦，白显鹏、于东新《论金代契丹族耶律履父子词》⑧。

薛永年、赵力、尚刚著《中国美术五代至宋元》⑨谈及辽金的佛教建筑、雕刻、壁画，以及山水画、书法、陶瓷。此外还有伊葆力编撰的《金代书画家史料汇编》⑩。

研究西夏文学、艺术、技术的文章有王使臻《俄藏文献 Дх. 2822 "字书"的来源及相关问题》⑪，牛达生《西夏造纸技术初探》⑫，崔红芬《汉

---

① 吴树国：《辽代"黑龙江"考释》，《中国边疆史地研究》2010 年第 3 期。

② 彭向前：《西夏汉文写本〈卜筮要诀〉再探》，《宁夏社会科学》2010 年第 1 期。

③ 黄杰华：《大黑根本命咒：西夏大黑天信仰的一个侧面》，《西夏研究》2010 年第 3 期。

④ ［俄］К. Б. 克平著，王培培译：《西夏文献中的"黑头"和"赤面"》，《西夏学》第 5 辑，上海古籍出版社 2010 年版。

⑤ 陈于柱：《武威西夏二号墓彩绘木板画"蒿里老人"考论》，《西夏学》第 5 辑，上海古籍出版社 2010 年版。

⑥ 王永：《〈滹南遗老集〉版本源流考》，《古籍整理研究学刊》2010 年第 1 期。

⑦ 王辉斌：《辽金时期的乐府诗述论》，《宁夏大学学报》2010 年第 4 期。

⑧ 白显鹏、于东新：《论金代契丹族耶律履父子词》，《黑龙江民族丛刊》2010 年第 5 期。

⑨ 薛永年、赵力、尚刚：《中国美术五代至宋元》，中国人民大学出版社 2010 年版。

⑩ 伊葆力编撰：《金代书画家史料汇编》，人民美术出版社 2010 年版。

⑪ 王使臻：《俄藏文献 Дх. 2822 "字书"的来源及相关问题》，《西夏学》第 5 辑，上海古籍出版社 2010 年版。

⑫ 牛达生：《西夏造纸技术初探》，《西夏学》第 5 辑，上海古籍出版社 2010 年版。

文〈杂字〉所反映的西夏社会问题探析》①，E. И. 克恰诺夫著，粟瑞雪译《〈三代相照言文集〉——活字印刷术独一无二的明证》②，胡玉冰《传统典籍中有关西夏音乐、建筑、礼制等类史料概说》③。

五　文物考古

在 2010 年，辽金西夏文物考古的收获令人瞩目。

（一）辽代墓葬

向南等辑注《辽代石刻文续编》辑录了多方墓志、碑铭。辽宁省文物考古研究所、沈阳市文物考古研究所《辽宁法库县叶茂台 23 号辽墓发掘简报》提出 23 号墓主人可能是一位中年女性，与后族萧氏有关，年代在辽晚期，壁画主要内容与道教有关，墓主人可能崇信道教④。都兴智《〈宣以回纥国国信使墓志〉考释》⑤考证发现于内蒙古巴林右旗羊场乡的一方辽代墓志，墓主应是辽初玉田韩氏家族韩知古之女，韩匡嗣之姊，嫁于契丹萧姓贵族徒都姑，并考证了墓主的生平和家庭。李俊义、庞昊《辽上京松山州刘氏家族墓地经幢残文考释》⑥对《辽上京松山州刘氏家族墓地经幢》残石进行解读、考释，研究松山州刘氏家族的世系。还有辽宁省文物考古研究所《朝阳市西三家辽墓发掘简报》⑦，都兴智《吐尔基山辽墓墓主人及其相关问题再探讨》⑧，王大方《关于内蒙古吐尔基山辽墓墓主人身份的推测》⑨，穆启文、李宇峰《辽宁省阜新县辽萧旻墓发

---

①　崔红芬：《汉文〈杂字〉所反映的西夏社会问题探析》，《西夏学》第 6 辑，上海古籍出版社 2010 年版。

②　[俄] E. И. 克恰诺夫著，粟瑞雪译：《〈三代相照言文集〉——活字印刷术独一无二的明证》，《西夏学》第 6 辑，上海古籍出版社 2010 年版。

③　胡玉冰：《传统典籍中有关西夏音乐、建筑、礼制等类史料概说》，《西夏学》第 6 辑，上海古籍出版社 2010 年版。

④　辽宁省文物考古研究所、沈阳市文物考古研究所：《辽宁法库县叶茂台 23 号辽墓发掘简报》，《考古》2010 年第 1 期。

⑤　都兴智：《〈宣以回纥国信使墓志〉考释》，《北方文物》2010 年第 3 期。

⑥　李俊义、庞昊：《辽上京松山州刘氏家族墓地经幢残文考释》，《北方文物》2010 年第 3 期。

⑦　辽宁省文物考古研究所：《朝阳市西三家辽墓发掘简报》，《文物春秋》2010 年第 1 期。

⑧　都兴智：《吐尔基山辽墓墓主人及其相关问题再探讨》，《东北史地》2010 年第 2 期。

⑨　王大方：《关于内蒙古吐尔基山辽墓墓主人身份的推测》，《东北史地》2010 年第 2 期。

掘简报》①，刘凤翥《〈耿崇美墓志铭〉校勘》②，胡健《辽宁阜新清河门发现辽代张懿墓志》③，辽宁省文物考古研究所《辽宁朝阳新华路辽代石宫发掘简报》④，赵彦昌、王红娟《辽代石刻档案研究》⑤。

（二）辽代器物

专著有佟柱臣《中国辽瓷研究》。曾分良《从椅子看辽代家具风格的多元化》搜集辽代考古材料中的椅子壁画或实物，分析造型、制作技术、装饰工艺，指出椅子的多元化风格，受游牧文化、汉文化、佛教文化的传播、及草原丝绸之路的综合影响形成⑥。刘辉、刘丹《论辽代陶瓷鸡冠壶的实用性》⑦结合考古发现和相关史料记载，认为辽代陶瓷鸡冠壶具有实用性，它的消亡是多种因素的结合。其他论文有冯永谦《继承优秀传统、突出民族特征——考古发现的绚烂多姿辽代金银玉器考察》⑧，陈金梅《朝阳市博物馆收藏的几件辽代铜镜》⑨，田丽梅《独具特色、绽放异彩——吉林省博物院藏辽金精品文物选介》⑩，李声能、赵菊梅《辽代陶瓷的文化内涵研究》⑪，陈华锋、龚德才、黄文川、刘博《SDS－PAGE

---

① 穆启文、李宇峰：《辽宁省阜新县辽萧旻墓发掘简报》，《辽金历史与考古》第 2 辑，辽宁教育出版社 2010 年版。

② 刘凤翥：《〈耿崇美墓志铭〉校勘》，《辽金历史与考古》第 2 辑，辽宁教育出版社 2010 年版。

③ 胡健：《辽宁阜新清河门发现辽代张懿墓志》《辽金历史与考古》第 2 辑，辽宁教育出版社 2010 年版。

④ 辽宁省文物考古研究所：《辽宁朝阳新华路辽代石宫发掘简报》，《文物》2010 年第 11 期。

⑤ 赵彦昌、王红娟：《辽代石刻档案研究》，《辽金历史与考古》第 2 辑，辽宁教育出版社 2010 年版。

⑥ 曾分良：《从椅子看辽代家具风格的多元化》，《北方文物》2010 年第 2 期。

⑦ 刘辉、刘丹：《论辽代陶瓷鸡冠壶的实用性》，《北方文物》2010 年第 3 期。

⑧ 冯永谦：《继承优秀传统、突出民族特征——考古发现的绚烂多姿辽代金银玉器考察》，《辽金历史与考古》第 2 辑，辽宁教育出版社 2010 年版。

⑨ 陈金梅：《朝阳市博物馆收藏的几件辽代铜镜》，《辽金历史与考古》第 2 辑，辽宁教育出版社 2010 年版。

⑩ 田丽梅：《独具特色、绽放异彩——吉林省博物院藏辽金精品文物选介》，《辽金历史与考古》第 2 辑，辽宁教育出版社 2010 年版。

⑪ 李声能、赵菊梅：《辽代陶瓷的文化内涵研究》，《辽金历史与考古》第 2 辑，辽宁教育出版社 2010 年版。

分析辽宁法库叶茂台出土辽代丝绸的老化特征》①，彭善国、周兴启《内蒙古阿鲁科尔沁旗辽代窑址的调查》②，杜鹏云《考古出土辽代乐器定品证误》③，万雄飞《辽宁阜新关山辽墓出土瓷器的窑口与年代》④。

（三）金代墓葬

北京市文物研究所编《鲁谷金代吕氏家族墓葬发掘报告》出版⑤。相关文章有许昌市文物工作队《许昌文峰路金墓发掘简报》⑥，山西省考古研究所、汾阳市文物旅游局《2008 年山西汾阳东龙观宋金墓地发掘简报》⑦，王志刚、丁极枭、郭建刚《二十四块石的发现与研究》⑧，庞志国《1979—1980 年间完颜希尹家族墓地的调查与发掘》⑨，河北省文物研究所、保定市文物管理处、涿州市文物保护管理所《涿州交渠辽金遗址发掘简报》⑩，刘朴、李蕾《武安地区的山寨遗址》⑪，李振明《大同善化寺"朱弁碑"及其相关的几个问题》⑫，陕西省考古研究院《西安南郊孟村宋金墓发掘简报》⑬，陕西省考古研究院《西安南郊夏殿村金代墓葬发掘

---

① 陈华锋、龚德才、黄文川、刘博：《SDS‑PAGE 分析辽宁法库叶茂台出土辽代丝绸的老化特征》，《文物保护与考古科学》2010 年第 4 期。

② 彭善国、周兴启：《内蒙古阿鲁科尔沁旗辽代窑址的调查》，《边疆考古研究》2010 年第 8 辑。

③ 杜鹏云：《考古出土辽代乐器定品证误》，《边疆考古研究》2010 年第 8 辑。

④ 万雄飞：《辽宁阜新关山辽墓出土瓷器的窑口与年代》，《边疆考古研究》2010 年第 8 辑。

⑤ 北京市文物研究所编：《鲁谷金代吕氏家族墓葬发掘报告》，科学出版社 2010 年版。

⑥ 许昌市文物工作队：《许昌文峰路金墓发掘简报》，《中原文物》2010 年第 1 期。

⑦ 山西省考古研究所、汾阳市文物旅游局：《2008 年山西汾阳东龙观宋金墓地发掘简报》，《文物》2010 年第 2 期。

⑧ 王志刚、丁极枭、郭建刚：《二十四块石的发现与研究》，《东北史地》2010 年第 3 期。

⑨ 庞志国：《1979—1980 年间完颜希尹家族墓地的调查与发掘》，《东北史地》2010 年第 4 期。

⑩ 河北省文物研究所、保定市文物管理处、涿州市文物保护管理所：《涿州交渠辽金遗址发掘简报》，《文物春秋》2010 年第 4 期。

⑪ 刘朴、李蕾：《武安地区的山寨遗址》，《文物春秋》2010 年第 4 期。

⑫ 李振明：《大同善化寺"朱弁碑"及其相关的几个问题》，《山西大同大学学报》2010 年第 4 期。

⑬ 陕西省考古研究院：《西安南郊孟村宋金墓发掘简报》，《考古与文物》2010 年第 5 期。

简报》①，山西省吕梁市文物技术开发中心《岚县北村金墓发掘简报》②，郝武华《金昊天寺妙行大师行状碑考》③，刘俭、邵恩库《奉国寺金明昌碑考释》④。

（四）金代器物

乔梁通过对陶器的排序与编年，将三江平原北部的女真遗存划分为自辽到金较晚时期的若干阶段，确认它们应属于同一谱系考古学文化的不同发展阶段⑤。彭善国《试述东北地区出土的金代瓷器》⑥认为：东北地区金代墓葬、城址、窖藏出土瓷器的类型主要包括定窑、本地窑场生产的白瓷、磁州窑风格的白地黑花瓷器、耀州窑青瓷、景德镇青白瓷器、黑（酱）釉瓷器、钧釉瓷器、翠蓝釉瓷器等。土产白瓷及白地黑花瓷的大量发现表明缸瓦窑、江官屯窑等东北窑址在金代有新发展，外来瓷器的大量输入体现金代东北与内地间的经济文化交流。姜勇《黑龙江省双城市金代银器窖藏》⑦描述 2002 年 5 月在黑龙江省双城市东官镇发现的一处金代银器窖藏中的 1 件荷花纹银碟和 4 枚银锭。韩宝鑫《金代齐国王墓"象牙箆"的修复》⑧提到 1988 年，阿城巨源乡金代齐国王墓出土两件大小不同的"象牙箆"，文章叙述了整个修复、保护过程。还有刘变琴、刘卓《太阴寺金代雕塑艺术》⑨、彭善国、徐戎戎《辽阳金正隆五年瓷质"明堂之券"》⑩。

---

① 陕西省考古研究院：《西安南郊夏殿村金代墓葬发掘简报》，《考古与文物》2010 年第 5 期。

② 山西省吕梁市文物技术开发中心：《岚县北村金墓发掘简报》，《文物世界》2010 年第 5 期。

③ 郝武华：《金昊天寺妙行大师行状碑考》，《辽金历史与考古》第 2 辑，辽宁教育出版社 2010 年版。

④ 刘俭、邵恩库：《奉国寺金明昌碑考释》，《辽金历史与考古》第 2 辑，辽宁教育出版社 2010 年版。

⑤ 乔梁：《三江平原北部女真陶器的编年研究》，《北方文物》2010 年第 1 期。

⑥ 彭善国：《试述东北地区出土的金代瓷器》，《北方文物》2010 年第 1 期。

⑦ 姜勇：《黑龙江省双城市金代银器窖藏》，《北方文物》2010 年第 3 期。

⑧ 韩宝鑫：《金代齐国王墓"象牙箆"的修复》，《北方文物》2010 年第 3 期。

⑨ 刘变琴、刘卓：《太阴寺金代雕塑艺术》，《文物世界》2010 年第 2 期。

⑩ 彭善国、徐戎戎：《辽阳金正隆五年瓷质"明堂之券"》，《文物》2010 年第 12 期。

（五）西夏考古

俄国学者克恰诺夫著，杨富学、裴蕾译《俄罗斯科学院东方写本研究所西夏文文献之收藏与研究》提出：俄罗斯科学院东方写本研究所收藏的西夏文文献，主要来自内蒙古自治区额济纳旗黑水城遗址，大致分 6 类：西夏文原著、西夏文字典及语音表、历法和医学著作、律令及法律文书、汉文著作之夏译本、佛经典籍之夏译本及西夏人撰写的佛教著作，其中既有写本又有刻本，对西夏政治、经济、文化、宗教的研究具有重要意义①。其他还有李进兴《两件西夏兵器考略》②，祁跃、崔凤祥、崔星《西夏党项族尚武精神在岩画中的演绎》③，杨浣、王军辉《西夏王陵形制综论》④，于光建、徐玉萍《武威西夏墓出土冥契研究》⑤，王进玉《敦煌石窟西夏壁画"酿酒图"新解》⑥，崔星、崔凤祥《从西夏岩画看党项族的个性特点》⑦，杨蕤、董红征《浅析西夏力士碑座的艺术风格》⑧，黄震云《西夏王陵鎏金铜牛石马和辽兴平公主墓葬考》⑨，孙寿岭、于光建《武威石城山出土西夏卜骨考证》⑩，史金波《〈英藏黑水城文献〉定名刍议及补正》⑪，E. И. 克恰诺夫著，韩潇锐译《俄藏第 8203 号西夏文书考释》⑫。

---

① ［俄］E. И. 克恰诺夫著，杨富学、裴蕾译：《俄罗斯科学院东方写本研究所西夏文文献之收藏与研究》，《西夏研究》2010 年第 3 期。

② 李进兴：《两件西夏兵器考略》，《西夏研究》2010 年第 1 期。

③ 祁跃、崔凤祥、崔星：《西夏党项族尚武精神在岩画中的演绎》，《黑龙江民族丛刊》2010 年第 2 期。

④ 杨浣、王军辉：《西夏王陵形制综论》，《西夏研究》2010 年第 3 期。

⑤ 于光建、徐玉萍：《武威西夏墓出土冥契研究》，《西夏研究》2010 年第 3 期。

⑥ 王进玉：《敦煌石窟西夏壁画"酿酒图"新解》，《广西民族大学学报（自然科学版）》2010 年第 3 期。

⑦ 崔星、崔凤祥：《从西夏岩画看党项族的个性特点》，《黑龙江民族丛刊》2010 年第 5 期。

⑧ 杨蕤、董红征：《浅析西夏力士碑座的艺术风格》，《四川文物》2010 年第 5 期。

⑨ 黄震云：《西夏王陵鎏金铜牛石马和辽兴平公主墓葬考》，《东北史地》2010 年第 5 期。

⑩ 孙寿岭、于光建：《武威石城山出土西夏卜骨考证》，《西夏学》第 5 辑，上海古籍出版社 2010 年版。

⑪ 史金波：《〈英藏黑水城文献〉定名刍议及补正》，《西夏学》第 5 辑，上海古籍出版社 2010 年版。

⑫ ［俄］E. И. 克恰诺夫著，韩潇锐译：《俄藏第 8203 号西夏文书考释》，《西夏学》，上海古籍出版社 2010 年版。

六 民族语言文字

在 2010 年，仍然有一些学者研读契丹、女真、西夏语言文字，寻求一手原始材料的准确性。

（一）契丹文

刘凤翥《契丹小字〈耶律宗教墓志铭〉考释》解读耶律宗教契丹小字墓志，使人们对耶律宗教的了解远远超过汉文墓志提供的信息，如他的胞弟、胞妹的情况①。爱新觉罗·乌拉熙春《敌辇岩木古与室鲁子嗣新考》② 释读契丹文《惕隐司孟父房白隐太傅位志碑铭》、《故显武将军上师居士拔里公墓志》，廓清了孟父房敌辇岩木古一族 9 代人的世系，淳钦皇后异父仲兄室鲁一族 12 代人的世系，并对相关史实进一步深入考证。德国学者布威纳认为他所刊布的辽民俗钱上的契丹小字应释读为"天长地久"，表明契丹人深受道家思想熏陶③。相关论文还有孙伯君《契丹小字解读新探》④。

在 21 世纪，契丹文的解读取得突破性进展，但研究方法还是以"由已知推未知"为主。契丹字的研究亟待进一步提升，总结出语法、词汇规则。

（二）女真文

有刘华为《女真大字背文的大定通宝铜钱考》⑤。

（三）西夏文

彭向前《读史札记五则》运用音韵学、少数民族语言知识，结合相关记载，对"负赡"、"兀擦"、"结珠龙"、"吊敦背"、"邪洛"等词作了

---

① 刘凤翥：《契丹小字〈耶律宗教墓志铭〉考释》，《文史》第 4 辑，中华书局 2010 年版。
② 爱新觉罗·乌拉熙春：《敌辇岩木古与室鲁子嗣新考》，《北方文物》2010 年第 3 期。
③ ［德］布威纳：《契丹小字民俗钱》，《中国钱币》2010 年第 1 期。
④ 孙伯君：《契丹小字解读新探》，《民族语文》2010 年第 5 期。
⑤ 刘华为：《女真大字背文的大定通宝铜钱考》，《东北史地》2010 年第 2 期。

考释①。其他有贾常业《番汉语轻唇音反切拟音之比较》②，韩小忙《〈同音〉丁种本背注初探》③，克平著，韩潇锐译《西夏诗歌中成吉思汗的名字》④，聂鸿音《〈十一面神咒心经〉的西夏译本》⑤，孙伯君《黑水城出土西夏文〈佛说最上意陀罗尼经〉残片考释》⑥，韩小忙《俄藏〈同音〉丁种本背注之学术价值再发现》⑦，史金波《西夏语人称呼应和动词音韵转换再探讨》⑧，孙寿龄、黎大祥《武威发现西夏文"地境沟证"符牌》⑨，聂鸿音《〈禅源诸诠集都序〉的西夏译本》⑩，段玉泉《西夏藏传〈尊胜经〉的夏汉藏对勘研究》⑪，杨志高《国图藏西夏文〈慈悲道场忏法〉卷八译释（一）》⑫，王培培《俄藏西夏文〈维摩诘经〉残卷考补》⑬，张珮琪《西夏语的格助词》⑭，彭向前《〈孟子〉西夏译本中的夏汉对音字研究》⑮，佟建荣《西夏蕃姓补正（一）》⑯，孙伯君《西夏文〈修华严奥旨妄尽还源观〉考释》⑰，孙颖新《西夏译本〈孙子传〉

① 彭向前：《读史札记五则》，《西夏学》第 6 辑，上海古籍出版社 2010 年版。

② 贾常业：《番汉语轻唇音反切拟音之比较》，《西夏研究》2010 年第 1 期。

③ 韩小忙：《〈同音〉丁种本背注初探》，《西夏研究》2010 年第 1 期。

④ 克平著，韩潇锐译：《西夏诗歌中成吉思汗的名字》，《西夏研究》2010 年第 1 期。

⑤ 聂鸿音：《〈十一面神咒心经〉的西夏译本》，《西夏研究》2010 年第 1 期。

⑥ 孙伯君：《黑水城出土西夏文〈佛说最上意陀罗尼经〉残片考释》，《宁夏社会科学》2010 年第 1 期。

⑦ 韩小忙：《俄藏〈同音〉丁种本背注之学术价值再发现》，《民族研究》2010 年第 3 期。

⑧ 史金波：《西夏语人称呼应和动词音韵转换再探讨》，《民族语文》2010 年第 5 期。

⑨ 孙寿龄、黎大祥：《武威发现西夏文"地境沟证"符牌》，《西夏学》第 5 辑，上海古籍出版社 2010 年版。

⑩ 聂鸿音：《〈禅源诸诠集都序〉的西夏译本》，《西夏学》第 5 辑，上海古籍出版社 2010 年版。

⑪ 段玉泉：《西夏藏传〈尊胜经〉的夏汉藏对勘研究》，《西夏学》第 5 辑，上海古籍出版社 2010 年版。

⑫ 杨志高：《国图藏西夏文〈慈悲道场忏法〉卷八译释（一）》，《西夏学》第 5 辑，上海古籍出版社 2010 年版。

⑬ 王培培：《俄藏西夏文〈维摩诘经〉残卷考补》，《西夏学》第 5 辑，上海古籍出版社 2010 年版。

⑭ 张珮琪：《西夏语的格助词》，杜建录主编：《西夏学》第 5 辑，上海古籍出版社 2010 年版。

⑮ 彭向前：《〈孟子〉西夏译本中的夏汉对音字研究》，《西夏学》第 5 辑，上海古籍出版社 2010 年版。

⑯ 佟建荣：《西夏蕃姓补正（一）》，《西夏学》第 5 辑，上海古籍出版社 2010 年版。

⑰ 孙伯君：《西夏文〈修华严奥旨妄尽还源观〉考释》，《西夏学》第 6 辑，上海古籍出版社 2010 年版。

考补》①，关于西夏文数据库建设的文章有柳长青《西夏文古籍字库建立研究》②，叶建雄、单迪《面向语音拟构的西夏古文献数据库结构设计及其实现》③。

七　学术史回顾

在 21 世纪的第一个十年，认真梳理和总结前人的研究成果的文章不少。

（一）年度综述

2010 年发表的年度综述有康鹏《2009 年辽金西夏史研究综述》④、周峰《2009 年辽金史研究综述》⑤，孙国军、周峰《21 世纪辽金史论著目录——2009 年（一）》⑥，孙国军、周峰《21 世纪辽金史论著目录——2009 年（二）》⑦，孙国军、周峰《21 世纪辽金史论著目录——2009 年（三）》⑧。

（二）专题类综述

孙文政《金长城研究概述》⑨　总结元、明、清、民国、1949 年以后国内外对金长城的研究。张永帅、张炜《致用史观与冯家升的边疆史研究》⑩　总结了冯家升的辽史研究业绩、学术贡献。景爱《陈述先生遗稿叙

---

①　孙颖新：《西夏译本〈孙子传〉考补》，《西夏学》第 6 辑，上海古籍出版社 2010 年版。

②　柳长青：《西夏文古籍字库建立研究》，《西夏学》第 6 辑，上海古籍出版社 2010 年版。

③　叶建雄、单迪：《面向语音拟构的西夏古文献数据库结构设计及其实现》，《西夏学》第 6 辑，上海古籍出版社 2010 年版。

④　康鹏：《2009 年辽金西夏史研究综述》，《中国史研究动态》2010 年第 10 期。

⑤　周峰：《2009 年辽金史研究综述》，《东北史地》2010 年第 4 期。

⑥　孙国军、周峰：《21 世纪辽金史论著目录——2009 年（一）》，《赤峰学院学报》2010 年第 6 期。

⑦　孙国军、周峰：《21 世纪辽金史论著目录——2009 年（二）》，《赤峰学院学报》2010 年第 7 期。

⑧　孙国军、周峰：《21 世纪辽金史论著目录——2009 年（三）》，《赤峰学院学报》2010 年第 8 期。

⑨　孙文政：《金长城研究概述》，《中国边疆史地研究》2010 年第 1 期。

⑩　张永帅、张炜：《致用史观与冯家升的边疆史研究》，《中国边疆史地研究》2010 年第 2 期。

录》① 评介陈述先生的遗稿 12 种，涉及官制、兵制、风俗和契丹文字、东北族群研究和史学理论。穆崟臣、穆鸿利《金完颜希尹神道碑研究述略》② 从完颜希尹碑发现始末、碑文及拓本的考略方面，总结学界有关完颜希尹神道碑的探究情况。史金波《少数民族文字古籍与国学》③ 概述了契丹文、女真文和西夏文的创造、发展史及前人的研究。此外还有李玉君《金朝女真皇族研究现状述评》④，吴凤霞《近六十年来的辽金史研究》⑤，张树范《新世纪以来沈阳地区辽代考古概述》⑥，夏宇旭《20 世纪以来金代契丹人和奚人研究综述》⑦，日本学者西田龙雄著，鲁忠慧译《概观西夏语语法的研究》⑧，张琰玲《范仲淹与西夏研究文献综述》⑨，王善军《20 世纪以来辽金民族融合问题研究综述》⑩，杨富学、张海娟《新世纪初国内西夏佛教研究的回顾与展望》⑪。

八　余论

辽、金、西夏曾对整个东亚世界和中西交通产生过极深远的影响。从总体来讲，关于这三朝历史的研究状况却向来与它们的历史地位不相称。

近年来，西夏史研究成果颇丰，有显著进展，大量新材料的刊布是重要基础。尤其是近十年来，西夏文文书的考释日益受到学界重视，西夏佛

---

① 景爱：《陈述先生遗稿叙录》，《辽金历史与考古》第 2 辑，辽宁教育出版社 2010 年版。

② 穆崟臣、穆鸿利：《金完颜希尹神道碑研究述略》，《北方文物》2010 年第 2 期。

③ 史金波：《少数民族文字古籍与国学》，《国学研究》第 25 卷，北京大学出版社 2010 年版。

④ 李玉君：《金朝女真皇族研究现状述评》，《北华大学学报》2010 年第 2 期。

⑤ 吴凤霞：《近六十年来的辽金史研究》，《东北史地》2010 年第 2 期。

⑥ 张树范：《新世纪以来沈阳地区辽代考古概述》，《辽金历史与考古》第 2 辑，辽宁教育出版社 2010 年版。

⑦ 夏宇旭：《20 世纪以来金代契丹人和奚人研究综述》，《中国史研究动态》2010 年第 3 期。

⑧ ［日］西田龙雄著，鲁忠慧译：《概观西夏语语法的研究》，《宁夏社会科学》2010 年第 5 期。

⑨ 张琰玲：《范仲淹与西夏研究文献综述》，《宁夏社会科学》2010 年第 6 期。

⑩ 王善军：《20 世纪以来辽金民族融合问题研究综述》，《西夏学》第 6 辑，上海古籍出版社 2010 年版。

⑪ 杨富学、张海娟：《新世纪初国内西夏佛教研究的回顾与展望》，《西夏学》第 6 辑，上海古籍出版社 2010 年版。

教研究成为可圈可点的亮点，这主要得益于敦煌莫高窟等地西夏新文献和考古资料的出土与公布，中、俄、英、法等国所藏西夏佛教文献的刊布，电子版《大藏经》的广泛使用。

近十年来，越来越多的中青年才俊加入辽金史研究行列，在这片冷僻的土地上辛勤耕耘，所出成果数量迅速增长。但这是否意味着辽金史的研究已经走上康庄大道呢？在这样的情况下，是否应该避免低层次重复呢？辽金史研究中，史料的匮乏一直是制约它进一步发展的"瓶颈"。与西夏文文献相比，契丹文、女真文的材料还是太少。但是，近十年来，传播技术和出版业飞跃式发展，许多材料可以通过网络获取，辽金史方面的重要考古报告也刊布了不少。大量资料可说是唾手可得。辽金史研究者为缺乏材料而苦恼时，是否也可以想想：我们对现在公开面世的资料（特别是考古材料）的解读和探讨真的足够精细吗？

宋辽金三史兼治、辽金元三朝贯通虽为多数研究者认同，但真正付诸实践的功力深厚的专家并不多。现在辽金史学界的论题还是集中于老问题。"熟题新作"固然令人赞赏。但是，开拓新课题、关注新领域和采用新范式也应该受到重视。问题意识的增强、研究视角的更新，完全可以"盘活"一些最习见的文字或图像材料，凸显以往被忽视的问题。

对辽、金、西夏这样非汉族建立的王朝，我们的讨论是否还应该仅仅纠结于它们与中原汉族王朝的差异性和继承性呢？该如何引入西方社会学、人类学、语言学理论体系，如何适当地把这些方法贯穿到研究中，又如何博采众家之长建构"本土化"的理论框架，都是值得深入探讨的问题。

（原载《中国史研究动态》2011 年第 4 期）

第
四
编

札记

辽代民间道教的珍贵史料
——读《龙兴观创造香幢记》札记

    契丹人建立的辽朝一向以崇佛著称，道教的记载和文化遗迹比佛教少得多。许多研究者认为道教对辽朝没有什么影响。大家也多用文献材料或近年出土的墓葬讨论契丹上层对道教的政策，道教、道士与贵族官僚的关系[①]。《辽史》所载天祚帝天庆三年（1113）"李弘以左道聚众为乱，支解，分示五京"[②]，曲折地反映出道教在民间的社会影响。河北省易县龙兴观后殿阶右存有辽道宗寿昌六年（1100）所建香幢，八面刻，正书[③]。这一香幢对研究乡村民众的道教信仰显得弥足珍贵。以往讨论辽代道教，几乎无人注意此条材料。

    香幢位于辽南京道的易州（今河北易县）。考《辽史》，"易州，高阳军，上，刺史……有易水、涞水、狼山、太宁山、白马山"，统县三：易县、涞水县、容城县[④]。易州所在的南京道地区本来就是辽朝汉人聚居和汉文化发达之区域。

    按《龙兴观创造香幢记》所记，道观中有专门宣讲《道德经》的法师，还有"当院讲经道士许玄龄"[⑤]。《香幢记》曰："假外物陈仪，始能

---

    ① 王卡：《辽代的李弘起义与道教》，《宗教学研究》1988 年第 1 期；邢康：《从考古材料看道教在辽地的流传》，《内蒙古民族师院学报》1988 年第 1 期；邢康：《试论辽朝道教》，《昭乌达蒙族师专学报》1988 年第 4 期；舒焚：《辽上京的道士与辽朝的道教》，《湖北大学学报》1994 年第 5 期；韩仁信：《内蒙古巴林右旗出土辽代道教符箓铜牌和石印》，《北方文物》1999 年第 2 期。

    ② （元）脱脱等：《辽史》卷 27《天祚皇帝纪一》，中华书局 1974 年标点本，第 327 页。

    ③ 许玄龄：《龙兴观创造香幢记》，向南辑：《辽代石刻文编》，河北教育出版社 1995 年版，第 508 页。

    ④ （元）脱脱等：《辽史》卷 40《地理志四》，中华书局 1974 年标点本，第 498 页。

    ⑤ 向南辑：《辽代石刻文编》，河北教育出版社 1995 年版，第 508 页。

致敬。且牺樽象斝，所以备奠于宣王。"① 这是说祭祀孔子（文宣王）都需要供养物方能展示诚敬，因此本道观采用"石炉星坛"供奉道祖②。坛法是道教的供养方式之一。道教星斗崇拜盛行，衍生出告斗科仪，需要设立星坛，备香花灯烛之仪③。举行斋醮时也有礼拜星斗的仪式——步罡踏斗（禹步）④。

《香幢记》又称："今我观院，虽殿堂像设，夙有妆严。"⑤这表明殿里供奉老君像。本来设立祭坛为道教传统的祭祀仪式，这里却采用偶像崇拜的方式。其实，中国原始宗教巫觋信仰的特征就是偶像崇拜⑥。偶像崇拜在中古时期受到佛教的巨大影响和推动⑦。中古时代，道教造像也是受佛教雕塑的刺激而兴起的⑧。契丹王朝佛教造像十分兴盛，所以，此龙兴观中的道教神像应该也跟佛教的影响有关⑨。

龙兴观虽供奉道教教祖老子之像，但"祭醮供仪，素乏□□"⑩。唐朝之前，道教科仪只流行降真敬神的斋法，很少设酬谢神灵的醮仪。至唐代，斋后设醮已较常见。唐末五代的道教大师杜光庭制定先斋后醮之法，被后世道教科仪奉为圭臬⑪。在唐宋之际，中原地区的道教科仪发生变

① 向南辑：《辽代石刻文编》，河北教育出版社 1995 年版，第 508 页。
② 同上。
③ 张泽洪：《道教斋醮仪式的源流及其影响》，载张泽洪《道教斋醮科仪研究》第 1 章，巴蜀书社 1999 年版，第 20 页。
④ 张泽洪：《道教斋醮科仪的坛仪格式》，载张泽洪《道教斋醮科仪研究》第 2 章，巴蜀书社 1999 年版，第 127—132 页。
⑤ 向南辑：《辽代石刻文编》，河北教育出版社 1995 年版，第 508 页。
⑥ 林富士：《中国六朝时期的蒋子文信仰》，载林富士、傅飞岚主编《遗迹崇拜与圣者崇拜》，允晨文化实业股份有限公司 2000 年版，第 196—198 页。
⑦ John Kieschnick, "Sacred Power", *The Impact of Buddhism on Chinese Material Culture*, Princeton and Oxford: Princeton University Press, 2003, pp. 52—59；雷闻：《自然神的人格化》，载雷闻《郊庙之外——隋唐国家祭祀与宗教》，生活·读书·新知三联书店 2009 年版，第 38 页。
⑧ Stephen Little, "Daoist Art", *Daoism Handbook*, 2, edited by Livia Kohn, Boston and Leiden: Brill, 2004, p. 716.
⑨ 辽朝南京道地区的孔庙也采取庙享、偶像崇拜和陈设供具、祭品的祭祀方式。如《三河县重修文宣王庙记》曰：辽天祚帝乾统年间，刘瑶在当地任地方官时，重修孔庙，"及示先师圣容，《三礼图》为准。绘丹膝龙衮，玄冕黼黻，珠旒交映，金碧已至。粹容圆备，垂拱响明，位以当宁。左右具侍立，前列十哲，簪绂精饰，壁图七十二贤"（向南辑：《辽代石刻文编》，河北教育出版社 1995 年版，第 578 页）。孔子和十哲是塑像，七十二弟子是画像。
⑩ 向南辑：《辽代石刻文编》，河北教育出版社 1995 年版，第 508 页。
⑪ 张泽洪：《道教斋醮仪式的源流及其影响》，载张泽洪《道教斋醮科仪研究》第 1 章，巴蜀书社 1999 年版，第 25—33 页。

革。但是，在作为北族王朝的辽朝之末期，南京道易州的龙兴观仍然缺乏祭醮仪式，只有斋法。在这样的情况下，当地人士"乃采诸翠琰，砾以香幢。每圣诞嘉辰，且元令节，或清斋洊忏，□旦良宵。用然沈水之烟，式化真迁之侣"①。即用美玉琰雕琢成香幢，在皇帝诞节和元旦举行道教的斋法——"清斋"，精思耽玄，诵经悔罪，烧香礼拜，并用"沈水烟"供养。按《香幢记》所记，举行这种道教科仪的目的是"所□九清降祉，百圣垂洪。延皇寿以无疆，保黔黎而有赖。风雨时调，禾谷岁登。干戈戢征战之劳，遐迩被洁清之气"②。此香幢由"当院讲经道士许玄龄书，涿水濮阳吴卿儒造并□"③，这二人应该都是当地的汉族文化精英。显然，修建龙兴观香幢、在此观讲经和举行道教斋法主要都是当地汉人参与。他们在这样一个特定的宗教场所为当朝皇帝道宗、国家和百姓祈福，祈求农业丰收、和平，身心净化。辽道宗生于兴宗重熙元年（1032）八月丙午（初七）④，他即位后，清宁元年（1055）冬十月丁亥（初三），"有司请以帝生日为天安节，从之"⑤。易州百姓在当地龙兴观举行道教科仪来庆贺辽道宗的生日——天安节，表达对国家命运的关注，体现了国家意识形态与地域社会的整合，当地汉族民众对异族统治的认同。龙兴观的香幢和道教斋法沟通了国家与民众。

　　不过，这座道观很可能继承自唐代。值得注意的是：在唐朝，国家积极推行崇道政策，有很多国家支持的道观履行为国家、皇帝及百姓建醮祈福的职能。但从目前材料来看，笃信佛教的契丹统治者没有在这方面做过努力。《香幢记》中也没有看到任何官僚的题名。显然，在易州龙兴观举行斋法，为国家、皇帝和百姓祈福均为民间的自发组织行为。

　　据刘淑芬先生考证，道教徒仿造佛教，在唐玄宗时，开始在石幢上刊刻《道德经》，而且从开元二十七年（739）河北邢台龙兴观所建的道德经幢的铭记，可知玄宗曾下令在各州建立道德经幢。其形制和佛教经幢相同，多系八角石柱⑥。其实，玄宗是开元二十三年（735）令各地龙兴观

<hr/>

①　向南辑：《辽代石刻文编》，河北教育出版社1995年版，第508页。

②　同上。

③　同上。

④　（元）脱脱等：《辽史》卷18《兴宗纪一》，中华书局1974年标点本，第214页。

⑤　（元）脱脱等：《辽史》卷21《道宗纪一》，中华书局1974年标点本，第252页。

⑥　刘淑芬：《经幢的形制、性质和来源——经幢研究之二》，《中央研究院历史语言研究所集刊》第68本第3分，1997年，第674—675页。

雕刻道德经幢。《唐龙兴观石台道德经》明确记载:"右《道德经》。唐元(玄)宗注。开元二十三年,用道门威仪司马秀,令天下应修官斋等州,皆于大观中立石台刊勒。邢州龙兴观,开元二十七年(739)三月,刺史李质立石摹勒如制。"①道教经幢的出现是佛道文化交融的典范。

一般来讲,经幢都是石制的,但辽朝易州龙兴观的香幢却由美玉翠"琰"雕琢而成。道教用玉(主要是食用、丧葬和作为法器)渊源于中国传统文化中对玉的崇拜和信仰:玉是自然界的精华;能通灵,可以飞升;玉为阳物之精,生服之,延年益寿;玉有祥瑞之征,能祈福远祸,除匿辟邪。传统的玉信仰、玉崇拜被吸附到道教思想之中而加以宗教的解释,就成为道教"仙道贵生"的思想信仰和养生方式的一部分②。在辽易州龙兴观出现玉制的经幢,是非常罕见的。这应该是受佛道影响的创造性发挥。在道教的观念中,玉本来也具有"仙道贵生"的含义和延年益寿的养生功能。也可以说,易州龙兴观用玉来雕造香幢,跟祝愿皇帝长寿的祈愿暗合。

总之,《龙兴观创造香幢记》囊括了道教在民间社会的多种传布方式:第一,由法师、讲经道士向民众宣讲道教经书;第二,道教神像、经幢对前来礼拜的信徒产生潜移默化的影响;第三,通过举行斋法的仪式表演,把道教的理念植入参与者的脑海和心灵。对于广大普通民众来讲,精深的道教经典和神秘的仪轨很难引起他们的兴趣。贴近大众的通俗性的讲经、图像和仪式是更为有效的传播方式。

(原载《中国道教》2013 年第 1 期)

---

① 叶奕苞:《金石录补》卷 14,《丛书集成初编》本,中华书局 1985 年版,第 132—133 页。

② 刘素琴:《儒、释、道与玉文化》,载刘乃和、周少川、王明泽、邓瑞全编《历史文献与民族文化研究》,高等教育出版社 1994 年版,第 12—27 页。

辽《蓟州沽渔山寺碑铭》小考

撰于辽兴宗重熙十七年（1048）的《蓟州沽渔山寺碑铭》原位于今天津蓟县梅家屯西北沽渔山寺旧址，近代已拆毁无存①，未留下拓片，因此本文只好根据向南先生的录文②来进行讨论。

沽渔山寺位于辽朝南京道的蓟州。蓟州，尚武军，统渔阳县（今天津蓟县）、三河县（今河北三河县）、玉田县（今河北玉田县)③。《蓟州沽渔山寺碑铭》称沽渔山院创建后，到辽兴宗重熙十七年（1048），已经"二十有八载"。照此推算，沽渔山院应当建于辽圣宗开泰九年（1020）。

沽渔山寺的布局为："巍峨前殿，释像百宝庄严；掩映后堂，慈氏壁千金缕细。"④即前殿布置佛像、百宝；后堂供奉慈氏，即弥勒。在沽渔山寺南峰"上建无垢净光塔，耸余百尺，飞级数层"⑤。显然，这是依据《无垢净光大陀罗尼经》所建的多层无垢净光塔，形制高大。碑文又曰："疑多宝佛涌见虚空，讶阿育王建于葱岭。"这是依据《妙法莲华经》（简称《法华经》）以及阿育王广建佛塔的典故。《妙法莲华经》卷四《见宝塔品第十一》曰："此宝塔从地踊出。又于其中发是音声。尔时佛告大乐说：'菩萨，此宝塔中有如来全身……欲供养我全身者，应起一大塔……今多宝如来塔，闻说《法华经》，故从地踊出。'赞言'善哉！善

---

① 向南辑：《辽代石刻文编》，河北教育出版社1995年版，第254页。

② 同上书，第254—255页。按：本文以下所引《蓟州沽渔山寺碑铭》均根据这一录文，概不复注。

③ （元）脱脱等：《辽史》卷40《地理志四》，中华书局1974年标点本，第499页。

④ 《蓟州沽渔山寺碑铭》，向南辑：《辽代石刻文编》，河北教育出版社1995年版，第254页。

⑤ 同上。

哉！'"①在佛教传说中，有阿育王创造八万四千塔供养佛的故事。这一事例再次证明：在辽代社会，佛教信徒中有《无垢净光大陀罗尼经》与《法华经》合流的观念②。

另外，沽渔山寺的无垢净光塔内"经律论三学之内典，皆悉备矣"③。这说明塔内藏有不少佛学经典。那么，这座无垢净光塔不仅具有宗教象征意义，还具有图书馆的功能。

至重熙十七年（1048），采亭村、燕山村为沽渔山寺创建下院后，有信徒"继父兄之良果"，施钱"特建六门陀罗尼幢一座"④。建造此陀罗尼经幢所依据的经典是《六门陀罗尼经》。此经谓佛在净居天为利益众生，向诸大菩萨众宣讲此六门陀罗尼。又谓该陀罗尼包含世间、出世间一切善法。如日夜六时诵此陀罗尼，则能救六道之苦⑤。这部佛经属于"杂密"经典。按《大唐内典录》所载，《六门陀罗尼经》由玄奘在唐太宗贞观末年奉诏于长安译出，沙门辩机等执笔⑥。据《开元释教录略出》，"《六门陀罗尼经》一卷。唐三藏玄奘译"⑦。

在房山石经中，也有信徒刊刻过《六门陀罗尼经》，见表5：

表5　　　　房山石经中《六门陀罗尼经》的版本及刊刻情况

雕刻年代	版本	捐助者	材料来源	备注
武周长寿三年（694）。	《佛说六门陀罗尼经》，三藏法师玄奘奉诏译。		《房山石经（隋唐刻经）》第2册，第407页。	拓片图录清晰，部分地方有残缺。楷书。书法很好。

① ［日］高楠顺次郎等编：《大正新修大藏经》（以下简称《大正藏》）第9册，大正一切经刊行会1925年版，第32页。
② 对这一问题的分析，详见尤李《论辽代密教的来源》，原载《国学研究》第27卷，北京大学出版社2011年版，第223—263页。此文已经收入本书。
③ 《蓟州沽渔山寺碑铭》，向南辑：《辽代石刻文编》，河北教育出版社1995年版，第254—255页。
④ 同上书，第255页。
⑤ ［日］高楠顺次郎等编：《大正藏》第21册，大正一切经刊行会1928年版，第878页。
⑥ 道宣：《大唐内典录》卷5，［日］高楠顺次郎等编：《大正藏》第55册，大正一切经刊行会1928年版，第282—283页。
⑦ 智升：《开元释教录略出》卷2上，［日］高楠顺次郎等编：《大正藏》第55册，大正一切经刊行会1928年版，第733页。

续表

雕刻年代	版本	捐助者	材料来源	备注
唐（具体年代不详）。	《六门陀罗尼经》一卷，沙门玄奘奉诏译。		《房山石经（隋唐刻经）》第 2 册，第 429 页。	拓片图录清晰，其间有大片残缺。楷书。书法很好。
金（无刻石年代）。	《六门陀罗尼经》一卷，大唐三藏法师玄奘奉诏译。	"施主安次县耿村耿殿直为生身父母办到经碑。"	《房山石经（辽金刻经）》第 13 册，第 548—549 页。	拓片清晰完整。楷书。书法很好。

（上表所引材料均出自中国佛教协会、中国佛教图书文物馆编《房山石经》，华夏出版社
2000 年版）

就表 5 所见，早在武周时期，幽州良乡县（今北京房山区）就已经
有信徒刊刻《六门陀罗尼经》。显然，至迟在这一时代，这一经典已经传
到幽州地区（大致为辽朝的南京道地区，今北京、天津、河北北部）。而
且直到金代，仍然有来自安次县耿村的信徒耿殿直为其父母雕刻此经。安
次县属于金中都路大兴府，位于辽南京道故地①。结合《蓟州沽渔山寺碑
铭》所述辽兴宗重熙年间，有信徒在沽渔山寺施钱"特建六门陀罗尼幢
一座"的情况，可以证明：从唐代一直到辽金，《六门陀罗尼经》都在华
北北部地区传布。

蓟州沽渔山寺的这座六门陀罗尼幢"众鬼神威力加持，诸佛法慈悲
护念。尘沾影覆，摁得生天。水浴风飚，皆能灭罪"，使信徒"瞻仰有
归"②。实际上，尘沾影覆、灭罪、往生极乐世界是建佛顶尊胜陀罗尼经
幢的功效。《佛顶尊胜陀罗尼经》曰："佛告天帝：'若人能书写此陀罗
尼，安高幢上，或安高山，或安楼上，乃至安置窣堵波中，天帝，若有苾
刍、苾刍尼、优婆塞、优婆夷、族姓男、族姓女，于幢等上或见或与相
近，其影映身，或风吹陀罗尼上幢等上尘落在身上，天帝，彼诸众生所有
罪业，应堕恶道、地狱、畜生、阎罗王界、饿鬼界、阿修罗身恶道之苦，
皆悉不受，亦不为罪垢染污。'"③又按《佛顶尊胜陀罗尼经》，佛言："若
人能须臾读诵此陀罗尼者……诸佛刹土及诸天宫，一切菩萨所住之门，无

① （元）脱脱等：《金史》卷 24《地理志上》，中华书局 1975 年标点本，第 573 页。

② 《蓟州沽渔山寺碑铭》，向南辑：《辽代石刻文编》，河北教育出版社 1995 年版，第 255
页。

③ 佛陀波利译：《佛顶尊胜陀罗尼经》，［日］高楠顺次郎等编：《大正藏》第 19 册，大正
一切经刊行会 1928 年版，第 351 页。

有障碍，随意趣入"。"若人能日日诵此陀罗尼二十一遍，应消一切世间广大供养，舍身往生极乐世界。若常诵念得大涅槃，复增寿命，受胜快乐。舍此身已即得往生种种微妙诸佛刹土。常与诸佛俱会一处。一切如来恒为演说微妙之义，一切世尊即受其记。身光照曜一切刹土。"①而沽渔山寺碑文最后之铭文曰："宝磴高广，金铃振声。陀罗密言，咸归敬仰。"这是依据《无垢净光大陀罗尼经》所称"闻塔铃声"能消除一切恶业，往生西方极乐世界："若遥见此塔，或闻铃声，或闻其名，彼人所有五无间业、一切罪障皆得消灭。"②"若见此塔者灭五逆罪；闻塔铃声，消诸一切恶业，舍身当生极乐世界。"③

碑文云："坐禅行道，不舍六时。上堂下化，永止寄安。常不下三五十众，久矣。""六时"指昼三时夜三时，合为六时。昼三时为晨朝、日中、日没，夜三时为初夜、中夜、后夜。这段文字明显是描写沽渔山寺名僧众多，修行甚勤的盛况。最后的铭文称"巍巍碧嵝，幽燕之隩。居多名释，行菩萨道"，与之相呼应。

总之，蓟州沽渔山寺之塔及陀罗尼经幢的建造依据了多部佛教经典：《法华经》、《无垢净光大陀罗尼经》、《六门陀罗尼经》和《佛顶尊胜陀罗尼经》。这既体现了辽朝社会陀罗尼信仰盛行的情况，也表明陀罗尼信仰与《法华经》信仰之交融。

（原载《乐山师范学院学报》2012 年第 9 期）

---

① 佛陀波利译：《佛顶尊胜陀罗尼经》，〔日〕高楠顺次郎等编：《大正藏》第 19 册，大正一切经刊行会 1928 年版，第 350—351 页。

② 〔日〕高楠顺次郎等编：《大正藏》第 19 册，大正一切经刊行会 1928 年版，第 719 页。

③ 同上书，第 720 页。

辽《李翊为考妣建陀罗尼经幢记》小考

在唐代社会，佛顶尊胜陀罗尼经幢开始兴盛，经幢上除了刊刻《佛顶尊胜陀罗尼经》，也同时兼刻其它陀罗尼咒语和佛经，很多学者都注意到了这一现象①。但是唯独无人专文分析佛教信徒在实践中修建佛顶尊胜经幢的同时，还另立施食幢的情况。辽代李翊为其父母所建陀罗尼经幢就属于这一情形。

撰于辽圣宗统和十八年（1000）的《李翊为考妣建陀罗尼经幢记》，清乾隆三十六年（1771）出土于北京阜成门外衍法寺内，前面雕刻《尊胜陀罗尼经》，后面刊刻《建陀罗尼经幢记》，八面刻，正书。又有施食幢仅余下截，上刻神像②。

《李翊为考妣建陀罗尼经幢记》③ 题名"大同军节度管内观察处置使、金紫崇禄大夫、检校太保、使持节云州诸军事、云州刺史、兼御史大夫、上柱国、陇西县开国男、食邑三百户李翊，弟将仕郎、守秘书省校书郎懿建幢"。显然，这是汉官李翊、李懿兄弟为其父母所建之经幢。虽然李翊是云州地区（今山西大同市）的地方官，却和其弟一道在析津府（今北京）地区为亡父母建经幢。

《幢记》曰：李翊"示方便于三乘，发弘誓于四愿……比为常弘释梵，永济人天。迁神忽现于缘周，示迹故留于遗法。遂有封袟于堂殿，或乃刊勒于碑幢。讽之者，福不唐捐。诵之者，功超远劫。若乃轻埃沾处，

---

① 如刘淑芬《经幢的形制、性质和来源——经幢研究之二》，《中央研究院历史语言研究所集刊》第 68 本第 3 分，1997 年，第 666—674 页。

② 向南辑：《辽代石刻文编》，河北教育出版社 1995 年版，第 104 页。

③ 同上书，第 104—105 页。按：《李翊为考妣建陀罗尼经幢记》的原碑及拓片今已不存，本文只好根据录文来进行探究。下文所引此陀罗尼经幢记均出自这一录文，概不复注。

微影覆时，非惟获果于未来，兼亦除殃于过去者，莫若《佛顶尊胜陀罗尼》矣！"这些均是称颂讽诵佛顶尊胜陀罗尼咒语之功能：念诵此咒语有尘沾影覆之功，能灭一切灾祸。这是根据《佛顶尊胜陀罗尼经》中的这段表述："佛告天帝：'若人能书写此陀罗尼，安高幢上，或安高山，或安楼上，乃至安置窣堵波中，天帝，若有苾刍、苾刍尼、优婆塞、优婆夷、族姓男、族姓女，于幢等上或见或与相近，其影映身，或风吹陀罗尼上幢等上尘落在身上，天帝，彼诸众生所有罪业，应堕恶道、地狱、畜生、阎罗王界、饿鬼界、阿修罗身恶道之苦，皆悉不受，亦不为罪垢染污。'"①

然后，《李翊为考妣建陀罗尼经幢记》继续写道："今于坟所建斯幢者，奉为荐亡考妣之亡灵也。亡考长官世袭簪裾，性惟清慎。守谦恭则无爽五常，蕴敏惠则洞闲三教。爰因筮仕，著功勤而早遂利名；不顾字人，叹徒劳而终归里社。""亡妣夫人，浮阳茂族，邹鲁名家。禀亲教而洞晓妇仪，承闺训而妙熟女史。加以姿瑰态逸，从夫之淑慎遐章；仪静体闲，守德之功容备著。"可见李翊的父母都出自汉文化修养甚高的汉人贵族之家，《幢记》的叙述方式体现了汉人所崇尚的价值观念。而且，李翊兄弟所建之陀罗尼经幢就在其父母的坟墓之旁。《幢记》又称："翊念兹永决，痛切追思。早年虽备于送终，继日徒嗟于不逮。是以特抽净俸，用构良缘。市翠琰于灵岩，命奇工于帝里。馨之巧思，运彼殊材……惟仗圣言，以资冥魂。"李翊特地抽出自己的俸禄为父母立经幢，用材很讲究，还专雇"奇工"，就是为寄托哀思、拯救亡灵，体现了儒家的孝道思想。

在《幢记》的最后，李翊发愿曰："伏愿惊禽骇兽，依圣影以获安；孝子顺孙，荐幽灵而勿替。"这是对经幢功能的具体化和结合当时场景所作的发挥。据上引《佛顶尊胜陀罗尼经》，见到陀罗尼幢、其影映身，或风吹幢上尘落在身上，众生所有罪业，应堕恶道、地狱、畜生、阎罗王界、饿鬼界、阿修罗身恶道之苦，均得免除。《尊胜经》又云："佛告天帝：'若人须臾得闻此陀罗尼……一切诸鸟及诸猛兽，一切蠢动含灵，乃至蚁子之身更不重受，即得转生诸佛。'"②《幢记》所称"伏愿惊禽骇

① 佛陀波利译：《佛顶尊胜陀罗尼经》，［日］高楠顺次郎等编：《大正新修大藏经》（以下简称《大正藏》）第19册，大正一切经刊行会1928年版，第351页。

② 同上。

兽，依圣影以获安"，则是对此功能的简化表述。"孝子顺孙，荐幽灵而勿替"，即是李翊兄弟为亡父母建幢追思，显示了孝敬双亲的观念。虽然《尊胜经》本身只字未提孝道，但佛教信徒李翊兄弟在实践中却体现了儒佛文化的相互渗透。

从碑文的记载来看：李翊兄弟既建有佛顶尊胜经幢，又刻了施食幢。施食幢跟密教饿鬼施食仪轨有关。其依据的经典为不空所译《佛说救拔焰口饿鬼陀罗尼经》，内容为佛向阿难传授救拔焰口陀罗尼及持诵法、施食法。若依法受持，相当于对无量饿鬼等各布施上妙饮食四十九斛，饿鬼得以生天、生净土。受持者可免于饿鬼道，增福延寿，一切冤仇不能侵害①。不空在中唐时代具有国师的地位，他大力宣传密教，因而使饿鬼施食法风行于天下②。这一密教仪轨跟佛顶尊胜经幢所具备的破地狱、拯救亡灵、及往生净土的思想有相似之处。在辽代，李翊兄弟为超度亡父母之灵魂，同时创建尊胜幢和施食幢，说明在契丹的统治下，这一宗教信仰和实践在幽云地区的汉人中仍有影响。

（原载《内江师范学院学报》2012 年第 7 期）

---

① ［日］高楠顺次郎等编：《大正藏》第 21 册，大正一切经刊行会 1928 年版，第 464—465 页。

② 吕建福：《中国密教史》，中国社会科学出版社 1995 年版，第 246—288 页。

民族主义的新视野

——评《想象的共同体——民族主义的起源与散布》

本尼迪克特·安德森（Benedict Anderson）撰写的《想象的共同体——民族主义的起源与散布》①一书堪称 20 世纪民族主义研究的经典。作者为"民族"这个充满争议的概念界定了一个富于创意的定义："它是一种想象的政治共同体——并且，它是被想象为本质上有限的，同时也享有主权的共同体"②，进而探究了"民族"这种特殊的政治想象在不同自然环境和社会背景中成为现实的复杂历史条件和过程。

在先前的研究中，"民族"常被视为客观存在的特定人群，语言、宗教、习俗、领土和制度等客观特征成为界定不同民族的主要标准。如约瑟夫·斯大林（Joseph Stalin）提出："民族是人们在历史上形成的一个有共同语言、共同地域、共同经济生活以及表现于共同文化上的共同心理素质的稳定的共同体。"③近年来，这样的概念和研究模式不断受到质疑和挑战，主观因素日益受到重视。安德森的《想象的共同体》就是其中最为突出的范例之一。他认为"民族"的形成除了各种可以客观判断的外在因素，主观的感情归属同样非常重要，民族是一种"文化人造物"。这种观点和分析模式几乎影响到所有人文社会学科。

多数西方民族主义理论家都有"欧洲中心主义"的偏好。他们在讨论民族主义的产生、"民族—国家"的建立时，主要分析近代欧洲的政治

---

① ［美］本尼迪克特·安德森：《想象的共同体——民族主义的起源与散布》，吴叡人译，上海世纪出版集团 2005 年版。

② ［美］本尼迪克特·安德森：《想象的共同体》第 1 章《导论》，吴叡仁译，上海世纪出版集团 2005 年版，第 6 页。

③ ［苏联］斯大林：《马克思主义和民族问题》，《斯大林全集》第 2 卷，人民出版社 1953 年版，第 294 页。

运动。近年来，有些学者已经开始注意并纠正这种偏向。安德森就是其中非常出色的一位。他在早年的求学经历中，因为在血统、语言等方面跟主流社会格格不入，遭受了一连串"疏离"①。因此，他对殖民地的民族主义有着深切的同情。《想象的共同体》不但关照到欧洲以外的民族主义，还明确提出民族主义的起源地不是欧洲，而是美洲。尽管安德森的确是同情弱小民族的"入戏的观众"②，但是，他毕竟是用西方的理论来研究非西方的民族主义，完全继承了欧美学术的理论分析和历史透视的方法。不仅是安德森，当代其他几位研究民族主义的权威学者几乎都不同程度地把亚非拉的民族主义纳入观察视野。如埃里克·霍布斯鲍姆（Eric J. Hobsbawm）是出生于埃及的犹太人，曾在伦敦接受中学教育，在剑桥大学学习历史，后在伦敦大学伯克贝克学院任教直到退休。厄内斯特·盖尔纳（Ernest Gellner）是剑桥大学社会人类学教授。埃里·凯杜里（Elie Kedourie）是伦敦大学政治学教授，英国研究院研究员。安东尼·D. 史密斯（Anthony D. Smith）则是伦敦政治经济学院种族划分和民族主义教授。他们均为英国学术界的精英。英国历史悠久，具有深厚的人文传统和哲学思辨精神。英国学者向来对于"民族主义"、"民族认同"和"民族构建"有着浓厚的兴趣，与美国学术界非常关注对现实族群、民族问题的具体实证性专题研究相比，在思维取向和研究风格上有所不同。而安德森的《想象的共同体》一书把理论分析与实证研究结合得很不错。但该书主要是"以论带史"地阐释民族这个想象的政治共同体的"建构"过程，哲学思辨和论证的色彩更浓。安德森虽在康奈尔大学取得博士学位、并在那里任教，但此书的研究范式却深受英国学术传统的影响，他毕竟在剑桥大学学习过。从根本上说，安德森等几位研究民族主义的著名学者其实都致力于自己的著作能在西方主流学术界找到听众、得到认可。在这个意义上，他们又没有完全脱离"欧洲中心论"的窠臼。

以往关于民族主义的研究，学者常通过文献去了解知识分子的想法，对下层民众的看法没有给予足够的重视。安德森分析了一些通俗的印刷品——小说、报纸，去研究普通民众的想法和态度，描绘出他们心目中的

---

① 吴叡人：《认同的重量：〈想象的共同体〉导读》，载［美］本尼迪克特·安德森《想象的共同体》，吴叡人译，上海世纪出版集团2005年版，第2页。
② 同上书，第1页。

想象的政治共同体。这非常难能可贵。遗憾的是，他对"阅读阶级"的主动性分析不足。难道阅读民众只是印刷文本的被动接受的消费者吗？按后现代主义观点，每一种文本在它产生并流传之后，作者已经死亡。文本独立于作者之外而存在，其本身并不表示任何毫不含混的意图①。读者可以自由地把自己的经历、思考甚至偏见带入对文本信息的理解。小说、报纸在传播过程中，难道大众的头脑仅是一张"白板"，总是被动地等待这些文本将相互关联的共同体的信条刻入他们的心头吗？人们对这种用印刷联系起来的共同体的想象方式、认同与依恋程度，会不会因地域、家庭背景、阶层不同而有差别？然而，安德森却对广大阅读阶级做了简单地"同质化"处理。

另外，现在的学术研究已经发展到"图像转向"的时代，图像对文化传播的重要意义日益受到重视。报纸、小说等印刷品通过文字来传播一系列观念让大众接受，但同时它们复制的图像也是在传播一种理念。对民众，特别是不识字的民众来讲，后者的作用可能不亚于前者②。其实，早在前近代社会，宗教组织在传教时，对不识字的群众就非常重视图像材料的宣传作用，如宗教雕塑、画像、经文说唱、舞蹈。通过印刷术不断复制图像、文字来进行宣传，宗教共同体和民族共同体在这一方面其实并没有本质的区别。

安德森觉察到了官方塑造的"民族概念"并不必然和所有民众心目中所认定的民族关怀完全吻合，并以俄罗斯和印度尼西亚为例。在19世纪"官方民族主义"迅速发展的欧洲，罗曼诺夫王室"发现"他们是大俄罗斯人，积极推行俄罗斯化政策，却遭到以波兰工人、拉脱维亚和格鲁吉亚农民为主力的民众的激烈反抗③。在印度尼西亚建国之初，西新几内亚岛的民众并不认同印尼民族领导人与政治代言人——苏加诺所塑造出的"印尼民族"。虽然印尼人多少是诚心诚意地把他们视为自己的"同胞"，

---

① 王治河主编：《后现代主义辞典》，巴尔特·罗兰、作者条，中央编译出版社2004年版，第10—12、754—756页。

② 如利用各种图像材料来研究中国近代的政治宣传和民族认同，有黄克武编《画中有话：近代中国的视觉表述与文化构图》，台湾中研院近代史研究所2003年版；[美]葛凯《制造中国：消费文化与民族国家的创建》，黄振萍译，北京大学出版社2007年版。

③ [美]本尼迪克特·安德森：《想象的共同体》第6章《官方民族主义和帝国主义》，吴叡人译，上海世纪出版集团2005年版，第82—85页。

但他们却不"领情"①。尽管精英构造的"民族概念"与民众心中的民族关怀之间并非完全没有交集可言,但在很多情况下,二者之间存在差异。安德森观察到了国家由上而下的民族同化工程不可能是直线渗透的,在某些地区甚至会出现激烈的反弹。国家的"渗透"与某些民众的"反弹"之间的互动还有深入挖掘的余地。但是,下层民众在表达"民族"及"民族主义"这些概念时又往往是失语的,这个问题很多情况下只能通过间接的材料来分析。

安德森在论述美洲反母国民族主义运动时,提及"所牵涉到的经济利益明显地具有根本的重要性"②。马克思(Karl Marx)和盖尔纳都强调资本主义经济发展对民族国家产生的决定性意义③。霍布斯鲍姆也认为:"民族—国家"旧有的一项重要功能就是组成一个以其领土为范围的"国民经济"④。无论是19世纪的欧洲、美洲,还是后来面临殖民威胁的亚非拉各地区原有的传统社会,都必须通过建立现代意义的国家机器来保护自己国家与民众的基本权利与利益⑤。按"工具主义论"观点,族群和民族都是能够加以利用的有边界的资源单元,其边界实质上界定了一个资源共享的范畴,族群认同和民族认同是人类资源竞争的工具。在亚非民族主义浪潮中,土著精英用民族主义的旗帜动员广大民众,很难说他们不是把民族主义作为达到自己的政治目的的工具,从根本上说不是为了本集团的经济和政治利益。安德森对政治与意识形态的关系论述得非常充分,如能深入分析经济利益、政治冲突和思想文化相互作用产生的"张力"对民族主义的影响,将会更有深度。

安德森在分析欧洲和亚非的民族主义时触及了民族认同背后的宗教基础,却没有深入挖掘。其实,自15、16世纪以来,欧洲新教势力的崛起

---

① [美]本尼迪克特·安德森:《想象的共同体》第9章《人口调查、地图、博物馆》,吴叡人译,上海世纪出版集团2005年版,第165—167页。

② [美]本尼迪克特·安德森:《想象的共同体》第4章《欧裔海外移民先驱者》,吴叡人译,上海世纪出版集团2005年版,第61—62页。

③ [德]马克思:《共产党宣言》,《马克思恩格斯选集》第1卷,人民出版社1972年版,第277页;[英]厄内斯特·盖尔纳:《民族与民族主义》,韩红译,中央编译出版社2002年版,第97—98页。

④ [英]埃里克·霍布斯鲍姆:《民族与民族主义》,李金梅译,上海人民出版社2000年版,第213页。

⑤ 徐波、陈林:《全球化、现代化与民族主义:现实与悖论》(代序言),[英]埃里·凯杜里:《民族主义》,张明明译,中央编译出版社2002年版,第9页。

与国家方言兴起、语言学革命的互动，亚非民族主义对当地原有宗教的改造、创新，都值得和"民族认同"结合起来深入研究。历史和现实告诉我们：民族共同体的想象绝不是跟传统宗教共同体的想象彻底决裂，二者并不是简单地非此即彼的取代关系。安德森在阐释民族这个新的想象的共同体产生并取代宗教时，着力论述它们之间的"断裂"，对二者的"延续"关注不够。民族主义浪潮兴起，基督教、伊斯兰教和佛教都经过改造，在民族主义的旗帜和外壳下被赋予了新的含义。而且，宗教祭祀仪式也是一种重要的政治工具、象征符号，其价值在于经过反复操演，把特定的思想和价值观赋予群体内的成员，建立一种认同感，从而对政治和社会生活发挥作用。在文盲仍占多数的地区，经过改造和创新的宗教理念和仪式对民族这种想象的政治共同体的产生，是否比印刷资本主义还重要？

安东尼·史密斯认为人们的"身份认同"（identity）包含了多重身份与角色，如家庭、阶级、宗教、族群和性别等，这在历史发展进程中可能会发生变化甚至被废弃[①]。"民族认同"只是人们的多种身份认同之一。安德森在论述近代民族主义的兴起时指出：各个联盟都能向群众发出邀请卡，为什么"民族主义"这个邀请到头来会似乎变得那么有吸引力[②]。民族主义可以利用印刷资本主义宣传，邀请群众加入，其他的意识形态也同样可以利用这种技术向民众灌输它们的主张。早期的印刷术就萌芽于宗教，利用印刷技术刻印宗教经典和图像一向是宗教传播的重要途径。民族主义能被建构成高尚的、无私的理念，其他政治意识也同样能被赋予这种光环，并且召唤出光荣的使命感，如阶级认同等。那为何仅仅是"民族意识"在诸多政治思潮并存的近代社会中取得了优势，成为人们近代以来最重要的身份认同？安德森没有明确回答这个问题。在什么情况下，"民族认同"会必定排斥或优先于其他社会及政治认同？对这些问题，他也没有论证。

过去，中国的民族主义研究受僵化教条的影响较大，长期停留在较低的水平。近年来，随着西方的研究成果被介绍到中国，这种状况已经大为改观。《想象的共同体》被翻译和介绍到中国之后，掀起了一阵不小的

---

① Anthony Smith, *National Identity*, London: University of Nevada Press, 1991, p. 4.
② ［美］本尼迪克特·安德森：《想象的共同体》第5章《旧语言，新模型》，吴叡人译，上海世纪出版集团2005年版，第77页。

"思想风暴"，为中国人文学界注入了新的活力，促使许多学者开始进一步思考自己对各种材料和复杂社会现象的解读模式，反省原有的研究范式。这种趋势还在不断扩展和深入……

（原载《社会科学研究》2009 年第 2 期）

参考文献

一 史料

北京图书馆金石组、中国佛教图书文物馆石经组编：《房山石经题记汇编》，书目文献出版社 1987 年版。

北京图书馆金石组编：《北京图书馆藏中国历代拓本汇编》，中州古籍出版社 1989 年版。

（元）孛兰肹等：《元一统志》，赵万里校辑，中华书局 1966 年版。

陈述辑：《全辽文》，中华书局 1982 年版。

（清）程晋芳：《勉行堂文集》，清嘉庆二十五年刻本。

（清）董浩等编：《全唐文》，中华书局 1983 年版。

（唐）段成式：《酉阳杂俎》，方南生点校，中华书局 1981 年版。

［日］高楠顺次郎等编：《大正新修大藏经》，东京：大正一切经刊行会 1924—1932 年版。

（清）顾祖禹：《读史方舆纪要》，贺次君、施和金点校，中华书局 2005 年版。

（清）官修：《续文献通考》，万有文库"十通"本，商务印书馆 1936 年版。

郝春文主编：《英藏敦煌社会历史文献释录》第 1 卷，科学出版社 2001 年版。

郝春文主编：《英藏敦煌社会历史文献释录》第 2、3 卷，社会科学文献出版社 2003 年版。

（清）黄虞稷：《千顷堂书目》，瞿凤起、潘景郑点校，上海古籍出版社 1990 年版。

（宋）洪皓：《松漠记闻》，《丛书集成初编》本，中华书局 1985

年版。

（明）郎瑛：《七修类稿》，中华书局 1959 年版。

（宋）李昉等编：《太平广记》，中华书局 1961 年版。

（宋）李昉等编：《文苑英华》，中华书局 1966 年版。

（唐）李隆基撰，李林甫注：《大唐六典》，〔日〕广池千九郎训点，内田智雄补订，三秦出版社 1991 年版。

李修生主编：《全元文》，江苏古籍出版社 1997 年版。

（后晋）刘昫等：《旧唐书》，中华书局 1975 年标点本。

（唐）刘禹锡：《刘禹锡集笺证》，瞿蜕园笺证，上海古籍出版社 1989 年版。

（宋）欧阳修、宋祁：《新唐书》，中华书局 1975 年标点本。

（宋）欧阳修撰、徐无党注：《新五代史》，中华书局 1974 年标点本。

（唐）权德舆：《权德舆诗文集》，郭广伟校点，上海古籍出版社 2008 年版。

山西省文物局、中国历史博物馆主编：《应县木塔辽代秘藏》，文物出版社 1991 年版。

上海古籍出版社、法国国家图书馆编：《法藏敦煌西域文献》第 7 卷，上海古籍出版社 1998 年版。

上海图书馆编：《中国丛书综录》第 1、2、3 册，上海古籍出版社 1986 年版。

（宋）沈括：《梦溪笔谈》，《四部丛刊》本。

（唐）释道世：《法苑珠林校注》，周叔迦、苏晋仁校注，中华书局 2003 年版。

（梁）释慧皎：《高僧传》，汤用彤校注，汤一玄整理，中华书局 1997 年版。

（元）苏天爵：《滋溪文稿》，陈高华、孟繁清点校，中华书局 1997 年版。

（宋）司马光等：《资治通鉴》，中华书局 1956 年标点本。

（汉）司马迁：《史记》，中华书局 1959 年标点本。

（明）陶宗仪等编：《说郛三种》，上海古籍出版社 1988 年影印本。

（元）脱脱等：《辽史》，中华书局 1974 年标点本。

（元）脱脱等：《金史》，中华书局 1975 年标点本。

（元）脱脱等：《宋史》，中华书局 1977 年标点本。

（金）王寂：《拙轩集》，《丛书集成初编》本，中华书局 1985 年版。

王晶辰主编：《辽宁碑志》，辽宁人民出版社 2002 年版。

（宋）王钦若等编：《册府元龟》，中华书局 1960 年影印本。

（宋）王钦若等编：《宋本册府元龟》，中华书局 1989 年影印本。

王仁俊辑：《辽文萃七卷·附辽史艺文志补证一卷》，《辽海丛书》本，辽沈书社 1984 年影印本。

王恽：《秋涧先生大全集》，《四部丛刊》本。

吴慰祖校订：《四库采进书目》，商务印书馆 1960 年排印本。

向南辑：《辽代石刻文编》，河北教育出版社 1995 年版。

新文丰出版公司编辑部编：《石刻史料新编》，台北：新文丰出版公司 1977 年版。

新文丰出版公司编：《高丽大藏经》，台北：新文丰出版公司 1982 年版。

（元）熊梦祥：《析津志辑佚》，北京图书馆善本组辑，北京古籍出版社 1983 年版。

（清）徐松：《增订唐两京城坊考》（修订版），李健超增订，三秦出版社 2006 年版。

《续修四库全书》编纂委员会编：《续修四库全书》，上海古籍出版社 2002 年版。

（唐）玄奘、辩机撰，季羡林等校注：《大唐西域记校注》，中华书局 2000 年版。

（宋）薛居正等：《旧五代史》，中华书局 1976 年标点本。

叶昌炽撰、柯昌泗评：《语石·语石异同评》，陈公柔、张明善点校，中华书局 1994 年版。

旧题（宋）叶隆礼：《契丹国志》，贾敬颜、林荣贵点校，上海古籍出版社 1985 年版。

（清）叶奕苞：《金石录补》，《丛书集成初编》本，中华书局 1985 年版。

（唐）义净撰，王邦维校注：《南海寄归内法传校注》，中华书局 1995 年版。

文渊阁《四库全书》，台北：台湾商务印书馆 1982 年影印本。

（清）永瑢等：《四库全书总目》，中华书局 1965 年影印浙本。

（清）永瑢等：《四库全书简明目录》，上海古籍出版社 1985 年排印本。

余嘉锡：《四库提要辨证》，科学出版社 1958 年版。

［日］圆仁：《入唐求法巡礼行记校注》，白化文、李鼎霞、许德楠修订校注，周一良审阅，花山文艺出版社 2007 年版。

（宋）乐史：《太平寰宇记》，王文楚等点校，中华书局 2007 年版。

（宋）赞宁：《宋高僧传》，范祥雍点校，中华书局 1987 年版。

（唐）张读：《宣室志辑佚》，张永钦、侯志明点校，中华书局 1983 年版。

（清）张金吾辑：《金文最》，中华书局 1990 年版。

（金）赵秉文：《闲闲老人滏水文集》，《四部丛刊》本。

郑炳林：《敦煌地理文书汇辑校注》，甘肃教育出版社 1989 年版。

中国第一历史档案馆编：《纂修四库全书档案》，上海古籍出版社 1997 年版。

中国佛教协会、中国佛教图书文物馆编：《房山石经》，华夏出版社 2000 年版。

中国古籍善本书目编辑委员会编：《中国古籍善本书目》，上海古籍出版社 1993 年版。

中国历史博物馆、内蒙古自治区文化厅编辑：《契丹王朝——内蒙古辽代文物精华》，中国藏学出版社 2002 年版。

中国社会科学院历史研究所、英国图书馆等编：《英藏敦煌文献》第 1、2 卷，四川人民出版社 1992 年版。

二 中文和日文论著

［美］本尼迪克特·安德森（Benedict Anderson）：《想象的共同体——民族主义的起源与散布》，吴叡人译，上海世纪出版集团 2005 年版。

［日］白鸟库吉：《白鸟库吉全集》，东京：岩波书店 1970 年版。

北京市文物工作队：《顺义县辽净光舍利塔基清理简报》，《文物》1964 年第 8 期。

毕素娟：《辽代名僧诠明著作在敦煌藏经洞出现及有关问题——敦煌写经卷子 P.2159 经背研究》，《中国历史博物馆馆刊》1992 年第 18—19 期。

蔡美彪：《辽代后族与辽季后妃三案》，《历史研究》1994 年第 2 期。

蔡美彪：《〈辽史·外戚表〉新编》，《社会科学战线》1994 年第 2 期。

朝阳北塔考古勘察队：《辽宁朝阳北塔天宫地宫清理简报》，《文物》1992 年第 7 期。

陈登原：《国史旧闻》，生活·读书·新知三联书店 1958 年版。

陈国莹：《丰润天宫寺塔保护工程及发现的重要辽代文物》，《文物春秋》1989 年创刊号。

陈述：《契丹社会经济史稿》，生活·读书·新知三联书店 1963 年版。

陈述：《契丹政治史稿》，人民出版社 1986 年版。

陈述主编：《辽金史论集》第 1 辑，上海古籍出版社 1987 年版。

陈述主编：《辽金史论集》第 2 辑，书目文献出版社 1987 年版。

陈寅恪著，陈美延编：《陈寅恪集》，生活·读书·新知三联书店 2001 年版。

陈正祥：《中国文化地理》，生活·读书·新知三联书店 1983 年版。

成一农：《唐末至明中叶中国地方建制城市形态研究》，博士学位论文，北京大学，2003 年。

成一农：《宋、辽、金、元时期庙学制度的形成与普及》，载张希清等主编《10—13 世纪中国文化的碰撞与融合》，上海人民出版社 2006 年版。

[日] 池田温：《沙州图经略考》，《榎博士还历纪念东洋史论丛》，东京：山川出版社 1975 年版。

崔海正：《辽代女诗人萧观音论略》，《宋代文化研究》第 6 辑，四川大学出版社 1996 年版。

[韩] 崔益柱：《辽代的官户》，《历史学报》1973 年第 57 辑。

[日] 大村西崖：《密教发达志》，载《世界佛学名著译丛》第 74 册，台北：华宇出版社 1986 年版。

[法] 戴密微（Demiéville．Paul）：《中国历史上的"会昌灭佛"》，

《法国汉学》第 7 辑，邓文宽、吕敏译，中华书局 2002 年版。

［美］狄宇宙（Nicola. Di Cosmo）：《古代中国与其强邻——东亚历史上游牧力量的兴起》，贺严、高书文译，中国社会科学出版社 2010 年版。

费孝通等：《中华民族多元一体格局》，中央民族学院出版社 1989 年版。

冯家升：《辽史证误三种》，中华书局 1959 年版。

冯家升：《冯家升论著辑粹》，中华书局 1987 年版。

冯金忠：《幽州镇与唐代后期人口流动——以宗教活动为中心》，《青岛大学师范学院学报》2007 年第 1 期。

冯永谦：《〈辽史·外戚表〉补证》（上、下），《社会科学辑刊》1979 年第 3、4 期。

［德］傅海波、［英］崔瑞德（杜希德）编：《剑桥中国辽西夏金元史（907—1368 年）》，史卫民、马晓光等译，陈高华、史卫民等审校，中国社会科学出版社 1998 年版。

傅乐焕：《辽史丛考》，中华书局 1984 年版。

［英］厄内斯特·盖尔纳：《民族与民族主义》，韩红译，中央编译出版社 2002 年版。

［日］高井康典行：《斡鲁朵与藩镇》，尤李译，载张希清等编《10—13 世纪中国文化的碰撞与融合》，上海人民出版社 2006 年版。

［日］宫崎市定：《东洋的近世》，载刘俊文主编、杜石然等译《日本学者研究中国史论著选译》第 1 卷《通论》，中华书局 1992 年版。

谷霁光：《谷霁光史学论文集》，江西人民出版社、江西教育出版社 1996 年版。

［日］古松崇志：《庆州白塔创建之谜——11 世纪契丹皇太后奉纳之佛教文物》，《辽文化——辽宁省调查报告书》，京都大学学院文学研究科 2006 年版。

古松崇志：《辽庆州白塔创建之谜——从考古、石刻资料所见的辽代佛教史研究》，北京大学历史系学术讲座，2009 年 9 月 4 日。

古正美：《贵霜佛教政治传统与大乘佛教》，台北：允晨文化实业股份有限公司 1993 年版。

顾吉辰：《关于〈契丹国志〉几个问题的考证》，《东北地方史研究》1991 年第 1 期。

郭锐:《金代文学家王寂与佛教》,《北方文物》2011 年第 1 期。

"国立"编译馆主编:《周礼注疏》,台北:新文丰出版公司 2001 年版。

韩茂莉:《辽金农业地理》,社会科学文献出版社 1999 年版。

韩仁信:《内蒙古巴林右旗出土辽代道教符箓铜牌和石印》,《北方文物》1999 年第 2 期。

何天明:《辽代政权机构史稿》,内蒙古大学出版社 2004 年版。

侯旭东:《五、六世纪北方民众佛教信仰——以造像记为中心的考察》,中国社会科学出版社 1998 年版。

侯旭东:《北朝村民的生活世界——朝廷、州县与村里》,商务印书馆 2005 年版。

黄爱平:《四库全书纂修研究》,中国人民大学出版社 1989 年版。

黄春和:《隋唐幽州城区佛寺考》,《世界宗教研究》1996 年第 4 期。

黄进兴:《优入圣域:权力、信仰与正当性》,台北:允晨文化实业股份有限公司 1994 年版。

黄明信:《汉藏大藏经目录异同研究——〈至元法宝勘同总录〉及其藏译本笺证》,中国藏学出版社 2003 年版。

黄约瑟著,刘健明编:《黄约瑟隋唐史论集》,中华书局 1997 年版。

黄震云:《辽代文史新探》,中国社会科学出版社 1999 年版。

黄征、吴伟:《敦煌愿文集》,岳麓书社 1995 年版。

黄征、张涌泉:《敦煌变文校注》,中华书局 1997 年版。

[英]埃里克·霍布斯鲍姆:《民族与民族主义》,李金梅译,上海人民出版社 2000 年版。

霍杰娜:《辽墓中所见佛教因素》,《文物世界》2002 年第 3 期。

贾敬颜:《五代宋金元人边疆行记十三种疏证稿》,中华书局 2004 年版。

姜伯勤:《敦煌艺术宗教与礼乐文明——敦煌心史散论》,中国社会科学出版社 1996 年版。

[日]津田左右吉:《辽朝制度之二重体系》,《津田左右吉全集》第 12 册,东京:岩波书店 1964 年版。

[英]埃里·凯杜里:《民族主义》,张明明译,中央编译出版社 2002 年版。

康乐：《转轮王观念与中国中古的佛教政治》，《中央研究院历史语言研究所集刊》第 67 本第 1 分，1996 年。

雷闻：《郊庙之外——隋唐国家祭祀与宗教》，生活·读书·新知三联书店 2009 年版。

李斌城主编：《唐代文化》，中国社会科学出版社 2002 年版。

李桂芝：《契丹贵族大会钩沉》，《历史研究》1999 年第 6 期。

李鸿宾：《唐朝中央集权与民族关系——以北方区域为线索》，民族出版社 2003 年版。

李鸿宾主著：《隋唐对河北的经营与双方的互动》，中央民族大学出版社 2008 年版。

李清泉：《宣化辽墓——墓葬艺术与辽代社会》，文物出版社 2008 年版。

李松涛：《唐前期华北社会文化趋势研究——兼论安史之乱的历史文化背景》，博士学位论文，北京大学，2004 年。

李松涛：《唐代前期政治文化研究》，台北：台湾学生书局 2009 年版。

李锡厚：《叶隆礼和〈契丹国志〉》，《史学史研究》1981 年第 4 期。

李锡厚：《临潢集》，河北大学出版社 2001 年版。

李裕群：《第四批全国重点文物保护单位石窟及石刻综述》，《文物》1997 年第 5 期。

李正民、董国炎主编：《辽金元文学研究》，文化艺术出版社 1999 年版。

李正宇：《古本敦煌乡土志八种笺证》，台北：新文丰出版公司 1998 年版。

梁启超：《佛学研究十八篇》，辽宁教育出版社 1998 年版。

林富士、傅飞岚主编：《遗迹崇拜与圣者崇拜》，台北：允晨文化实业股份有限公司 2000 年版。

林佩芬：《辽朝"十香词"的悲剧——个人因素、文化冲突与时代命运的交织纠葛》，《明道文艺》1997 年第 258 期。

林荣贵：《辽朝经营与开发北疆》，中国社会科学出版社 1995 年版。

刘进宝主编：《百年敦煌学：历史、现状、趋势》，甘肃人民出版社 2009 年版。

刘进宝：《敦煌学术史：事件、人物与著述》，中华书局 2011 年版。

刘浦江：《辽金史论》，辽宁大学出版社 1999 年版。

刘浦江：《二十世纪辽金史论著目录》，上海辞书出版社 2003 年版。

刘浦江：《松漠之间——辽金契丹女真史研究》，中华书局 2008 年版。

刘淑芬：《五至六世纪华北农村的佛教信仰》，《中央研究院历史语言研究所集刊》第 63 本第 3 分，1993 年。

刘淑芬：《〈佛顶尊胜陀罗尼经〉与唐代尊胜经幢的建立——经幢研究之一》，《中央研究院历史语言研究所集刊》第 67 本第 1 分，1996 年。

刘淑芬：《经幢的形制、性质和来源——经幢研究之二》，《中央研究院历史语言研究所集刊》第 68 本第 3 分，1997 年。

刘淑芬：《墓幢——经幢研究之三》，《中央研究院历史语言研究所集刊》第 74 本第 4 分，2003 年。

刘淑芬：《中古的佛教与社会》，上海古籍出版社 2008 年版。

刘淑芬：《灭罪与度亡——佛顶尊胜陀罗尼经幢之研究》，上海古籍出版社 2008 年版。

刘素琴：《儒、释、道与玉文化》，载刘乃和、周少川、王明泽、邓瑞全编《历史文献与民族文化研究》，高等教育出版社 1994 年版。

罗桑彭错述：《北平法源寺沿革考》，吴柳隅主编：《正风半月刊》1935 年第 1 卷第 10 期。

吕建福：《中国密教史》，中国社会科学出版社 1995 年版。

吕铁钢编：《房山石经研究》第 1—3 册，香港：中国佛教文化出版有限公司 1999 年版。

马驰：《唐幽州境侨置羁縻州与河朔藩镇割据》，荣新江主编：《唐研究》第 4 卷，北京大学出版社 1998 年版。

［德］马克思（Karl Marx）：《共产党宣言》，《马克思恩格斯选集》第 1 卷，人民出版社 1972 年版。

孟广耀：《儒家文化——辽皇朝之魂》，哈尔滨出版社 1994 年版。

闵祥鹏：《五方龙王与四海龙王的源流》，《民俗研究》2008 年第 3 期。

蒲慕州：《追寻一己之福——中国古代的信仰世界》，上海古籍出版社 2007 年版。

齐心、刘精义：《北京市房山县北郑村辽塔清理记》，《考古》1980年第 2 期。

［日］气贺泽保规：《唐代幽州的地域与社会——以房山石经题记为中心》，载唐代史研究会编《中国都市的历史的研究》，《唐代史研究会报告》第 VI 集，东京：刀水书房 1988 年版。

气贺泽保规编：《中国佛教石经的研究——特别以房山云居寺为中心》，京都大学学术出版会 1996 年版。

气贺泽保规：《金仙公主和房山云居寺石经——唐代政治史的一个侧面》，载中国唐代学会编辑委员会编《第三届中国唐代文化学术研讨会论文集》，台北：乐学书局 1997 年版。

钱玄：《三礼通论》，南京师范大学出版社 1996 年版。

清格尔泰、刘凤翥等编：《契丹小字研究》，中国社会科学出版社 1985 年版。

清格勒：《辽庆州白塔塔身嵌饰的两件纪年铭文铜镜》，《文物》1998年第 9 期。

荣新江：《敦煌藏经洞的性质及其封闭原因》，《敦煌吐鲁番研究》第 2 卷，1997 年。

荣新江：《鸣沙集：敦煌学学术史和方法论的探讨》，台北：新文丰出版公司 1999 年版。

荣新江：《敦煌学十八讲》，北京大学出版社 2001 年版。

荣新江：《敦煌学新论》，甘肃教育出版社 2002 年版。

荣新江主编：《唐代宗教信仰与社会》，上海辞书出版社 2003 年版。

［日］森部丰：《唐代河北地域的粟特系住民——以开元寺三门楼石柱题名及房山石经题记为中心》，《史境》第 45 卷，2002 年。

邵国田等：《敖汉旗羊山 1—3 号辽墓清理简报》，《内蒙古文物考古》1999 年第 1 期。

［日］神尾弌春：《契丹佛教文化史考》，伪满洲文化协会 1937 年版。

沈阳市文物管理办公室、沈阳市文物考古工作队：《沈阳塔湾无垢净光舍利塔塔宫清理报告》，《辽海文物学刊》1986 年第 2 期。

石泰安（Rolf A. Stein）：《二至七世纪的道教和民间宗教》，《法国汉学》第 7 辑，吕鹏志译，中华书局 2002 年版。

史树青：《应县佛宫寺木塔发现的辽代俗文学写本》，《文物》1982

年第 6 期。

舒焚：《辽上京的道士与辽朝的道教》，《湖北大学学报》1994 年第 5 期。

[苏] 约瑟夫·斯大林（Joseph Stalin）：《马克思主义和民族问题》，《斯大林全集》第 2 卷，人民出版社 1953 年版。

宿白：《中国石窟寺研究》，文物出版社 1996 年版。

宿白：《宣化考古三题——宣化古建筑·宣化城沿革·下八里辽墓群》，《文物》1998 年第 1 期。

谭蝉雪：《唐宋敦煌岁时佛俗》，《敦煌研究》2001 年第 1、2 期。

汤用彤：《隋唐佛教史稿》，中华书局 1982 年版。

[日] 田村实造、小林行雄：《庆陵——东蒙古辽代帝王陵及其壁画》，京都大学文学部、座右宝刊行会 1953 年版。

田村实造：《中国征服王朝的研究》（上），京都大学东洋史研究会 1964 年版。

田村实造：《庆陵的壁画》，京都：同朋舍 1977 年版。

田村实造：《庆陵调查纪行》，东京：平凡社 1994 年版。

田广林：《辽宣懿皇后评传》，《昭乌达蒙族师专学报》1991 年第 1 期。

王邦维：《唐高僧义净生平及其著作论考》，重庆出版社 1996 年版。

王卡：《辽代的李弘起义与道教》，《宗教学研究》1988 年第 1 期。

汪篯著，唐长孺、吴宗国等编：《汪篯隋唐史论稿》，中国社会科学出版社 1981 年版。

王翔：《贝叶与写经——唐代长安的寺院图书馆》，荣新江主编：《唐研究》第 15 卷，北京大学出版社 2009 年版。

王小甫主编：《盛唐时代与东北亚政局》，上海辞书出版社 2003 年版。

王小甫：《契丹建国与回鹘文化》，《中国社会科学》2004 年第 4 期。

王治河主编：《后现代主义辞典》，中央编译出版社 2004 年版。

王重民：《敦煌遗书总目索引》，中华书局 1983 年版。

魏斌：《宫亭庙传说：中古早期庐山的信仰空间》，《历史研究》2010 年第 2 期。

魏奎阁、袁海波：《辽外戚萧阿古只家族世系新补》，《辽海文物学刊》1995 年第 2 期。

吴光华：《唐代幽州地域主义的形成》，载淡江大学中文系主编《晚唐的社会与文化》，台北：台湾学生书局 1990 年版。

［日］吾妻重二：《关于木主——以朱子学为中心》，《福井文雅博士古稀记念论集——亚洲文化的思想与仪礼》，东京：春秋社 2005 年版。

吴宗国：《唐代科举制度研究》，辽宁大学出版社 1992 年版。

向达：《唐代长安与西域文明》，生活·读书·新知三联书店 1957 年版。

［日］小岛毅：《儒教的偶像观——说祭礼》，载东大中国学会编《中国的社会与文化》第 7 号，1992 年。

［日］小野胜年：《〈入唐求法巡礼行记〉的研究》全 4 册，东京：铃木学术财团 1964—1969 年版。

［法］谢和耐：《中国 5—10 世纪的寺院经济》，耿升译，上海古籍出版社 2004 年版。

辛德勇：《论宋金以前东北与中原之间的交通》，《陕西师范大学学报》1984 年第 2 期。

邢康：《从考古材料看道教在辽地的流传》，《内蒙古民族师院学报》1988 年第 1 期。

邢康：《试论辽朝道教》，《昭乌达蒙族师专学报》1988 年第 4 期。

徐俊纂辑：《敦煌诗集残卷辑考》，中华书局 2000 年版。

［荷］许理和：《佛教征服中国——佛教在中国中古早期的传播与适应》，李四龙、裴勇等译，江苏人民出版社 2005 年版。

阎万章：《辽道宗宣懿皇后父为萧孝惠考》，《社会科学辑刊》1979 年第 2 期。

杨家骆主编：《辽史汇编》，台北：鼎文书局 1973 年版。

杨家骆主编：《辽金元艺文志》，台北：世界书局 1976 年版。

［美］杨庆堃：《中国社会中的宗教——宗教的现代社会功能与其历史因素之研究》，范丽珠等译，上海人民出版社 2007 年版。

杨若薇：《契丹王朝政治军事制度研究》，中国社会科学出版社 1991 年版。

姚从吾：《辽道宗宣懿皇后〈十香词〉冤狱的文化的分析》，《台湾大学文史哲学报》1958 年第 8 期。

［日］野上俊静：《辽金的佛教》，京都：平乐寺书店 1953 年版。

野上俊静著，金申译：《辽代高僧思孝——房山石经介绍之一》，《辽金契丹女真史研究》1989 年第 1 期。

尤李：《守望传统——辽代佛教的历史走向》，硕士学位论文，北京大学，2006 年。

尤李：《〈悯忠寺宝塔颂〉考释——兼论安禄山、史思明宗教信仰的多样性》，《文史》2009 年第 4 辑。

尤李：《唐代幽州地区的佛教与社会》，博士学位论文，北京大学，2010 年。

于杰、于光度：《金中都》，北京出版社 1989 年版。

余欣：《神道人心——唐宋之际敦煌民生宗教社会史研究》，中华书局 2006 年版。

余欣：《中古异相——写本时代的学术、信仰与社会》，上海古籍出版社 2011 年版。

郁贤皓：《唐刺史考全编》，安徽大学出版社 2000 年版。

张国庆：《略论辽代上层僧侣之特色》，《松辽学刊》1993 年第 3 期。

张国庆：《佛教文化与辽代社会》，辽宁民族出版社 2011 年版。

张汉君：《辽庆州释迦佛舍利塔营造历史及其建筑构制》，《文物》1994 年第 12 期。

张曼涛主编：《现代佛教学术丛刊·中国佛教史专集之五·宋辽金元篇》，台北：大乘文化出版社 1977 年版。

章义和：《中国蝗灾史》，安徽人民出版社 2008 年版。

张泽洪：《道教斋醮科仪研究》，巴蜀书社 1999 年版。

张泽咸：《一得集》，兰州大学出版社 2003 年版。

［日］长部和雄：《唐宋密教史论考》，《神户女子大学东西文化研究所丛书》第 I 册，京都：永田文昌堂 1982 年版。

赵超：《唐代墓志中所见到的幽州城》，《考古与文物》1990 年第 2 期。

赵世瑜：《狂欢与日常——明清以来的庙会与民间社会》，生活·读书·新知三联书店 2002 年版。

赵世瑜：《小历史与大历史——区域社会史的理念、方法与实践》，生活·读书·新知三联书店 2006 年版。

郑炳林:《论〈诸山圣迹志〉的成书年代》,《中国历史地理论丛》1989 年第 1 期。

郑炳林主编:《敦煌吐鲁番文献研究》,兰州大学出版社 1995 年版。

中国佛教协会编:《房山石经之研究》,中国佛教协会 1987 年版。

〔日〕塚本善隆:《塚本善隆著作集》第 3、5 卷,东京:大东出版社 1975 年版。

朱子方:《跋兴城塔子沟出土的两件石刻》,《辽金契丹女真史研究动态》1984 年第 2 期。

〔日〕竹岛卓一、岛田正郎:《中国文化史迹增补》,京都:法藏馆 1976 年版。

〔日〕竺沙雅章:《宋元佛教文化史研究》,东京:汲古书院 2000 年版。

祝注先:《从〈回心院〉到〈绝命词〉》,《文史杂志》1988 年第 4 期。

〔日〕佐藤智水:《北朝造像铭考》,张韶岩、马雷译,载刘俊文主编《日本中青年学者论中国史·六朝隋唐卷》,上海古籍出版社 1995 年版。

三 西文论著

Chen, Huaiyu, *The Revival of Buddhism Monasticism*, New York: Peter Lang Publishing, 2007.

Chen, Jinhua, "A Daoist princess and a Buddhist temple: a new theory on the causes of the canon – delivering mission originally proposed by princess Jinxian (689—732) in 730", *Bulletin of the School of Oriental and African Studies*, 69. 2, 2006.

Ebrey, Patricia B. and Gregory, Peter N. eds., *Religion and Society in T'ang and Sung China*, Honolulu: University of Hawaii Press, 1993.

Kieschnick, John., *The Eminent Monk – Buddhist Ideals in Medieval Chinese Hagiography*, Honolulu: University of Hawaii Press, 1997.

—— *The Impact of Buddhism on Chinese Material Culture*, Princeton and Oxford: Princeton University Press, 2003.

(Henrik H. SΦrensen, "Book Article: Buddhism and Material Culture in

China", *Acta Orientalia*, 68, 2007.)

Little, Stephen, *Daoism Handbook*, edited by Livia Kohn, Boston and Leiden: Brill, 2004.

Mair, Victor, *T'ang Transformation Texts: A Study of the Buddhist Contribution to the Rise of Vernacular Fiction and Darma in China*, Cambridge. Mass: Harvard University Press, 1989.

—— "Records of Transformation Tableaux", *T'oung pao*, 72, 1986.

McDermott, Joseph. P. , *State and Court Ritual in China*, Cambridge: Cambridge University Press, 1999.

McMullen, David, *State and Scholars in T'ang China*, Cambridge: Cambridge University Press, 1988.

Overmyer, Daniel. L. , with Keightley, David N, Shaughnessy, Edward L. , Cook, Constance A. , and Harper, Donald, "Chinese Religions – The State of the Field, Part I, Early Religious Traditions: The Neolithic Period through the Han Dynasty (ca. 4000 B. C. E. to 220 C. E. ", *The Journal of Asian Studies*, 54. 1, 1995.

Overmyer, Daniel. L. , with Arbuckle, Gary. , Gladney, Dru C. , McRae, John R. , Taylor, Rodney L. , Teiser, Stephen F. , and Verellen, Franciscus. , "Chinese Religions – The State of the Field, Part II, Living Religious Traditions: Taoism, Confucianism, Buddhism, Islam and Popular Religion", *The Journal of Asian Studies*, 54. 2, 1995.

Schipper, Kristofer. , Translated by Karen C. Duval, *The Taoist Body*, Berkeley and Los Angeles: University of California Press, 1993.

Shen, Hsueh – man, "Realizing the Buddha's *Dharma* Body during the *Mofa* Period: A Study of Liao Buddhist Relic Deposits", Artibus Asiae, 61, 2, 2001.

Smith, Anthony, *National Identity*, London: University of Nevada Press, 1991.

Steinhardt, Nancy Shatzman, *Liao Architecture*, Honolulu: University of Hawaii Press, 1997.

Teiser, Stephen F. , *The Scripture on the Ten Kings and the Making of Purgatory in Medieval Chinese Buddhism*, Honolulu: University of Hawaii

Press, 1994.

Twitchett, Denis, *The Birth of the Chinese Meritocracy: Bureaucrats and Examinations in T'ang China*, delivered to the China Society in London on 17th December, 1974.

Wittfogel, Karl A. and Feng, Chia – sheng, *History of Chinese Society: Liao* (907—1125), Philadelphia: The American Philosophical Society, 1949.

Zürcher, Eirk , "Perspectives in the Study of Chinese Buddhism", *Journal of the Royal Asiatic Society*, 1982.

个人学术经历和成果

一　主要学术经历

1. 2005 年，被评为"北京大学学术十杰"。

2. 2010 年 7 月，毕业于北京大学历史系，获博士学位。

3. 2007 年 7—12 月，获"国家留学基金委高水平大学公派研究生项目"资助，赴英国剑桥大学东方学系学习。

4. 2009 年 6 月，获"北京大学研究生学术交流基金资助"，赴台湾成功大学参加"东亚历史变迁研究计划工作坊"，发表题为《论唐廷对幽州宗教事务的介入和参与》的学术演讲。

5. 2010 年 9 月至今，在北京市海淀区圆明园管理处工作，负责文史研究，担任《圆明园研究》编辑。

6. 2010 年，担任《圆明园劫难记忆译丛》（上海：中西书局 2011 年版）编委。

7. 2011 年 7 月，被评为博物馆馆员。

二　发表文章目录

（一）期刊

1. 《二十世纪契丹北、南宰相府研究概述》，《民族研究信息》2003 年第 1、2 期合刊。

2. 《试析〈四库全书〉对〈契丹国志〉的改编》，《中华文化论坛》2005 年第 1 期。

3. 《辽金元捺钵研究评述》，《中国史研究动态》2005 年第 2 期。

4. 《辽朝崇佛政策的确立与政局的变迁》，《中华文化论坛》2006 年第 4 期。

5. 翻译日本学者高井康典行的文章《斡鲁朵与藩镇》，收入张希清、田浩、黄宽重、于建设主编《10—13 世纪中国文化的碰撞与融合》，上海人民出版社 2006 年版。

6. 翻译魏特夫，冯家升所著的《中国社会史：辽（907—1125）》（纽约：麦克米伦出版公司 1949 年版）之第九部分《寺庙和僧院》，发表在《民族史研究》2007 年第 7 辑。

7. 《佛教对辽朝社会的影响管窥》，《商丘师范学院学报》2007 年第 5 期。

8. 《辽代佛教研究评述》，《中国史研究动态》2009 年第 2 期。中国人民大学书报资料中心复印报刊资料 B9《宗教》2009 年第 3 期全文转载。

9. 《民族主义的新视野——评〈想象的共同体——民族主义的起源与散布〉》，《社会科学研究》2009 年第 2 期。

10. 《房山石经〈佛顶尊胜陀罗尼经〉及相关问题考论》，《暨南学报》2009 年第 2 期。

11. 《〈悯忠寺宝塔颂〉考释——兼论安禄山、史思明宗教信仰的多样性》，《文史》2009 年第 4 辑。

12. 《独行特立的圆明园宗教文化——纪念圆明园罹劫 150 周年》，《中华文化论坛》2010 年第 3 期。

13. 《唐代僧伽信仰考》，《北大史学》2010 年第 15 辑。

14. 《阿史那思摩家族考辨》，《中国边疆民族研究》2011 年第 4 辑。

15. 《论唐幽州佛俗对辽代佛教的影响》，《兰州学刊》2011 年第 1 期。

16. 《论唐前期幽州地域羁縻州的佛教活动》，《贵州大学学报》2011 年第 1 期。

17. 《论唐廷对幽州宗教事务的介入》，《社会科学研究》2011 年第 3 期。

18. 《论辽代密教的来源》，《国学研究》第 27 卷，北京大学出版社 2011 年版。

19. 《圆明园与清宫政治》，《紫禁城》2011 年第 6 期。

20. 《2010 年辽金西夏史研究综述》，《中国史研究动态》2011 年第

4 期。

21.《〈焚椒录〉及其史料价值考释》,《古籍整理研究学刊》2011 年第 6 期。

22.《房山石经本〈金刚经〉及其相关问题考论》,《北京文博》2011 年第 4 期。

23.《幽州与敦煌》,《中国边疆民族研究》2011 年第 5 辑。

24.《辽代高僧思孝与觉华岛》,《中央民族大学学报》2012 年第 1 期。《葫芦岛日报》2012 年 5 月 11 日全文转载。

25.《唐代幽州地区的文化特征》,《南都学坛》2012 年第 4 期。

26.《唐代幽州地区的佛教与社会研究现状评述》,《中国国家博物馆馆刊》2012 年第 7 期。

27.《辽〈李翊为考姚建陀罗尼经幢记〉小考》,《内江师范学院学报》2012 年第 7 期。

28.《辽〈觉花岛海云寺空通山悟寂院塔记〉考释》,《东北史地》2012 年第 5 期。

29.《辽〈蓟州沽渔山寺碑铭〉小考》,《乐山师范学院学报》2012 年第 9 期。

30.《唐代幽州地域的佛寺及其分布》,《中国边疆民族研究》2012 年第 6 辑。

31.《元〈翠峰寺地产记碑〉考释》,《内蒙古师范大学学报》2013 年第 2 期。

32.《〈龙兴观创造香幢记〉:一则辽代民间道教的珍贵史料》,《中国道教》2013 年第 1 期。

33.《圆明园的法慧寺》,《紫禁城》2013 年第 3 期。

34.《唐〈石默啜墓志〉考释》,李鸿宾主编:《中古墓志胡汉问题研究》,宁夏人民出版社 2013 年版。

(二) 报纸

1.《春风要渡玉门关——试论中国事业单位改革》,《中国西部导报》2006 年 9 月 12 日。

2.《圆明园毁灭的历史记忆——纪念圆明园罹难 150 周年》,《中国社会科学报》2010 年 10 月 14 日。

3.《圆明园如何被毁——写在圆明园罹难150周年之际》,《团结报》(文史周刊)2010年10月21日。

4.《勿忘国耻,奋进未来——写在纪念圆明园罹难150周年之际》,《学习时报》2010年11月1日。

5.《法国人眼中的圆明园珍宝——〈枫丹白露城堡:欧仁妮皇后的中国博物馆〉评介》,《团结报》(文史周刊)2011年3月10日。

6.翻译卡里·瓜达鲁比的著作《通过西方人的眼睛看中国:从马可·波罗到最后一位帝王》(瑞若里国际出版社2003年版)中《对夏宫的劫掠》部分,发表在《团结报》(文史周刊)2011年4月28日。

7.翻译格瑞,托马斯所著的《圆明园与凡尔赛宫的皇家宫殿文化》(摘译自《圆明园与凡尔赛宫——中国与欧洲宫殿的跨文化交流》,《艺术史》第32卷第1号,2009年2月),发表在《团结报》(文史周刊)2011年8月11日。

8.《此情可待成追忆——程曾厚〈雨果和圆明园〉评介》,《团结报》文史周刊2011年12月1日。

9.《金代文人心目中的觉华岛——以王寂为中心》,《葫芦岛日报》2012年5月25日、6月8日。

10.《"遗址经济"与"文化民生"良性互动》,《中国社会科学报》2012年7月2日。

11.《明代觉华岛:赞佑社稷,顾盼生辉》,《葫芦岛日报》2012年7月13日、7月27日。

12.《圆明园同乐园的功能及其文化内涵》,《团结报》文史周刊2012年9月6日。

13.《"国语骑射"的实验场——圆明园山高水长的军事功能探析》,《团结报》(文史周刊)2013年4月4日。

后　　记

十年的光阴弹指一挥间。这是我的第一部辽史论文集，记载了我这十年来研究辽史和民族史的学术轨迹，留下了一段艰辛探索的心路历程。出版之际，我百感交集，充满着欣慰、心酸与自信。

我是在北京大学历史系刘浦江教授的指导下逐步踏入了辽史研究的大门。在大学本科即将毕业之际，我被推荐免试到北京大学历史系攻读硕士学位，刘浦江老师指导我专攻辽史。刘老师为了让我早日熟悉北大的治学方法、摸到研究的门径，主动指导我的本科毕业论文，并选定《试析〈四库全书〉对〈契丹国志〉的改编》作为论文题目。在做论文的过程中，我认真阅读了相关的古籍，开始熟悉版本学、目录学和文献学。后来，我的这篇本科毕业论文荣获"第四届全国史学新秀奖"。对于我这样一个学识、资历尚浅的年轻学生，这一奖项是一个莫大的鼓励。

2003 年秋，我开始到令人神往的燕园求学，受到浓郁的学术氛围的熏陶。刘浦江老师在文献学、目录学和版本学方面的造诣颇深。在刘老师的严格要求和精心指导下，我开始系统阅读辽史的基本材料、把握研究动态，得以逐步领悟和基本掌握治史的方法。在硕士学习阶段，刘老师建议我撰写《辽金元捺钵研究评述》，并精心修改，使我对辽金元三朝及北族王朝特有的经济生活、文化习俗和政治制度有了较为深入的理解。《〈焚椒录〉及其史料价值考释》是我选修我国台湾著名学者黄宽重先生的唐宋史研究读书课的作业，曾经在黄先生的课堂上讨论过。黄先生和其他同窗提出了不少宝贵意见。经过对辽朝重要史料《焚椒录》的思索，我对版本学、文献学及辽朝政治史的把握更加深入。

经过学习与思考，我选定辽代佛教作为硕士学位论文的研究领域。这是我开始研究辽代宗教史的契机。很幸运，经过北京大学哲学系李四龙教授的推荐，我的这项研究得到了商界精英高德明先生和北京准提文化中心的资助。我的硕士论文《守望传统——辽代佛教的历史走向》获得专家的好评，顺利通过了答辩。感谢刘老师三年攻硕期间对我的培养和指导，同时也要感谢师母张文女士给予我的诸多关照和鼓励！在这本论文集中，《论辽朝崇佛政策的确立与政局变迁之关系》、《佛教对辽朝社会的影响管窥》和《辽代佛教研究评述》均是在我的硕士论文的基础上加以修改所出的成果。

在辽代佛教的研究过程中，我逐渐发现：由于选题的特殊性，除了需要深入了解辽朝社会外，还必须知道中外文化交流及唐宋社会的情况。辽代的佛教深受唐代佛教之影响，不了解唐代的佛教，尤其是唐幽州地区（今北京市、天津市及河北省北部）的佛教，辽代佛教的诸多问题将难以作出令人信服的解析。这成为我转攻隋唐史的重要动因。

2006 年，北京大学历史系的王小甫教授宽容地接纳了我，带我走进了攻读隋唐史博士学位的大门。王老师学识渊博、眼界宽广、治学扎实，对我的鼓励和教诲贯穿于我博士学习的整个阶段。在他的严格要求下，我始终坚持"知术欲圆，行旨须直"的学术和做人原则，系统地阅读了隋唐史基本史料和经典论著，积累和思考并重，逐步摸到并踏入了隋唐史研究的大门。我也要感谢师母滕桂梅女士，她不仅在生活方面给予我很多关照，而且深情地鼓励我努力为学！北京大学历史系的荣新江教授在唐代宗教史、粟特学和敦煌学方面的教授使我受益匪浅！在钻研辽代佛教的过程中，我的选题、论证方法也深受荣老师的治学路径的启发。

在攻读博士学位期间，很幸运，我得到国家留学基金委"高水平大学公派研究生项目"的资助，到剑桥大学留学，并师从周绍明（J. P. McDermott）先生。我感受到剑桥大学独特、浓郁的学术氛围。周先生的研究思想和方法、严谨的学风使我深受启迪和教育。麦大维（David McMullen）教授对中国历史文化有很深的学术造诣，是国际著名的隋唐史专家。留英期间，他多次以请我喝茶的方式，在宽松的氛围中与我交流探讨中国古代历史问题，表现出一种令人信服的领导力和学术交流的亲和力。在剑桥学习生活的日子，张玲师姐给了我很多支持和帮助。经过这段宝贵的留学经历，我的思想认识、学业水平有较大进步，学术视野进一步扩大。

族群和文化的多元是辽朝的重要特征。从某种意义上讲，正是这一特征成就了辽代的繁盛和辉煌。而佛教对契丹王朝影响甚巨。它不仅影响到宗教信仰、思想文化、民众日常生活，还关涉到政治、经济、族群关系。因此，说佛教是关系辽朝国计民生的重大问题，也丝毫不过分。在研究过程中，我也感受到辽代宗教文化的独特魅力。中国古代的众多文人都懂佛教，某些精英甚至还精通佛教。近代以来，好些国学大师都曾经钻研过佛教，取得了令人瞩目的成就，如梁启超、陈寅恪、陈垣、胡适等。可以说，要深入了解中国古代的历史以及传统文化，就不可能绕过佛教这座资源宝库。遗憾的是，迄今为止，探讨辽代佛学和佛教的论著与其他朝代相比，无论是数量还是质量方面，都显得相形见绌。无论从学术思想、宗教信仰还是社会文化方面来看，契丹王朝的佛教都是中国乃至整个东亚佛教史上不可缺失的一环。笔者发愿要在这一领域钻研，为此贡献自己的微薄之力，不再让这段重要的历史继续被淡化甚至遮蔽。

进入 21 世纪以来，契丹王朝的历史与文化正以其丰富的内涵、独特的魅力，逐渐受到越来越多学者的关注。在钻研中，我越来越深切地感受到：佛教属于社会文化史范畴，在研究过程中实在不宜画地为牢。在中国古代社会，佛教作为思想文化和社会史层面的论题，其实受朝代更替的影响并不大，这一影响有时甚至是微乎其微的。史学大家严耕望先生就明确提出：断代研究，不要把时间限制得太短促。历史的演进是不断的，前后有连贯性。注意的时限愈长，愈能得到史事的来龙去脉。研究一个朝代，要对于上一个朝代有极深刻的认识，对于下一个朝代也要有相当的认识①。我对这一精辟见解颇有感触。我的博士学位论文研究唐代幽州地区的佛教与社会。在撰写论文的过程中，我对唐代河北地区的材料进行过梳理、挖掘和解读，这一训练过程对我研究辽代佛教也大有助益。此后，在分析辽代佛教时，我常把隋唐佛教的研究成果及治学方法引入其中，感到颇有发现和收获。如这本论文集中的《论辽代密教的来源》、《房山石经本〈佛顶尊胜陀罗尼经〉及相关问题考论》、《幽州与敦煌》和《论唐幽州佛俗对辽代佛教的影响》，就是我尝试打破朝代的断限，用"长时段"的眼光对唐五代至辽代华北地区的佛教与社会进行探索而写成的文章。博士毕业后，我又陆续写成《辽〈蓟州沽渔山寺碑铭〉小考》和《辽〈李翊为考妣建陀罗尼经幢记〉小考》两篇札记，探讨普通民众的佛教信仰

---

① 严耕望：《治史三书·治史经验谈》，上海人民出版社 2011 年版，第 12—15 页。

和实践。

2011年，辽宁省葫芦岛市政府、觉华岛旅游度假区管委会的马升主任和北京大学哲学系的楼宇烈教授邀请我参与他们主持的"觉华岛佛教历史与文化项目"，我欣然应邀。这一项目得到纳通医疗集团、葫芦岛市政府和觉华岛旅游度假区管委会的大力支持、资助，谨此致谢！对这一课题进行钻研后，我写成了几篇论文。其中，《辽代高僧思孝与觉华岛》、《辽〈觉花岛海云寺空通山悟寂院塔记〉考释》和《金代文人心目中的觉华岛》收入我的这本论文集。

我在研究佛教过程中，注重选取石刻材料，做具体问题，力求对现存的佛教碑刻作细致地考证和解读，但也关照到辽朝的历史和社会背景。实际上，除了《辽史》等传世史学文献的记录，佛教文献（如《大正新修大藏经》）中也包含不少辽代历史与文化的资料，值得深入挖掘和分析。近年来陆续刊布的辽代碑刻材料、考古报告中也含有数量颇丰的有价值的信息。而且，有相当一部分佛教文献或碑刻资料不仅是宗教材料，还含有不少世俗社会的讯息。因此，认真钻研这些材料对推进契丹王朝历史的研究，也会具有重要意义。当然，由于本人积累有限，学识水平还欠高深，我的辽代佛教史研究还是注重对个别材料、史实、经典和人物进行分析。其实这一北族王朝的整体佛学思想传承、佛教与社会之关系、佛教对政治文化的影响、佛教在族群凝聚和文化认同方面的作用等宏观性的重要问题也非常值得探讨。而且，对这些重大问题进行深入研究和阐释不仅具有学术价值，也具有现实意义。当然，深入挖掘这些论题需要广阔的知识储备和微观研究作为基础。

辽人的精神世界是多元的，并不完全由佛教一统天下。后来，我的研究领域又旁及辽代的道教和儒学，写成《辽代民间道教的珍贵史料——读〈龙兴观创造香幢记〉札记》、《辽〈重修三河县文宣王庙记〉考释》两篇文章。总之，辽朝社会不同族群、地域、阶层的宗教信仰的多样性和差异性是值得发掘的思想资源。

近年来，中国正在加快融入世界的步伐。随着学术国际化趋势的增强，西方的社会科学理论体系大量涌入中国。我们在民族史研究中该如何引入、借鉴这些理论体系和方法，又如何建构自己的理论框架，都是值得深入思考和探讨的问题。为此，我阅读了一些欧美学界的论著，写成了书评《民族主义的新视野——评〈想象的共同体——民族主义的起源与散布〉》。如何从新的角度观察佛教对辽朝的族群凝聚、多元文化交融、整合所产生的作用，"想象的共同体"理论有助于启发我们思考。

回顾过去十年的探索历程，我深切地感受到：材料匮乏固然是辽史研究的"瓶颈"，但是，在研究过程中精细地解读和分析公开面世的材料，就这些常见的史料推陈出新[①]，不失为推进辽史研究的一条重要途径。尽管史料极为缺乏，但也需要"巧妇敢为少米之炊"的钻研精神和功力。契丹史的学术研究要想取得重大进展，保持精细的考证传统是必要的，同时也需要使用民族语言文字，积极吸收社会科学理论，提出新问题，采用新方法。

中国古代历史上，各北方族群之间的政治制度、经济生产、社会文化都有很强的继承性和相似性。我从北京大学历史系毕业后，到圆明园工作，阅读了一些满族史和清史的材料及研究论著，开始尝试撰写一些关于圆明园的文章，这对我在北方民族史及契丹史领域的学习、体悟都有相当的帮助和启发。而且，圆明园给我提供了一个幽静宁谧的自然环境和自由宽松的学术环境，使我能潜心钻研北方民族史。在这里，我要感谢圆明园管理处原主任陈名杰先生和现任主任曹宇明女士，以及其他各级领导、同仁！

另外，我还要感谢北京大学历史系的辛德勇教授、李志生教授，中央民族大学历史文化学院的胡绍华教授、李鸿宾教授、杨楠教授、达力扎布教授、陈楠教授、尚衍斌教授、陈瞖老师、杨月华老师，中国社会科学院历史所的关树东老师、梁建国师兄，等等。他们对我的学习和生活给予了许多关怀和帮助。我需要感谢的人还很多，在这里是一个难以穷尽的长名单。

最后，我要特别感谢多年来全力支持我的学业的父母！虽然他们对我的专业不太懂，但总是用自己的辛勤劳动全力支持我的学业和追求。当我取得进步时，他们告诫我要懂得知足、努力和珍惜。在学术探索和成长过程中，我遭受过挫折、痛苦、彷徨和迷茫，而他们总是鼓励我、支持我。我现在所取得的成绩不知凝聚着他们多少心血！这本书能够出版，也要感谢我的丈夫对我的学术事业的支持、鼓励，以及在其他方面对我的照顾！

---

① 笔者在《2010 年辽金西夏史研究综述》（《中国史研究动态》2011 年第 4 期，第 13—14 页。此文已经收入本书）中曾经提出过这一看法。

　　收入这部文集中的所有论文和札记，我都做了不同程度地修订。尽管我参阅了大量资料，多方求证，力求圆融贯通。但限于笔者的学识水平，仍难免有误，恳请读者指正。

尤李

2013 年 2 月